TEATRO LEGISLATIVO

Augusto Boal

TEATRO LEGISLATIVO

Organização
Fabiana Comparato e Julián Boal

Apresentação, notas, tradução e estabelecimento de texto
Fabiana Comparato

editora■34

EDITORA 34

Editora 34 Ltda.
Rua Hungria, 592 Jardim Europa CEP 01455-000
São Paulo - SP Brasil Tel/Fax (11) 3811-6777 www.editora34.com.br

Edição conforme o Acordo Ortográfico da Língua Portuguesa.

Imagem de capa:
Augusto Boal durante ensaio da peça La malasangre, *de Griselda Gambaro,
Nuremberg, 1984, fotografia de Claus Felix, acervo do Instituto Augusto Boal*

Capa, projeto gráfico e editoração eletrônica:
Bracher & Malta Produção Gráfica

Revisão:
Milton Ohata

1ª Edição - 2020

CIP - Brasil. Catalogação-na-Fonte
(Sindicato Nacional dos Editores de Livros, RJ, Brasil)

Boal, Augusto, 1931-2009

B724t   Teatro Legislativo / organização de Fabiana
Comparato e Julián Boal; apresentação, notas, tradução
e estabelecimento de texto de Fabiana Comparato —
São Paulo: Editora 34, 2020 (1ª Edição).
256 p.

ISBN 978-65-5525-039-8

1. Representação teatral. 2. Teatro —
Aspectos políticos. 3. Teatro e sociedade.
I. Comparato, Fabiana. II. Boal, Julián. III. Título.

CDD - 792.028

TEATRO LEGISLATIVO

Parte III
Depoimentos

Apresentação

Fabiana Comparato

Vinte e quatro anos se passaram desde a edição original de *Teatro Legislativo*. Foi em 1996, último ano do mandato de Augusto Boal como vereador da cidade do Rio de Janeiro, que as técnicas político-teatrais utilizadas por ele em seu exercício parlamentar foram compiladas para resultar em um livro.[1] Não que essa fosse ou tivesse a intenção de ser, de forma alguma, uma obra fechada em si. Cumpria, antes de tudo, sua função primária e etimológica como publicação: de tornar-se pública, acessível àqueles com interesse em conhecê-la. E ia além, propondo ativas formas de colaboração ao método e experiências ali apresentadas. O Teatro Legislativo, uma nova etapa na investigação de Boal sobre as possibilidades do seu arsenal do Teatro do Oprimido, oferece à sociedade (*nós*) dispositivos democráticos participativos para se legislar por um (qualquer) território, através das reais demandas de suas mais diversas populações. Trata-se, portanto, de um texto de legítima utilidade pública — ferramentas de arte e política, de arte-política, de uma e para uma cultura democrática. Não à toa, 1996 era ano de eleições municipais no Brasil, assim como hoje, em 2020, ano em que esse texto é republicado.[2]

---

[1] A primeira edição saiu pela editora Civilização Brasileira.

[2] O projeto para a reedição de *Teatro Legislativo* teve início antes do surgimento da pandemia de Covid-19 que atingiu maior parte do mundo e veio assolar intensa e gravemente o Brasil a partir de março de 2020. O impacto devastador da pandemia em nosso país naturalmente também afetou os planos para o lançamento desta obra que, em cenário ideal, esperava contar com a realização de debates durante o período de pré-campanha eleitoral. Mesmo sem poder fomentar discussões presenciais à maneira esperada, o livro sai, como deveria, em ano de eleições municipais. O inesperado e trágico pano de fundo sanitário que se apresentou veio, mais uma vez, reforçar o caráter de urgência dos debates aqui propostos e explicitar os perigos de um pro-

Mais de duas décadas pode parecer tempo demais para uma obra como esta, de tamanha pertinência política, permanecer adormecida. Mas, ironicamente, nunca foi tão necessário resgatá-la. Tomando emprestada frase de Eduardo Viveiros de Castro, que aqui oportunamente também se aplica, *Teatro Legislativo* "aparece, assim, em boa hora; porque a hora, claro está, é péssima".[3] Os textos de Boal evidenciam assustadoras ressonâncias entre um ontem e o hoje, e por isso mesmo parecem servir de reflexão e inspiração para momentos como esses no Brasil, em que suas (*nossas*) estruturas e instituições democráticas, mais uma vez, expõem-se fragilizadas e comprometidas, para não dizer orientadas por retrocessos e interesses privados dos mais obtusos e oligárquicos. Em *Teatro do Oprimido*, Boal destaca que o que também está ali em jogo "não é um tema do teatro: é um dever da cidadania".[4] Podemos assim imaginar, em última instância, a prática da cidadania como um papel de *espect-atores*,[5] não de espectadores, vítimas passivas das imagens que nos são apresentadas. Construir, fortalecer e manter as engrenagens da democracia azeitadas como práticas contínuas que pertencem também a *nós*.

Para Boal, fazer arte, cultura e política eram estados indissociáveis de existência, contidos na ideia da cidadã e do cidadão como um corpo plural. Compreendia-se, sobretudo, como um ser inerentemente político e tinha no teatro sua arma — "todo teatro é necessariamente po-

---

jeto político de governo e de poder não participativo que atende aos interesses privados de poucos privilegiados em detrimento do bem estar (físico, econômico e social) das populações mais vulneráveis do país.

[3] Sobre o valoroso e histórico relato yanomami de Davi Kopenawa, ver o prefácio de Eduardo Viveiros de Castro em Davi Kopenawa e Bruce Albert, *A queda do céu: palavras de um xamã yanomami* (São Paulo, Companhia das Letras, 2015, p. 19).

[4] Augusto Boal, *Teatro do Oprimido e outras poéticas políticas*, São Paulo, Editora 34, 2019, p. 22.

[5] Conceito de Augusto Boal no qual o autor propõe quebra na barreira hierárquica e de dominação entre ator e espectador, e que se tornou um de seus dispositivos participativos mais amplamente utilizados dentro do arsenal de técnicas do Teatro do Oprimido. Boal trata deste conceito neste livro, mas discorre em maior detalhe sobre sua aplicação em *Jogos para atores e não atores*.

Fabiana Comparato

lítico, porque política são todas as atividades do homem, e o teatro é uma delas".[6] Já na sistematização de sua pesquisa político-teatral do Teatro do Oprimido, ainda nos anos 1960 e 1970, deixava claro que para além de um conjunto de técnicas, seu método era (e é) voltado para a desierarquização e dessacralização do teatro, na construção de uma filosofia de vida dialógica. Como Julián Boal, filho do teatrólogo e co-organizador deste livro, pontua com precisão no posfácio da mais recente edição de *Teatro do Oprimido*, seu método "não foi produto de um artista isolado em sua torre de marfim", mas "fruto das lutas e dos ensinamentos" colhidos por Boal da realidade e das pessoas ao seu redor. Sendo a primeira e a mais conhecida de suas lutas aquela contra a ditadura no Brasil, que teve início com o golpe de 1964, e pela qual pagou caro: "sequestro, tortura, prisão, exílio, desaparecimento de amigos próximos. Essa luta foi travada também com a ferramenta que lhe era mais familiar: o teatro".[7]

Essa arma Boal carregou consigo até o final de sua vida por compreender, logo no início de sua jornada, que poderia utilizá-la como liberação. "Para isso, é necessário criar formas teatrais correspondentes. É necessário transformar."[8] Com disposição incansável seguiu transformando-se, e transformando as possibilidades do sistema por

---

[6] Boal abre *Teatro do Oprimido* com esta frase, ainda em seu texto de explicação. Augusto Boal, *Teatro do Oprimido e outras poéticas políticas*, *op. cit.*, p. 11.

[7] Julián Boal, "Um teatro subjuntivo", posfácio a Augusto Boal, *Teatro do Oprimido e outras poéticas políticas*, *op. cit.*, p. 217.

[8] Aqui é importante ressaltar que o teatro nunca foi compreendido por Boal como uma arma de libertação do oprimido por si só. Sua luta era para utilizá-lo dessa forma, transformando e dessacralizando o teatro, na recusa de sua hierarquia e estruturas de poder. Compreendia perfeitamente que, como arma, o teatro poderia ser (como muitas vezes é) utilizado também para oprimir. Segue aqui a citação completa: "Neste livro, pretendo igualmente oferecer algumas provas de que o teatro é uma arma. Uma arma muito eficiente. Por isso, é necessário lutar por ele. Por isso, as classes dominantes permanentemente tentam apropriar-se do teatro e utilizá-lo como instrumento de dominação. Ao fazê-lo, modificam o próprio conceito do que seja o 'teatro'. Mas o teatro pode igualmente ser uma arma de liberação. Para isso, é necessário criar as formas teatrais correspondentes. É necessário transformar". Augusto Boal, *Teatro do Oprimido e outras poéticas políticas*, *op. cit.*, p. 11.

ele desenvolvido, mas nunca por ele apenas experimentado. O Teatro do Oprimido ganhou o mundo, e o mundo ganhou as técnicas do Teatro do Oprimido. Até que, em 1993, Boal pode colocar em prática mais uma etapa de sua pesquisa de teatro *como* política — e não mais teatro político —, o Teatro Legislativo. Técnicas teatrais em forma de ferramentas legislativas participativas para o exercício de uma democracia *transitiva* — ou em suas palavras: o que "poderá vir a ser um dia O TEATRO COMO DEMOCRACIA TRANSITIVA" (p. 60 deste volume). Transitiva porque busca dentro das possibilidades da democracia participativa aquela que "propõe o diálogo, a interação, a troca" (*idem*), em referência direta ao trabalho do grande pensador, educador, amigo e contemporâneo seu, Paulo Freire.[9] Em suas técnicas de pedagogia como prática da liberdade, Freire questionava a complexa dialética opressor/oprimido, encarando-a de frente, propondo uma *transitividade crítica*, ou seja, "uma educação dialogal e ativa, voltada para a responsabilidade social e política, que se caracteriza pela profundidade na interpretação dos problemas. [...] por procurar testar os 'achados' e se dispor a revisões. [...] Por negar a transferência da responsabilidade. Pela recusa a posições quietistas".[10] Não à toa, os amigos se reconheciam na luta. Se substituirmos a palavra *educação* por *teatro* na citação acima, temos as práticas teatrais de Boal descritas nas palavras de Freire. Ambas, semelhantes em conceito e ideais, permanecem vivas como instrumentos ativos para a transformação social deste corpo político que somos e habitamos.

---

[9] Augusto Boal referia-se a Paulo Freire como mestre e seu último pai. É possível inclusive encontrar uma dessas referências em texto de Boal incluído nesta edição. O texto, uma homenagem proferida por Boal na tribuna da Câmara Municipal do Rio de Janeiro durante seu mandato, expressa claramente a admiração, respeito e afeto que o teatrólogo nutria para com o educador e seu amigo pessoal. No entanto, é importante também salientar que, embora seja possível traçar fortes paralelos entre o trabalho dos dois, seus estudos e pesquisas nunca tiveram relação direta. Foram desenvolvidos em contextos específicos independentes, apesar do pano de fundo comum dos anos 1960 no Brasil. Boal encontrava-se no Rio de Janeiro e Freire em Recife, posteriormente passando por trajetos distintos de exílio, com eventuais encontros.

[10] Paulo Freire, *Educação como prática da liberdade*, Rio de Janeiro, Paz e Terra, 2000, p. 69.

Fabiana Comparato

Não por acaso, um dos detalhes introdutórios mais importantes da primeira edição deste livro é de que é (e gosto de imaginar, que também esta edição assim permanecerá) uma "versão *beta*" — por se tratar de um trabalho em processo, com a necessidade (intrínseca à sua sobrevida) de seguidas revisitações e experimentações. Boal ainda o chama de *livro interativo*, em chamamento por colaborações diretas:

> Toda pesquisa teatral é mais importante na medida em que pode ser extrapolada para outras realidades. Uma experiência feita em um só local, uma só vez, pode ter sido maravilhosa, mas finita. Quando se pesquisa, o essencial é compartilhar essa pesquisa e os seus resultados. No caso do Teatro Legislativo, todos os espetáculos devem passar da comunidade para outras comunidades, para que todos saibam e compartilhem. (pp. 124-5)

Durante a maior parte de sua vida, porém, a atuação de Boal havia permanecido no que podemos chamar de campo da sociedade civil. Desde seus primeiros passos no marcante Teatro de Arena de São Paulo, como parte de um movimento que procurava ressignificar a dramaturgia brasileira, no sentido de entender-se e reconhecer-se no seu próprio povo e território, foi sempre militante de um teatro político, que buscava se aproximar dos movimentos populares. Ainda assim, sua ação dava-se de forma independente: como pensador, criador, provocador, agregador e tantos fazeres mais que não se encerram nessa lista. Um artista múltiplo, obstinado em sua pesquisa por formas de explorar a potência problematizadora e deflagradora das práticas teatrais, no encontro entre a poética e a urgência. Foi apenas no início dos anos 1990 que se deparou, pela primeira vez, em meio a uma conjuntura que o fez juntar-se, por todas as mais nobres razões, à seara da política formal, a qual narra no primeiro capítulo de *Teatro Legislativo*, "O histórico". Uma oportunidade que se provou perfeita para Boal explorar mais uma etapa de sua pesquisa, a qual resultaria em um exercício de mandato legislativo nunca antes visto no Brasil, documentada aqui pelo próprio. Não como mero relato arquivístico, apesar de cumprir também a importante tarefa de registro histórico e de preservação da memória, essenciais para a apreensão de um presente (seja ele quando for), mas, sim, como um manual aberto de boas práticas políticas e cidadãs.

A obra aqui apresentada também demonstra um autor que não abandona a lapidação das acepções artísticas de seu trabalho teatral mesmo durante profundo mergulho no fazer político *stricto sensu*. Jamais desvia dos questionamentos estéticos e éticos tão caros à arte do teatro. Investiga ainda mais os limites da imagem e do imaginário não só como depósito de acontecimentos passados, mas como invenção de um futuro, a partir de um entendimento múltiplo da estética. Encarando a tríade imaginário, ficção e estética como sua ganga bruta, ou a impura bilacquiana (como ele mesmo coloca), por não desassociá-la das reais lutas e tensões cotidianas que propunha (re)tratar em cena. Para Boal o teatro é "a imagem do real que é real enquanto imagem" (p. 34).

Os escritos produzidos no âmbito de sua pesquisa também nos oferecem contextualizações da situação então corrente do Rio de Janeiro e do Brasil, que nos revelam muito além de uma necessidade de estabelecer um pano de fundo social. Demonstram aquilo que parecia ser uma constante preocupação de Boal — ativamente exortada durante sua campanha também descrita ao longo do livro —, segundo a qual, para exercer plenamente seu papel de representante eleito, era necessário exercitar escuta atenta. Sem romantizar a realidade, nem tampouco idealizar suas próprias técnicas, Boal expõe os desafios enfrentados por sua proposta, que extrapolam aqueles já encarados por qualquer agente político (principalmente os imbuídos de verdadeiro espírito público) em contexto tão complexo de cidade e país. As dificuldades, no entanto, apesar de relatadas com a dureza que lhes é real, nas palavras de Boal não ganham tom desencorajador. Ao contrário, sua sinceridade estabelece parâmetros de troca, para que outros depois dele estejam preparados e tenham coragem. Como desde saída adotou como mote de campanha: "coragem de ser feliz".

Importante salientar, ainda, que este é um trabalho que nasce em consonância com o espírito do seu tempo. Em 1992, ano da campanha eleitoral de Boal, completavam-se apenas quatro anos da criação da nova Constituição brasileira (promulgada em 5 de outubro de 1988),

Fabiana Comparato

gestada sob a preocupação de assegurar os direitos democráticos e as liberdades da população, abrindo espaço para a participação da sociedade em sua própria elaboração, incluindo dispositivos como, por exemplo, as inovadoras "emendas populares", chegando a ganhar a alcunha de Constituição Cidadã. Ademais, 1992 também foi o ano da instauração do processo de impeachment contra o presidente Fernando Collor e de sua renúncia, que instigou forte articulação popular e dos movimentos de base, e viu o início de uma forma de teatralização das manifestações que tomaram as ruas país afora. Boal e o Grupo do Teatro do Oprimido do Rio de Janeiro (CTO) estavam, portanto, inseridos em meio a esse contexto de compromisso e esforço político, de certo caráter coletivo, para a criação de canais de aproximação entre as estruturas institucionais e as organizações de base. Em outras palavras, Boal desenvolve sua pesquisa como agente polinizador, mas também imbuído do ideário democrático participativo que ainda pairava na esteira da Constituinte. Seu contexto histórico, no entanto, não serve para cristalizar o referido trabalho no passado, mas para promover a possibilidade de compreendê-lo dentro de um processo político ao reapresentar-se como um renovado desafio para o país de hoje.

A estrutura do Teatro Legislativo, por um lado, simples no que tange à sua atuação direta e sem intermediações com a população, por outro, engloba extrema complexidade funcional e de rigoroso labor processual. Uma prática exigente de dedicação e vontade mas que, como Boal comprova, pode lograr sucesso. Em apenas um mandato, o vereador foi capaz de fomentar verdadeira participação popular, resultando na elaboração de projetos e emendas de lei, decretos legislativos, medidas judiciárias e ações diretas, oriundos da escuta dessa voz plural, e não apenas da cabeça (e interesses) de um só legislador. A estrutura organizacional do gabinete, composto aos moldes de uma ideia de coletivo político-teatral, também era basilar ao *modus operandi* do seu Teatro Legislativo. Sua pesquisa, no entanto, foi capaz de sobrepujar o microcosmos de um mandato isolado, nos permitindo refletir a respeito de uma questão ainda mais ampla acerca das possíveis formas de participação dentro dos engessamentos burocráticos da nossa ainda jovem e vacilante re-democracia.

[...] estávamos diante da possibilidade de ir além, com o Teatro do Oprimido, da simples reflexão sobre a realidade, do ensaio de transformação da realidade: diante da palpável possibilidade de criar e transformar as leis. (p. 53)

E assim o fizeram, como temos aqui, mais uma vez, a oportunidade de (re)conhecer.

* * *

Após a primeira edição brasileira, foi publicada uma edição inglesa no ano de 1998, organizada por Boal junto com Adrian Jackson, parceiro de muitos trabalhos e tradutor desta versão.[11] Apesar da proximidade de datas, esta extrapolou às vezes de uma simples tradução do original (considerando que uma tradução nunca é tarefa simples enquanto mediadora de culturas). Ao vir à tona um ano após Boal ter perdido as eleições para o que seria o seu segundo mandato como vereador da cidade do Rio de Janeiro, inclui novos textos e maiores contextualizações para sua própria experimentação.

O que apresentamos aqui, nesta nova edição em língua portuguesa, é uma fusão dos textos da primeira edição com outros produzidos por Boal na mesma época, alguns deles até aqui nunca publicados, além de conteúdos diretamente extraídos da edição inglesa, e ainda uma série de depoimentos produzidos especialmente para este livro, criando, mais do que uma reedição, uma terceira versão renovada e ampliada. As escolhas do que pode ser compreendida como uma compilação revisitada passaram sobretudo por critérios relacionados ao

---

[11] Augusto Boal, *Legislative Theatre: Using Performance to Make Politics*, tradução de Adrian Jackson, Londres, Routledge, 1998. Adrian Jackson é um diretor de teatro, tradutor, professor e dramaturgo que em 1991 fundou a companhia teatral Cardboard Citizens, em Londres. A companhia tem como objetivo fazer teatro com e para pessoas em situação de rua utilizando as técnicas do Teatro do Oprimido. Jackson é um facilitador da metodologia do Teatro do Oprimido, e trabalhou diretamente com Boal em diversas ocasiões, conduzindo oficinas e colaborando em outros projetos, como na tradução de quatro de suas publicações em língua inglesa, incluindo, para além da publicação aqui citada, a autobiografia de Boal, *Hamlet and the Baker's Son* (2001), também pela editora Routledge.

atual contexto sócio-político do Brasil e pelo resgate da força política e poética de Boal. Todos os textos encontrados no Instituto Augusto Boal, produzidos pelo autor neste período conhecido como Teatro Legislativo, foram avaliados conjuntamente por Julián Boal — a força motriz dessa nova edição — e eu, e assim pensados e pesados sob a medida do que com o tempo revelou ainda possuir capacidade de instigar reflexão no *nós* leitores (e porque não *"ler-atores"* ou mesmo *"lei-atores"*?) de hoje.

Desde o começo, a ideia foi aproveitar o máximo de Boal que havia na edição inglesa. Ou seja, a partir da possibilidade de ter em mãos uma versão do texto, para além da original de 1996, no qual o próprio autor teve participação ativa em sua edição, Julián propôs a mim uma comparação entre as duas edições para o estabelecimento do texto desta revisitação. O que seguiu foi um trabalho minucioso onde aos poucos reconhecia íntimas alterações e inclusões. Em partes, fragmentos breves, detalhes, como um simples incremento de frase pelo autor para auxiliar na conclusão de um pensamento. Em outros momentos, passagens não tão curtas, de fato novos escritos, para além de algumas sutis mas determinantes diferenças na organização de trechos pontuais. Tudo isso, gosto de acreditar, realizado dentro das possibilidades do próprio autor em revisitar seu texto *beta* de 1996. Assim, selecionamos dentre as distinções e "novidades" da referida edição o que faria sentido compor esta nova em 2020. Considerando, ainda, que esta publicação, assim como a inglesa, tampouco se propõe ao papel de uma "simples" retradução do inglês para o português, o trabalho de organização procurou os conteúdos que acrescentariam mais uma camada de sentido ao original e auxiliariam na ampliação e reverberação da voz do autor.

Dentre os novos escritos produzidos originalmente em língua inglesa, dois se sobressaem e foram traduzidos especialmente para esta reedição brasileira: um prefácio *sui generis*, ao melhor estilo Boal, que de cara nos liberta de qualquer obrigatoriedade ou linearidade em sua navegação; e uma carta do autor a Richard Schechner — professor de Estudos da Performance na Universidade de Nova York e editor da renomada revista *The Drama Review*, além de seu amigo pessoal — que conota tom de epílogo (ou *post-scriptum* nas palavras do próprio) ao texto original de *Teatro Legislativo*. Correspondência que, com o tempo, acabou por se tornar registro conclusivo de Boal ao relatar o que seria o desenvolvimento da próxima etapa de sua pesquisa.

Este volume traz ainda alguns dos textos originalmente publicados em outro livro de Boal, *Aqui ninguém é burro! Graças e desgraças da vida carioca*, também produzido no contexto de seu mandato como vereador.[12] Uma compilação de 23 de seus pronunciamentos na Câmara Municipal do Rio de Janeiro, por ele próprio editados, limpos "de todas as formalidades camerísticas" (p. 166), que nesta seleção revelam-se verdadeiros retratos de uma cidade e de um país que ainda hoje, infelizmente, (re)conhecemos tão bem. Da primeira edição, oito textos foram aqui selecionados, numa coletânea que difere em parte da encontrada na edição inglesa. Mais uma vez, a seleção foi resultado de criteriosa leitura e avaliação do material, na definição de quais conteúdos atribuiriam a esta revisitação o mesmo peso e potência que tiveram em sua publicação original.

Para além do forte caráter de crônica, os textos, que voltam a ganhar merecido espaço nas páginas desta nova edição, também funcionavam para Boal como "desabafos". Revelam verdadeiras batalhas travadas pelo então vereador na arena da Câmara — que mais se assemelha a uma de gladiadores do que a do seu histórico e libertário Teatro de Arena. "Durante quatro anos vivi exilado do teatro profissional e conheci a arena sangrenta da Câmara; aprendi o que já sabia — ali é lugar onde se vai brigar por apetites pessoais ou corporativos, não pelo povo."[13]

Os pronunciamentos também evidenciam sua hábil e embasada articulação de pensamento, que para os já familiarizados com *Teatro do Oprimido*, e aos que agora têm a oportunidade de (re)ler *Teatro Legislativo*, não chegará como surpresa. No papel de vereador levava à tribuna falas fortemente fundamentadas em referências históri-

---

[12] Augusto Boal, *Aqui ninguém é burro! Graças e desgraças da vida carioca*, Rio de Janeiro, Revan, 1996.

[13] Augusto Boal, *Hamlet e o filho do padeiro*, Rio de Janeiro, Record, 2000, p. 327.

Fabiana Comparato

cas, filosóficas, culturais e até mesmo epistemológicas. As pesquisas de Boal sempre foram fruto de intenso estudo, nunca um exercício frívolo de elitismo intelectual vazio. Visavam a dilatação da escuta e da visão. Seu rico arsenal de referências, assim como de técnicas teatrais, lhe permitia passear sem medo pelo amálgama de experiências e conhecimentos que constitui a sociedade, unindo erudito e popular, para compreender, problematizar e contextualizar a realidade à sua volta, oferecendo lastro comparativo e reflexivo aos seus interlocutores.

Não perdendo de vista que Boal era acima de tudo um artista, alicerçado na certeza de que a cultura não é supérflua, selecionamos ainda para esta nova edição textos que revelam os importantes debates que levantava acerca das políticas de arte e cultura sendo desenvolvidas no Brasil na década de 1990. E que, como já parece lugar comum afirmar, lamentavelmente, persistem ecoando no Brasil de 2020.

Aos textos anteriormente publicados em *Aqui ninguém é burro!* foram somados três inéditos encontrados durante pesquisa no acervo do Instituto Augusto Boal. Dois de seus pronunciamentos, que haviam ficado de fora do livro de 1996 e que se destacam por sua atualidade, ou melhor, gritante ressonância. E uma proposta para a área da cultura desenvolvida por Boal no contexto da campanha do Partido dos Trabalhadores para a Prefeitura do Rio de Janeiro, em 1992, e que seria (como sugeriu a própria pesquisa) posteriormente apresentada à campanha presidencial de Lula, em 1994. Neste caso, o documento desenvolvido por Boal reafirma a defesa de uma política cultural democrática, ou do que hoje encontra-se inserido no debate de uma ideia de democracia cultural, com base em um conceito de cultura como atividade capilar trançada por toda a malha social e que, como tal, possui a capacidade de contribuir de forma palpável para processos de reestruturações e reparações sociais: "[...] ao pensar um Plano Cultural pensamos em Cultura como Política e pensamos no desenvolvimento pleno do cidadão atrofiado pela educação redutora e por um Estado autoritário. Pensamos em vias alternativas para a atividade social e política da cidadania, fatigada pelo discurso estéril e sem sabor" (p. 210).

Constituída de depoimentos, uma terceira parte encerra esta nova edição. Dois deles resultantes de entrevistas conduzidas especialmente para este volume com Geo Britto e Luiz Mario Behnken. Dois integrantes do mandato político-teatral de Boal, que nos oferecem reflexões atualizadas sobre a proposta coletiva por eles vivenciada nos anos 1990, restaurando a importância da militância e do trabalho de base para processos participativos. Outras duas experiências estrangeiras e posteriores à de Boal vem complementar esta seção. Um detalhado relato de Sulu LeoNimm, do grupo de Teatro do Oprimido da cidade de Nova York (TONYC), demonstrando como é possível re-inventar o uso das técnicas de Teatro Legislativo para além de um contexto parlamentar, ampliando suas aplicações e desdobramentos para outras estruturas sociais de poder e opressão. E um texto do político e parlamentar português, ativista de esquerda, José Soeiro, que nos oferece preciso testemunho de seu trabalho em Portugal, no que talvez tenha sido a experiência de Teatro Legislativo de maior fôlego desenvolvida até hoje fora do Brasil. Em seu depoimento, ganhamos crucial perspectiva sob a ótica fundamental de um também legislador, ao passo que nos renova o convite de Boal à ação. Ambos fazendo jus ao caráter *beta* da proposta original.

Outros itens de arquivo, também encontrados durante pesquisa nos arquivos do Instituto Augusto Boal, ilustram essa edição: materiais de campanha, boletins do mandato e fotos. Todos com o intuito de trazer mais corporeidade aos relatos do autor, ao passo que homologam o caráter fortemente dialógico e transparente de sua prática política.

No mais, cabem aqui dois pequenos apontamentos a respeito do estabelecimento do texto desta edição renovada. O corpo do texto original sofreu mínimos ajustes em relação ao uso extensivo de reticências, e uma tímida edição de determinados usos de caixa alta. Mais uma vez, esse trabalho foi resultado do cotejo com a edição inglesa, a última edição aprovada pelo próprio autor. Nenhuma caixa alta e excesso de pontuação sofreram modificações quando seu uso demonstrava-se claramente parte integrante da forma adotada por Boal. O que, aliás, é importante salientar, era uma forte característica da escrita do autor, que sempre utilizou sem medo pontuações e formatações de texto pouco ortodoxas para, com certa intimidade coloquial, conduzir a atenção de quem o lê. A forma textual, tão significativa para Boal, foi mantida e respeitada mesmo com as pequenas edições descritas. O que sofreu alteração foi apenas aquilo que parecia não servir a

Fabiana Comparato

esta revisitação ou arrastar um texto que nitidamente se propõe tão vivaz e provocador.

Por último, algumas contextualizações em forma de notas foram acrescentadas, ainda que o esforço ao longo do estabelecimento do texto e das notas tenha sido sempre o de explicar o mínimo necessário.

Com essa reedição de *Teatro Legislativo*, mais uma vez, as poéticas políticas de Boal chegam a *nós* em momento oportuno, como possibilidade de tração frente às questões e opressões estruturais a serem rompidas no agora. A diferença sendo que, hoje, infelizmente, já não desfrutamos mais de sua presença para com ele dividir os desdobramentos de suas propostas. O que temos neste livro é o seu farol, e a oferta de um vocabulário. Fica a cargo de cada um de *nós* arriscar para criar nossos diálogos e traçar novos caminhos para a laboriosa, porém gratificante, tarefa de nos reinventarmos dentro das possibilidades da democracia participativa, e — porque não? — também do teatro e da cultura.

CORAGEM DE SER FELIZ!!!

Existem dois sonhos: o bom e o mau. Este é o que nos presenteiam a televisão e o discurso palaciano. O povo brasileiro, sem água corrente em casa, possui piscinas em suas telas; sem pão na mesa, devora banquetes em telenovelas. O sonho mau colore o real, divide o corpo e a alma: esta vive nos estúdios; aquele, na realidade da recessão e da fome.

Mas existe o sonho bom: aquele que imagina — cria imagens! — aquele sem o qual o futuro não virá e teremos para sempre este presente de angústia, insegurança e medo. Não basta recusar o que odiamos: temos que descobrir o desejo! Sonhar é preciso.

Mas como sonhar bem, como afastar o pesadelo? Este é o sonho dormido; aquele, o sonho acordado. Temos que sonhar com olhos abertos — em cena aberta!

Sonho bom é o teatro: nele, podemos analisar o que sofremos, ensaiar o que queremos. Na ficção da cena teatral, somos capazes de nos ver melhor do que no espelho. Saber quem somos, decidir quem queremos ser.

Minha proposta é simples: eleito, eu e meus quinze assessores (escolhidos entre os melhores animadores culturais, artistas, professores, trabalhadores sociais...) vamos criar o maior número possível de Centros Populares de Cultura, em todo o Rio de Janeiro: Associações de Amigos de Bairro, Igrejas, Faculdades, Escolas, Sindicatos, Esquinas... Cada CPC será um centro de diálogo, onde as pessoas se encontrem e cada qual ensine o que sabe e aprenda o que busca: poesia ou culinária, esporte ou filosofia. Sobretudo teatro — Teatro do Oprimido, — onde cada espectador se transforma em Protagonista, cada homem, cada mulher, em dono de sua voz, inventor do seu futuro! — vamos, juntos, decidir as leis que queremos e fazer obedecer as boas leis que existem, desprezadas.

Esta é a única maneira que tem o cidadão de exercer seu poder, que não se extingue no ato de votar: aí começa! Durante o nosso Mandato — com os CPCs funcionando, propondo leis, pressionando a Câmara, promovendo o diálogo entre categorias sociais, vizinhos, bairros — ser carioca será ser aquele que decide. Basta de esperar! Do céu cai apenas chuva: dos nossos corações nasce a vontade de transformar.

Ao contrário do que cantava o poeta Vinicius, eu acredito possível: quando decidirmos agarrar com nossas mãos nosso destino, e lutar contra a morte, sem nada esperar do céu ou da sorte, o povo terá prazer, trabalho e pão: *tristeza terá fim, felicidade não!*

Augusto Boal

Parte I
Teatro Legislativo

★ PARA VEREADOR
AUGUSTO BOAL
P. T. 13.669
Nascido na Penha
Candidato da Penha

PREFEITA **Bené BOAL** PT VEREADOR

CORAGEM DE SER FELIZ

Nº **13.669**

CADÊ BOAL? Setembro

25 — Sexta
A Festa Sarau do Boal
Local: Praia da Guanabara — 863
Freguesia — Ilha do Governador
(último bairro da Ilha)
Hora: 21:00h

26 — Sábado
Encontro com Boal
Local: Glauce Rocha
Av. Rio Branco — 179 — 6º andar
Hora: 16:00h

27 — Domingo
Traga sua fantasia, seu axé e sua alegria!!!
Romaria Político Teatral Augusto Boal
Local: Posto 12 — Leblon ao Arpoador
Hora: 11:00h

28 — Segunda
Bate-papo
Local: Mercadinho São José
Rua das Laranjeiras
Hora: 19:00h

PREFEITA **Bené BOAL** VEREADOR   Nº 13669

Como ler este livro[1]

Este livro é muito fácil de ler, mas é necessário estar familiarizado com suas *instruções de uso*. Esse não é um livro como outro qualquer: é um trabalho em progresso, e esse progresso depende de você.

Trata-se de um livro-caleidoscópio, abrangendo muitas áreas contraditórias, escritas em diferentes momentos da minha vida, em diferentes países, em diferentes línguas, em diferentes estados mentais e emocionais, em diferentes estados de esperança. Esperança e desespero, e esperança de novo!

Não acredito que deva ser lido do início ao fim, como um romance fascinante — coisa que não é! —, mas cada leitor deve inventar seu próprio caminho.

Encontre seu próprio trajeto de acordo com suas necessidades, preferências, curiosidades e desejos pessoais. Aqui vão algumas dicas:

SE QUISER SABER... como fui eleito vereador quando na realidade não o queria ser, vá para a página 43 e leia "1. O histórico — A volta do Teatro do Oprimido às suas origens: o Brasil e a política", onde conto a história das minhas muitas tentativas mal-sucedidas de não me tornar um exilado em meu próprio país, após tantos exílios no exterior!

OU, se quiser saber como não fui eleito vereador quando eu realmente queria continuar sendo um, vá para a página 141 e leia as últimas páginas da minha carta a Richard Schechner, que serve como um certo *post-scriptum* desse período.

SE QUISER SABER... quais eram nossas propostas, o que fazíamos quando iniciamos nosso trabalho na Câmara, vá para a página 57 e

---

[1] Introdução escrita pelo autor especialmente para a edição inglesa de *Teatro Legislativo*, publicada em 1998 pela editora Routledge. O texto foi adaptado pelos organizadores para abranger o conteúdo desta nova edição.

leia "2. A proposta — O teatro como política e a democracia transitiva como teatro".

OU, se quiser saber mais sobre a cidade do Rio de Janeiro do que contam os guias de turismo — sobre a maquiagem social, leões selvagens utilizados como cães de guarda e traficantes se envolvendo em guerras abertas nas favelas do Rio; sobre ensaiar uma peça ao som de rajadas de metralhadoras, sobre o sequestro de seres humanos e animais de estimação, cavalos de corrida e roubo de carros etc.; se quiser saber onde a experiência do Teatro Legislativo teve início, vá para a página 63 e leia "3. A realidade — Como e onde está sendo feita a experiência".

OU, se quiser uma noção geral da atmosfera na Câmara de Vereadores, se quiser saber sobre o conflito por vezes existente entre princípios éticos sólidos e política pragmática, vá para a página 131 e depois vá direto para a parte do livro devidamente intitulada "*Aqui ninguém é burro!*" e leia a partir da página 165, onde conto histórias verdadeiras (juro que são verdadeiras!) sobre minhas manifestações na Câmara. Originalmente pronunciamentos que fiz na tribuna; para este livro os transformei em versões mais palatáveis à leitura, despidos de toda a pompa da Câmara, de todas "Vossas excelências", "Nobres colegas" etc., e também quaisquer apartes ou considerações incidentais. Agora assemelham-se mais a crônicas.

SE QUISER LER... sobre quem foram nossos parceiros, e as relações entre os nossos objetivos e os deles, onde teatro e sociedade *de fato* se encontram, vá para a página 77 e leia "4. A estrutura do Teatro Legislativo".

OU, se quiser saber mais sobre a nossa forma de trabalho, leia "Histórico dos núcleos", página 155 (uma descrição das nossas oficinas, ensaios e espetáculos!).

E, se quiser saber mais sobre os efeitos dessa experiência nos participantes, seus sentimentos e pensamentos, vá para a página 123 e leia "6. O espetáculo e a comunidade".

SE QUISER SABER... sobre nossas ferramentas, os instrumentos do nosso trabalho, necessariamente simples e eficazes, como por exemplo, o tipo sistemático de dramaturgia simples utilizada por grupos de teatro popular, incluindo considerações como se existem certas leis dra-

matúrgicas que devem ser obedecidas ou se existem simplesmente regras a serem aplicadas para o melhor benefício do participante. Ou
ainda, se quiser saber o que seria uma estrutura padrão para uma peça
de Teatro Fórum, consulte "Dramaturgia", página 89, mas não deixe
que essas sugestões limitem o seu próprio desejo — crie seu próprio
estilo por sua conta e risco! E esteja ciente de que esse capítulo intro-
duz a escrita para o teatro a partir de um estilo muito simples, que foi
o adequado para os nossos parceiros na época — a apresentação talvez possa parecer um tanto esquemática, no entanto, foi útil para seus
propósitos originais.

OU, se tiver interesse na nossa abordagem sobre atuação, vá para
a página 101 e leia "A interpretação".

... se está se perguntando como era a estética dos nossos espetáculos, vá para a página 106 e leia "A imagem da cena".

... se quiser saber das dificuldades de se fazer teatro na rua, vá para a página 112 e leia "A encenação".

... se quiser saber sobre os problemas relacionados à voz (quando
faltam aos atores alguns de seus dentes da frente) e ao som (quando
ônibus soam mais alto do que pulmões), vá para a página 118 e leia
"O som e a voz".

SE ESTIVER À PROCURA DE RESULTADOS... se quiser saber de cara
se essa saga teve algum tipo ou não de final feliz, e que tipo de leis foram aprovadas através do processo Teatro Legislativo, pule para o
Anexo I na página 141.

SE QUISER UM AVISO... sobre as possíveis consequências violentas
de se realizar esse tipo de trabalho em um país como o Brasil, vá para
a página 171.

SE QUISER SABER O QUE PENSO SOBRE:

TV: vá para a página 115.

Paulo Freire: vá para a página 187.

Meninos de rua: vá para a página 176.

Remoções: vá para a página 167.

Direitos Humanos: vá para a página 182.

Mas, acima de tudo, conte-nos o que achou deste livro e da experiência aqui descrita, sobre as possibilidades de desenvolvê-la em outros países, sobre o que você poderia fazer!

Este livro fala de uma realidade muito específica no Hemisfério Sul. Geograficamente, politicamente e economicamente, o *Hemisfério Sul*! Talvez seja muito diferente da realidade de alguns leitores, ou talvez não pareça em nada diferente. De qualquer maneira, pode ser que seja útil para você, caso esteja envolvido de forma artística e ética com a estética da política ou caso tenha simplesmente curiosidade.

FAÇA COMO QUISER... pode até ler o livro de ponta a ponta, não me importo. O importante, no entanto, é que esse é um livro interativo: depois de sua primeira leitura, nos envie suas impressões, comentários, sugestões, complementações, propostas, desejos.

Apresentação[2]

Os primeiros três anos... *work in progress*... livro interativo "versão *beta*".

(Chama-se "versão *beta*" a uma pequena edição preliminar de um novo programa de informática em fase experimental. O objetivo é colher informações e sugestões de usuários experimentados a fim de que se prepare uma primeira edição definitiva do mesmo programa. Como este livro está sendo escrito no fragor da experiência do Teatro Legislativo, maio de 1996, tudo o que aqui se mostra ainda está em fase de crescimento e retificação. Colabore!)

Este livro "versão *beta*" é dedicado àqueles que me ajudaram a escrevê-lo, especialmente,

aos que estiveram na Campanha em 1992 e continuam trabalhando no mandato:

Bárbara Santos, Claudete Félix, Geo Britto, Helen Sarapeck, Maura de Souza, Olivar Bendelak;

aos que estão no mandato:

Ana Compagnoni, André Mufloz, Célia Correa, Cláudio Cunha, José Ribamar, Luiz Mario Behnken, Richard Coelho, Rosemberg Correia, Santa Clara, Sônia Boal, Vilma Costa;

aos que estiveram em parte do mandato:

Aldo Cordeiro, Augustus Cezar, Beatriz Cintra, Cassia Josélia,

---

[2] Abertura da primeira edição do livro, publicada ainda antes do final do mandato de Augusto Boal como vereador da cidade do Rio de Janeiro, no início de 1996. O texto indica o endereço da editora Civilização Brasileira, que receberia as contribuições e sugestões que Boal pedia aos leitores a respeito de sua pesquisa em progresso "Teatro Legislativo".

Clarisse Werneck, Cláudia Paranhos, Cristina Pestana, Eliana Ribeiro, Fernando Borba, Fernando Soares, Liko Turle, Luciana Werneck, Luiz Henrique, Luiz Boal, Luiz Vaz, Magali Rios, Marcelo Bragança, Mário Macaíba, Máslova Valença, Nádia Turle, Nely Turle, Paulo Vaz, Regina Primo, Roni Valk, Tânia Luiza, Tatiana Roque;
e aos integrantes dos núcleos de Teatro do Oprimido.

Prólogo

Monólogo e diálogo

A cena se passou em um hospital psiquiátrico, na Inglaterra. O Coringa — animador cultural de Teatro do Oprimido — ia iniciar uma nova oficina para os pacientes do hospital e também para alguns enfermeiros e médicos. Quis começar falando sobre as origens do teatro grego, cuja tradição herdamos. E explicou que, no princípio, o povo cantava e dançava, todo mundo junto na rua: era a época dos famosos Cantos Ditirâmbicos — ainda não era teatro. Um dia veio um homem, Téspis, e criou o Protagonista. Esse não se misturava com o coro e falava sozinho. Às vezes falava o coro, todo mundo junto, às vezes o Protagonista, sozinho.

— Quando inventou o Protagonista, Téspis, na realidade, inventou o "monólogo" — disse o Coringa. Antes, todo mundo cantava e dançava: era o "coro". Com Téspis, inventou-se o monólogo: uma pessoa falando sozinha. No teatro, ou em qualquer outro lugar, uma pessoa falando só, monologa. Entenderam?

Todos haviam entendido a explicação clara, simples. O Coringa continuou a primeira aula, estimulado:

— Veio depois Ésquilo, o primeiro trágico grego, e inventou o Deuteragonista, o segundo ator. E, com isso, inventou o diálogo. Assim, portanto... o que é o diálogo?

Silêncio. O Coringa queria a participação dos seus novos oficineiros, queria interatividade, e perguntou de novo, e detalhou melhor:

— Quando uma pessoa fala sozinha, está monologando, está fazendo um monólogo. E o diálogo, o que é?

Ouviu-se mais silêncio e o Coringa recorreu às imagens visuais:

— Monólogo é quando uma pessoa, uma só, fala sozinha... — e

mostrou o dedo indicador da mão direita. — Uma só! E diálogo é quando...? diálogo é o quê...? diálogo é...? — e mostrou dois dedos bem esticados.

— Eu sei, eu sei! — respondeu, alegre, um paciente.

— Então, diga: diálogo o que é?

— É quando duas pessoas falam sozinhas...

* * *

Essa história tão simples me ficou gravada na memória, intensa. Sempre me pergunto: será que aquele paciente estava equivocado, ou será que, na sua especial lucidez, revelou a maior verdade?

De fato, será que o diálogo existe, existe sempre? Ou, ao contrário, aquilo que pensamos ser diálogo não passa de dois monólogos paralelos ou cruzados? Monólogos entre países, entre classes sociais, raças, múltiplos monólogos familiares e escolares, monólogos conjugais, sexuais, todas as formas de monólogos interpessoais, será que, com frequência, atingem a categoria suprema do verdadeiro diálogo? Ou será que apenas, intermitentes, falamos e calamos, ao invés de falarmos e ouvirmos? Nós sabemos a palavra que dizemos, mas não sabemos qual será ouvida. O que se fala não é nunca o que se ouve.

Desde sempre me preocupou este tema, o diálogo... ou sua ausência. O Teatro do Oprimido, em suas diversas modalidades, é uma constante busca de formas dialogais, formas de teatro que possam conversar sobre e com a atividade social, a pedagogia, a psicoterapia, a política.

Este livro relata, em forma quase de reportagem, a mais recente experiência do Teatro do Oprimido: o Teatro Legislativo. É livro não acabado, como a própria experiência que vai em meio. Para que eu o termine, é preciso que meus leitores o leiam, analisem, interajam... e nos escrevam: sugestões, críticas, divergências, ideias... serão benvindas. E necessárias. Sem isto, não se poderá fazer a primeira edição deste livro que aqui se apresenta, de propósito, embrionário. Versão *beta*!

O Teatro do Oprimido começou a se desenvolver na etapa mais cruenta da ditadura brasileira: Teatro Jornal (1971). Prosseguiu em regimes ditatoriais latino-americanos e aí surgiram o Teatro Fórum, o Teatro Invisível, o Teatro Imagem (1971-1976).

Na Europa, de 1976 a 1986, desenvolveram-se as técnicas introspectivas, genericamente chamadas Arco-Íris do Desejo,[3] incorporan-do-se maneiras de se teatralizar a subjetividade.

Estamos de volta ao Brasil: nenhum dos nossos principais proble-mas políticos e sociais foi resolvido. Temos que tentar novas formas de resolvê-los. Eu sou um homem de teatro: fazendo política, uso os meios de que disponho — a cena! O Teatro Legislativo é um novo sistema, uma forma mais complexa, pois inclui todas as formas anteriores do Teatro do Oprimido e mais algumas, especificamente parlamentares.

Espero que esta experiência sirva, além do nosso mandato, além do nosso partido, além da nossa cidade, muito além. Espero que seja útil.

Já realizamos algumas experiências em outras cidades do Brasil (Santo André, SP) e em outros países (Alemanha e França). Estas estão apenas no início.

Imaginário, ficção e estética

Na prática do Teatro Legislativo é comum ouvirmos estas pergun-tas: "Sim, tudo muito bem, mas onde é que fica a estética nisso tudo? E qual é o lugar da ficção? Existe algum lugar para o imaginário ou tudo se passa no dia a dia?". Justamente para falar sobre esses temas fui convidado por um grupo de psicanalistas, em 1995. Este é o resu-mo da minha intervenção que, creio, pode ajudar à compreensão na nossa presente experiência.

* * *

O tema deste encontro inclui três palavras com as quais devo li-dar no meu dia a dia, artístico e político. E pela natureza do trabalho que faço — em contato com realidades objetivas como a pedra, a ma-deira, as cordas, as ruas, caravanas, favelas, passeatas; ou subjetivas e contraditórias, como discursos, protestos — talvez este trabalho tenha feito com que, para mim, essas três palavras — imaginário, ficção e es-

---

[3] As técnicas encontram-se no livro de mesmo nome publicado pela editora Ci-vilização Brasileira em 1996.

tética — pareçam-se mais com a "ganga impura" bilacquiana do que com o seu "ouro nativo". Falando da língua portuguesa, Olavo Bilac a ela se refere como "ouro nativo que na ganga impura, a bruta mina entre os cascalhos vela".

Meu pensamento estético é necessariamente impuro, ganga bruta, porque não se liberta por completo dos nomes de gentes e lugares, não se liberta dos fatos. E essas três palavras estão, para mim, cobertas de suor e de todas as impurezas e asperezas da luta cotidiana; não têm, para mim, valor apenas especulativo ou conceitual... Falando de imaginário, ficção e estética, podemos filosofar, ou, como pretendo fazê-lo agora, contar histórias.

Penso que nunca, jamais, a palavra pronunciada é a palavra que será ouvida. Mesmo quando duas pessoas dizem "eu te amo", mesmo quando sinceras, em coro, mesmo um ao outro e não a outros dois, ainda assim não é o mesmo amor. O que se diz não é nunca o que se ouve. O que se escreve não é nunca o que se lê.

Dependendo do que esteja fazendo no momento, ao pronunciar a palavra "estética", posso estar pensando em peças sofisticadas que dirigi na Europa, como as surrealistas *Nada mais a Calingasta* de Julio Cortázar, ou *O público* de García Lorca — que, se algum vínculo alguma vez tiveram com alguma realidade, perdeu-se no tempo e nas intenções —, ou posso, ao contrário, pensar na estética do caminhão, na poeira da estrada esburacada, na estetização das ruas durante uma passeata contra as privatizações, especialmente a da Companhia Vale do Rio Doce que, com suas reservas imensas, como informa o *Jornal do Brasil* do dia 19 de março de 1995, vale mais de mil bilhões de dólares e pretende-se vendê-la por 15 bi ou menos, para pagar os juros de uma dívida que continuará crescendo.

Sempre estarei pensando o mesmo, mesmo pensando diferente: estética é a comunicação através dos sentidos, é o como se fala o que se diz, como se sente o que se faz, como se escreve ou canta o que se pensa. Comunicação estética é a comunicação sensorial, e não apenas racional. Posso emitir o pensamento mais verdadeiro do mundo, porém se o cantar desafinado, será falso. Posso escrever a verdade mais incontestável, porém se escolher palavras erradas, será mentira.

Estética é o "como" não "o quê". Por isso não é uma: é múltipla como a própria cultura. Não se pode falar de uma só estética quando se fala de estética: *Fedra*, feita na corte de Louis XIV, no Palais Royal, para nobilíssimos espectadores vestidos de rendas e brocados, não é a mesma *Fedra* se feita no Teatro de Arena do shopping center da Siqueira Campos, ao lado da praia de Copacabana, como já a fiz: esta não deve imitar aquela, mas sim procurar-se a si mesma, buscar sua própria imagem.

O *Aurélio* define "imagem" como a "representação gráfica, plástica ou fotográfica de pessoa ou objeto". Porém o papel ou tela onde se pinta ou desenha o objeto, o mármore ou bronze onde se esculpe a pessoa, a fotografia que revela a coisa, também são, elas próprias, coisas, embora imagens. Neste sentido, a imagem da coisa é coisa. Coisa da qual se pode fazer imagem. E o dicionário define imaginário como aquilo que só existe na imaginação. Isto é, que não tem realidade concreta. Tem realidade apenas imaginária — com perdão da tautologia. Não existe sem o imaginante, como um pensamento que não existisse sem o pensador.

Mas o mesmo pensamento pode ser pensado por muitos pensadores e, entre eles, pode circular. No imaginário da nossa população, Isabel, movida por seu bom coração e nobres sentimentos, alma generosa, um dia resolveu libertar os escravos, porque de repente achou que a escravidão era injusta, e isso não ficava bem. Para esse imaginário não são necessárias informações históricas ou econômicas, não é necessário saber a quem interessava a abolição: basta o rosto suave de uma nobre princesa caritativa. Esse é um imaginário sem imaginação, depósito de fragmentos do passado, meias verdades que escondem mentiras inteiras.

No imaginário de parte do povo português, o rei Sebastião, morto (desaparecido?) em Alcácer-Quibir, em 1578, voltará um dia; no imaginário dos índios araucanos, a cobra de vidro, estraçalhada pelos espanhóis, um dia recomporá seus pedaços, transformando-se em poderosa serpente de aço, e expulsará os invasores. Esse é um imaginário que, simbolicamente, deseja um futuro. Deseja, imagina. Imagem do desejo.

No imaginário, imaginamos o que fazer para acabar com a violência no país — todas as violências: o crime organizado e o desorganizado, os crimes econômicos e os políticos. Imaginamos o futuro, queremos inventar o futuro, ao invés de esperar por ele.

O imaginário não é apenas depósito de coisas do passado. Sempre pensei que os processos psíquicos da memória e da imaginação fossem indissociáveis: é certo que quem não tem memória nada pode imaginar e, quando nos lembramos de alguma coisa, se dois de nós lembramos a mesma coisa, já não é a mesma coisa, são coisas imaginadas, diferentes, duas, embora a mesma.

Por isso, agora começo a duvidar se, na verdade, a memória existe. E, se existe, não será ela apenas um espaço onde a imaginação se exerce, onde organiza registros de emoções, pensamentos, sensações havidas, onde inventa o futuro e reinventa o passado?

Toda imagem é polissêmica e comporta todos os significados que lhe queiramos dar; toda imagem é superfície, e reflete os olhos de quem a vê. A imagem está nos olhos, não no objeto. Neste sentido, a imagem esconde mais do que revela.

Por isso, nós que trabalhamos em teatro, dentro ou fora dele, damos uma importância muito grande — e talvez maior do que a devida — à "realidade da imagem" mais do que à "imagem da realidade". Para nós, a imagem do real é real enquanto imagem: e esta realidade é a essência do teatro.

Por isso digo que não acredito em ficção, mas explico melhor: posso afirmar com segurança que a única ficção que existe é a palavra ficção. É uma bela palavra que designa aquilo que não pode existir: pois, no momento mesmo em que é criada, a assim-chamada ficção se transforma em realidade, em uma forma especial de realidade. E é sobre a realidade desta "imagem da realidade" que nós, no Teatro do Oprimido, trabalhamos.

Eu ameacei contar histórias, e cumpro a ameaça. A primeira se chama:

A dama e o elefante
Na cidade de Mainz, na Alemanha — onde, aliás, Gutemberg inventou a imprensa e onde existe um belo museu com as primeiras Bíblias impressas — eu estava fazendo uma conferência-demonstração teatral diante de trezentas pessoas, em um teatro. A sala era real, com

refletores reais, trezentas pessoas de verdade, palco, plateia, cadeiras, objetos sólidos: tudo real. Tudo realidade.

Mas coexistia já ali uma segunda realidade: os espectadores estavam na plateia, eu estava dentro do Espaço Estético (vulgarmente chamado palco ou arena) e isso já me dicotomizava. Um ator é ator e personagem. E ali eu era eu mesmo e, ao mesmo tempo, um personagem, um certo Augusto Boal, que ninguém sabia ao certo quem era. Ali eu era o conferencista, o palestrante. Já nesse primeiro nível coexistiam duas realidades: eu, que era quem sou, e era também aquele que a plateia pensava que eu fosse. Talvez existisse ainda uma terceira realidade: aquele que eu próprio pensava que era, pois não é certo que eu seja quem penso ser. Ou, mais exatamente ainda, existiam trezentas e duas realidades: eu, aquele que eu pensava que era eu, e o que cada espectador pensava que eu talvez fosse... Ou talvez, se fizéssemos uma análise combinatória... Mas fiquemos em duas para simplicidade e clareza.

Na parte prática da conferência, eu devia mostrar o funcionamento de uma das técnicas mais belas do Teatro do Oprimido, que se chama Arco-Íris do Desejo. Para isso, era necessário que um espectador — ou espect-ator, como nós o chamamos — contasse uma história verdadeira, real, na qual desejasse intensamente alguma coisa: esse seria o desejo a ser analisado em seu arco-íris.

Uma mulher levantou o braço e disse que desejava ser a protagonista.

A protagonista, ao contar a história, ou revivê-la, ela a rescreve: portanto é ficção (uma forma que a realidade assume). Mas o ato de contar é realidade. Suponhamos que ela estivesse mentindo: o ato de mentir seria verdadeiro. Em teatro tudo é verdade: até a mentira. O ator vive o contar e revive o contado.

Quando se ofereceu como protagonista, a mulher estava sentada na plateia e me via a mim, figura solitária. Quando veio ao palco (arena) viu a plateia e teve medo de tantos olhos. Perguntei se verdadeiramente queria contar sua história, ali, diante de tanta gente. Trêmula, disse que sim. Perguntei quem seria o seu "antagonista": toda cena teatral é conflito. O marido. Sugeri que escolhesse e convidasse um espectador para improvisar o papel do marido. Ela o fez. Perguntei qual o seu desejo. Pergunta temerária. Mesmo na solidão a dois de um gabinete psicanalítico seria temerário perguntar a uma mulher o que deseja do marido, imaginem em um teatro com casa lotada.

A mulher hesitou. Outra vez lhe ofereci a possibilidade de desistir, outra vez recusou. Então?

— Do meu marido... desejo... intensamente... um elefante!

Nunca nenhuma mulher pede de presente de aniversário ao seu marido um elefante, um rinoceronte ou girafa. Especialmente, esposa da classe média morando em apartamento apertado. Um elefante ocupa muito espaço. O elefante escondia alguma coisa: um anel, um passeio, viagem, orgasmo, afeto, carinho, amor... sabe-se lá.

A mulher não dizia a verdade, mas nem por isso mentia. O elefante era um símbolo; símbolo é aquilo que está no lugar de outra coisa, mas não é essa coisa. Como a bandeira que simboliza a pátria (que um dia existiu!), ou o verde a esperança (moribunda). A mulher fazia ficção. Mas o seu intenso desejo de pedir alguma coisa ao marido era real. E nós víamos diante de nós e analisávamos a verdade dessa mentira.

O fato de criar uma ficção — o elefante — permitia a cada um de nós projetar nessa imagem, elefante, nossos próprios desejos reais e urgentes carências, reais. O elefante libertava nossa memória emotiva. A ficção libertava realidades na plateia. Se, em lugar de elefante, ela tivesse dito a verdade — isto é, a sua verdade, limitada à sua própria experiência, vivida apenas por ela mesma — nós estaríamos interditados pela singularidade do seu caso, proibidos de imaginar.

Eu era quem sou, ou era aquele que a plateia pensava que eu fosse? Realidade ou ficção? O espectador improvisava o papel de marido: de dentro da sua pessoa fazia sair um personagem, diferente da sua personalidade, mas contido, em potência, dentro de si, desativado, esmaecido. O espectador era real e o seu personagem ficção: mas também real, pois era potência ato-alizada. Ele não era assim no seu próprio cotidiano, mas assim também podia ser (e era!) no escondido do seu coração.

E a própria mulher era, ao mesmo tempo, a narradora e a narrada: ela, no presente, diante de nós, contava sua história passada; revivia o que havia vivido, reescrevia sua vida, passava a limpo. Vivencia-

va o já vivido. E vivia a experiência da atriz que contava o passado...
no presente. Vida e vivência.

Para mim, todas estas realidades são realidades — algumas são
realistas, outras não.

* * *

A segunda história aconteceu na França, em Paris, durante um
ateliê que dirigi por dois anos consecutivos no Centre du Théâtre de
l'Opprimé, que dirijo. Ela se chama:

A moça da Gare du Nord

Um dia Isabelle confessou que todas às quintas-feiras, ao regressar à sua casa depois do ateliê, tinha que ficar esperando o trem na Gare du Nord, já que vivia fora de Paris. Sentava-se à mesa de um bistrô, pedia um copo de vinho branco e lia *Le Monde*. Invariavelmente um homem se aproximava, sentava-se à sua mesa ou, mesmo de pé, fazia insinuações sexuais. Sempre um homem diferente, mas não falhava nunca. Ela, sempre amedrontada, não reagia. Devia pensar que, se reagisse, os demais clientes talvez fossem contra ela: tomar vinho branco num bar da estação, ler jornal e, eventualmente, fumar, não fica bem para uma moça decente: é coisa de homem. Ou... prostituta...

Pediu para improvisar a cena. Improvisamos. Em seguida eu pedi que ela tornasse a improvisar, mas agora não como os fatos aconteciam normalmente, mas como ela gostaria que acontecessem — técnica que chamamos Quebra da Opressão. Evidentemente, desde os primeiros assédios, Isabelle começou aos berros agredindo o agressor, dizendo todas as palavras convenientes para um bom castigo. Os demais participantes da cena mostraram o que seria normal: apoiaram a protagonista.

Isabelle ficou contente, feliz com a descoberta do seu próprio potencial de violência, mas disse que ali, na nossa sala, no nosso ateliê, tinha tido a coragem de se defender, mas na Gare du Nord seria diferente, diante de estranhos. Propus então que ensaiássemos melhor a cena e que, depois, naquela mesma noite, fôssemos com ela à Gare e lá fizéssemos a cena como Teatro Invisível, isto é, sem revelar a ninguém que se tratava de teatro.

Foi o que fizemos e, mais uma vez, Isabelle explodiu aos berros e expulsou das imediações o ator agressor. No dia seguinte, ao comentarmos a cena, mais uma vez Isabelle se mostrou feliz e descontente. Feliz por ter sido capaz de gritar, defender-se, no próprio local onde sofria os assédios, e constatar que os demais clientes a apoiavam, ao invés de condená-la; descontente, porque, afinal, o "agressor" era um amigo, e a cena havia sido ensaiada, e nós estávamos todos ali, prontos a apoiá-la se alguma coisa errada acontecesse.

Demos um passo além. Na quinta-feira seguinte, fomos apenas alguns de nós acompanhá-la e nos sentamos em mesas bem distantes ou ficamos lendo jornais, no quiosque vizinho. O falso "agressor" não foi: estávamos certos de que um verdadeiro apareceria. E não tardou muito. Isabelle, já bem treinada, deu berros ainda maiores e afugentou o infeliz.

Daí pra diante, Isabelle confessou, seu único medo era começar a berrar e afugentar qualquer homem que dela se aproximasse, mesmo com as melhores das intenções.

A verdade sincrônica e a verdade diacrônica

O Teatro Invisível é moral ou imoral? É verdade que os espectadores não sabem que se trata de teatro, portanto não sabem que são espectadores. Mas não são obrigados a intervir. O Teatro Invisível é ficção ou realidade?

Creio que, moralmente, é justificado fazer-se Teatro Invisível, dependendo da escolha do tema. Primeiro, a cena não deve criar violência, mas apenas revelar a violência que existe na sociedade. Segundo, a cena deve ser verdadeira. Em que sentido? É certo que a cena foi ensaiada (portanto, é ficção); mas também é certo que é improvisada diante de pessoas que atuam sem nenhum ensaio, portanto são imprevisíveis. Os atores assumem os riscos da sua criatividade (portanto, é realidade).

Ficção e realidade se superpõem, coexistem no mesmo espaço e no mesmo tempo. Interpenetram-se.

Toda cena de Teatro Invisível deve ser verdadeira, no sentido diacrônico, já que é impossível sê-lo no sentido sincrônico. Verdade sincrônica é aquela que acontece no mesmo tempo e no mesmo espaço.

Verdade diacrônica é aquela que aconteceu no mesmo espaço, no passado, ou que, no presente, está acontecendo em outros espaços. Com Isabelle ambas as coisas aconteciam: ela, no passado, havia sido molestada por muitos homens abusados, machistas, e, naquele mesmo momento em que improvisávamos a cena, em outras Gares, em outros bistrôs, nos metrôs, nos cinemas, em toda parte, outras mulheres estavam sendo molestadas de forma igual.

Outro exemplo de verdade diacrônica aconteceu na cidade portuguesa do Porto quando, num dos aniversários da Revolução dos Cravos, fizemos uma cena de Teatro Fórum, com a entrada dos espectadores — conscientes de que o eram — em cena, afim de improvisarem soluções diferentes daquela que lhes é mostrada no assim chamado "modelo" (a cena ou peça escrita que mostra o erro ou o problema: o fórum é a busca de soluções, através de improvisações).

A cena mostrava uma prisão e quase imediata soltura de um PIDE (membro da polícia secreta salazarista),[4] no mesmo local em que havia acontecido anos trás. Os espectadores eram solicitados a mostrarem, improvisando teatralmente, o que acham que deveria ter sido feito em lugar do que fizeram. O local era o mesmo e os acontecimentos narrados, exatos. O efeito, extraordinário. Voltava-se atrás no tempo, voltava-se ao passado para inventar o futuro.

* * *

A terceira historinha se chama:

O prefeito de Godrano
Este episódio já narrei em detalhes no meu livro *Teatro do Oprimido*. Simplificando: fizemos em Godrano, perto de Palermo, na Sicília, Itália, uma cena em que o prefeito era o antagonista principal que

---

[4] António de Oliveira Salazar (1889-1970) foi um político português, figura maior do período conhecido como "Estado Novo Português", regime autoritário, autocrata e corporativista que durou 42 anos, de 1933 a 1974. Durante seu período como dirigente utilizava de repressão e censura para impor doutrinas de estilo fascista e combater opositores através de sua polícia política, a PIDE (Polícia Internacional e de Defesa do Estado), que esteve em exercício entre 1945 e 1969. O regime fascista de Portugal caiu em 25 de abril de 1974 com a Revolução dos Cravos.

se recusava a organizar uma cooperativa que fundaria um matadouro (em Godrano existiam nove vacas para cada habitante: mil habitantes e nove mil vacas. É muita vaca...). A carne consumida em Palermo (a oitenta quilômetros de distância) vinha de avião da Suíça quando poderia ir a pé de Godrano... Os interesses econômicos do prefeito impediam a construção do matadouro.

A polícia quis proibir o espetáculo, alegando que eu era um antigo preso político brasileiro e, portanto, só podia ali estar fazendo subversão. Pedimos permissão à mais alta autoridade godranense, o próprio prefeito. Normalmente, às sextas-feiras à tarde ele ia passar o fim de semana em Palermo, segundo ele cidade mais civilizada. Mas para prestigiar nosso espetáculo, resolveu vir em pessoa assistir à peça.

Quando viu que um dos personagens principais era o prefeito, perguntou-se qual. "Prefeito simbólico, abstrato", respondi. Quando começaram as intervenções do fórum, os camponeses um depois do outro gritavam "*stop*",[5] entravam em cena e revelavam novas conversações secretas com o prefeito, faziam-lhe novas e verdadeiras acusações, diante de todo o campesinato local: Godrano não tinha nenhuma outra diversão, vieram até os velhos em cadeiras de rodas...

O ator que representava o prefeito era também um camponês, nada solidário com o prefeito de verdade. Vendo-se mal representado, o prefeito não aguentou e gritou ele também: "*Stop!*", entrou em cena, substituiu o ator que fazia o papel de prefeito, e passou a se defender ele próprio.

Onde estava a ficção e onde a realidade? Ali estavam o verdadeiro prefeito e os verdadeiros camponeses de Godrano discutindo um problema verdadeiro. A única ficção era o ritual teatral, que no Teatro

---

[5] Técnica de Teatro Fórum aplicada durante o espetáculo (este compreendido por Boal como um "jogo artístico e intelectual entre artistas e espect-atores"), quando os espect-atores podem tomar o lugar do protagonista ou interferirem na apresentação teatral quando julgarem que o ator está "cometendo um erro, ou optando por uma alternativa falsa ou insuficiente". O espect-ator se aproxima da cena e grita "*Stop!*" (Pára!), fazendo com que os atores congelem imediatamente em cena e este agora possa apresentar uma solução melhor para a situação colocada pela peça. Ver Augusto Boal, *Jogos para atores e não atores*, edição revista e ampliada, São Paulo, Cosac Naify, 2015.

Fórum é democrático: qualquer um pode dizer *"stop"*, entrar em cena — (quem entra? o espectador ou o personagem?) — e atuar o seu pensamento, as suas ideias, sensações e emoções. Mais uma vez, realidade e ficção se interpenetram, se superpõem: um ator ocupa, ao mesmo tempo, dois lugares no mesmo espaço!!!

O político-ator: o assim chamado canastrão

O que é ficção em uma Câmara Legislativa e o que é realidade? Os franceses gostam de jogos de palavras: a realidade da ficção e a ficção da realidade — é bonito e, apesar da aparência de banalidade, é verdade. Pelo menos nas Câmaras Legislativas.

Primeiro: a ficção da realidade. Na assim chamada realidade da Câmara existem várias ficções. Primeira: todos os que ali estão foram eleitos pelo povo. Ficção. Não estou me referindo às suspeitas de votos manipulados, amplamente demonstradas no Brasil inteiro, mas sim às forças econômicas que apoiam este ou aquele candidato, em detrimento dos outros. Espaço em jornal se paga. E um legislador eleito por uma força econômica a ela se subordina. Assim, a esses parlamentares é vedado parlamentarem outra coisa senão a defesa dos interesses que os elegeram. Arthur Miller, o grande dramaturgo norte-americano, escreveu um amargo artigo, "Privatizemos o Congresso", propondo que cada deputado, cada senador, comparecesse às sessões vestindo a camisa do seu patrocinador: Coca-Cola ou Pepsi, IBM, Shell, Microsoft etc.

Segunda: o uso da emoção. Quando as galerias estão cheias, os péssimos atores camerísticos são pródigos em demonstrações de transbordantes emoções. São os mesmos que apoiam o voto secreto onde escondem suas verdadeiras obediências.

Terceira: o *script* preestabelecido, adivinhável. Quando está na pauta algum projeto imoral como, entre outros, a isenção de boa parte do ISS para as seguradoras de saúde, ou o perdão da dívida de IPTU para os hotéis — projetos, no mínimo, suspeitos... — alguns vereadores se mostram magnânimos e condescendentes com alguns projetos não econômicos vindos de partidos mais comprometidos com a população como, por exemplo, o projeto que obriga a prefeitura a construir pequenas plataformas embaixo dos orelhões, para evitar, como ocorre com dramática frequência, que os cegos batam a cabeça (os orelhões são inclinados e não verticais). Mostram compreensão, bondade.

Passa o primeiro projetinho, o segundo — diante dos olhares e sorrisos complacentes da ala direita — e lá vem o projetão anistiador. Aí o vereador salta, sua paciência acabou, grita, quase chora, embarga-se-lhe a voz e pede o fim da discussão e a votação imediata depois do terceiro orador (o regulamento permite...): calam-nos a voz, desligam-se os microfones, vota-se: saem lucrando as grandes empresas... e as plataformas embaixo dos orelhões, até hoje, não vi nenhuma.

1.

O histórico

A volta do Teatro do Oprimido às suas origens:
o Brasil e a política

Pela primeira vez na história do teatro e na história da política, uma companhia teatral inteira entra para o Poder Legislativo. Como se deu o milagre? A coincidência como categoria do acaso. O desejo e a meta: ir além!

* * *

Em 1982, menos de um ano depois de sua posse, o governo francês convidou duzentos intelectuais do mundo inteiro para um grande seminário na Sorbonne, a fim de que se discutissem as relações entre a cultura e o mundo moderno: qual? Instalava-se na França o socialismo: como?

Não nos pediam conselhos: queriam que debatêssemos o tema. Foram convidados vários prêmios Nobel, alguns famosos artistas de cinema e, os mais modestos, Darcy Ribeiro e eu.

Darcy acabava de ser eleito vice-governador.[6] Estava fascinado com a ideia da criação dos CIEPs (Centros Integrados de Educação Popular), que eram, na época, apenas projeto. Ideia simples: escolarizar, a longo prazo, o maior número possível de crianças (se possível, todas), mantê-las o maior tempo na escola (se possível, o dia inteiro, incluindo café da manhã, almoço e janta), dando-lhes toda assistência: medicina, odontologia, esportes e — graças a Deus! — animação cultural. O Plano Piloto previa a incorporação de 8% das crianças em idade escolar.

Aí entrava, ou podia entrar, eu mesmo, que havia contado a Darcy o funcionamento do Centre du Théâtre de l'Opprimé (CTO) que fun-

---

[6] Darcy Ribeiro (1922-1997) foi eleito vice-governador de Leonel Brizola (1922-2004) para o Estado do Rio de Janeiro no mandato de 1983-1987.

cionava — e funciona há dezessete anos![7] — em Paris, trabalhando em toda a França e em vários países.

O CTO desenvolve o método de Teatro do Oprimido, que se baseia na convicção de que o Teatro é a linguagem humana por excelência. O Ser torna-se Humano quando descobre o Teatro. A diferença entre os Humanos e os outros animais consiste em que somos capazes de ser Teatro. Alguns de nós "fazemos" teatro, mas todos nós "somos" teatro.

Qual teatro? Aquele que, arcaicamente, é a capacidade que temos de nos observarmos em ação. Somos capazes de nos vermos vendo! Esta possibilidade de sermos, ao mesmo tempo, o protagonista de nossos atos e nosso principal espectador, nos proporciona a possibilidade de pensarmos virtualidades, imaginarmos possibilidades, fundirmos memória e imaginação — que são dois processos psíquicos indissociáveis — de, no presente, reinventar o passado e inventar o futuro. Aí reside a imensa e poderosa força que tem o teatro. Esse é o teatro que me fascina, e o método que elaborei, o Teatro do Oprimido, tenta sistematizar essas potencialidades e torná-las acessíveis e utilizáveis por todos e cada um.

Em 1978, quando fui viver em Paris para lecionar nessa mesma Sorbonne onde fazíamos aquele Seminário, fundei o CTO. Desde então, esse Centro tem organizado cursos, seminários, intervenções, espetáculos, festivais etc. Darcy queria que eu fizesse o mesmo nos CIEPs, em todo o Rio de Janeiro. Convidou-nos, a mim e a Cecilia Thumim,[8] e insistiu em que nos mudássemos para o Brasil.

Era um sonho. Sempre quis voltar a viver no Brasil, mas nunca desejei abandonar o trabalho que fazia no exterior, em tantos anos de

---

[7] Informação de 1996. O CTO (Centre du Théâtre de l'Opprimé — Centro de Teatro do Oprimido) de Paris foi criado em 1979 por Augusto Boal durante o período em que viveu exilado na França.

[8] Cecilia Thumim Boal é viúva de Augusto Boal, foi sua companheira de vida e ativa colaboradora em muitos trabalhos, de 1966 (quando se conheceram) até o final da vida do teatrólogo. Cecilia criou e preside o Instituto Augusto Boal.

forçado exílio: cinco em Buenos Aires (veio Videla...), dois em Lisboa (e a Revolução dos Cravos feneceu...) e, finalmente, Paris que, para mim, ainda é meu segundo lar. Lá me senti acolhido e tive condições materiais mínimas para trabalhar de forma sistemática.

Se tivéssemos podido, teríamos dito "sim" e retornado ao Brasil a tempo de assistir à posse de Darcy. Porém, tantas vezes já tínhamos sido obrigados a fazer as malas às pressas, deixando para trás até o essencial, que preferimos, eu e a família, fazer tudo com vagar.

Quando chegamos ao Brasil, de mala e cuia, corria o ano da graça de 1986, fim de mandato, novas eleições: Darcy candidato a governador. Cumpriu a promessa: contratou-nos por seis meses, porque queríamos experimentar e ver se seria possível, no Rio, fazer semelhante projeto, que tão certo estava dando na França. Em caso positivo, sim, desejaríamos um contrato a longo prazo.

Deu certíssimo: reunimos 35 animadores culturais dos CIEPs, gente que, em sua maioria, nunca havia feito teatro — alguns jamais assistido a uma peça — e fizemos um intenso trabalho, mostrando nossos exercícios, jogos e técnicas de Teatro Imagem, Teatro Fórum e Teatro Invisível. Rosa Luisa Márquez, professora da Universidade de Porto Rico em San Juan, que havia trabalhado no CTO em Paris, veio do Caribe para participar nesta aventura.

No fim de seis semanas já tínhamos um repertório de cinco peças curtas sobre os temas que mais preocupavam os animadores culturais (e suas famílias e vizinhos, em todos os bairros populares): o desemprego, a insalubridade, moradia, violência sexual, opressão racial, opressão da mulher, do menor, saúde mental, drogas etc.

Com esse repertório, iniciamos uma série de apresentações em CIEPs. Como funcionam em edifícios padronizados, bem cedo aprendemos a construir um "teatro funcional" nos refeitórios, usando para isso os elementos disponíveis: duas filas de espectadores sentavam-se no chão, duas em cadeiras, uma sentada em mesas e, finalmente, uma fila sentada em cadeiras em cima das mesas e, quando a afluência era excessiva, uma fila de espectadores ficava em pé em cima das mesas. Colocávamos uma lona branca no chão e um pano como ciclorama.

A cada apresentação vinham duzentos ou trezentos espectadores, às vezes quatrocentos ou mais — alunos, professores, pais dos alunos, amigos dos professores, serventes e merendeiras, vizinhos das escolas. O espetáculo começava com uma breve explicação dada pelos Coringas do espetáculo — (eu e Cecilia; Rosa Luisa ficava na percussão) — sobre os usos do teatro e a função do Teatro do Oprimido; depois, fazíamos exercícios com atores e espectadores — comunhão teatral... — e, em seguida, apresentávamos as cinco pequenas cenas que haviam sido criadas durante a oficina.

Na segunda parte perguntávamos à plateia quais os dois ou três temas que mais a haviam interessado, e procedia-se ao fórum de duas ou três cenas: o debate teatral, a improvisação de soluções possíveis, com a intervenção dos espectadores, a busca de alternativas para uma situação opressiva, injusta, intolerável. Os espectadores, um de cada vez, entravam em cena e interpretavam seus próprios pensamentos, teatralmente mostrando suas opiniões. Teatralmente, discutia-se o que era possível fazer, e ensaiava-se o que se faria. O teatro ajudando na transformação social. Para melhor.

Os espetáculos-fórum, além da atividade artística que representavam em si mesmos, além do prazer estético, ajudavam os cidadãos a desenvolverem o gosto pela discussão política (democracia) e pelo desenvolvimento de suas capacidades artísticas (arte popular). Eram momentos privilegiados de diálogo, de troca, de aprendizado, de ensinamento, de prazer. Essas reuniões teatrais só terminavam quando já estávamos extenuados. Mas os espectadores, os nossos espect-atores — aqueles que observam (*spectare*, em latim, ver) para em seguida atuarem —, esses pareciam não se cansar nunca. Queriam sempre mais.

Foi aí que comecei a sentir vontade de inventar alguma forma de teatro que pudesse canalizar toda a energia criativa despertada pelo fórum naqueles homens, mulheres e crianças dispostos a transformarem o mundo, o seu mundo, talvez apenas o seu pequeno mundo, parte do mundo, e usar essa energia além da duração do espetáculo. Não era possível aceitar que tão boas ideias surgidas no Teatro Fórum não fossem aproveitadas em outras instâncias, não seguissem adiante, não se alastrassem pela realidade.

O fórum é uma reflexão sobre a realidade e um ensaio para uma ação futura. O espectador entra em cena e ensaia o que é possível fazer na vida real. Pode ser que a solução dos seus problemas dependa dele próprio, da sua vontade individual, do seu esforço, mas pode também acontecer que a opressão esteja na própria lei, opressiva, ou na ausência da lei necessária, libertadora. Nesse caso, seria preciso transformá-la, criá-la ou recriá-la: legislar. Como? Aí terminava o poder do teatro. Não tínhamos resposta.

Shakespeare escreveu que o teatro é um espelho onde se vê a verdadeira imagem da natureza, da realidade:[9] eu queria penetrar nesse espelho e transformar a imagem que nele via. Trazê-la para a realidade: fazer real a imagem do meu desejo. Queria que, nos espetáculos-fórum, os espect-atores transgredissem as convenções, entrassem no espelho da ficção teatral, ensaiassem formas de luta e voltassem à realidade com as imagens dos seus desejos. Embora estivéssemos ainda praticando apenas o Teatro Fórum (o espectador que se transforma em protagonista), esta inquietude foi a gênese do Teatro Legislativo (o cidadão se transforma em legislador, por interposto vereador).

Poucas vezes fui tão feliz em teatro. Sentia um prazer enorme estimulando os cidadãos do Rio, nos bairros da periferia e nas cidades próximas, como São João de Meriti, Duque de Caxias, Nilópolis, Angra dos Reis, e tantas mais, a entrarem em cena e a exercerem a sua cidadania teatral. A descobrirem o teatro, descobrindo-se teatro.

Fizemos mais de trinta espetáculos, chegou o fim do ano. Darcy perdeu as eleições. No Rio de Janeiro, e no Brasil, os políticos que assumem o governo têm a tendência a destruir tudo que o anterior estava fazendo. Aquilo que estava fazendo de bom. O ruim eles deixam. O bom, arruínam.

No ano seguinte ainda tentamos continuar, sem a menor ajuda do novo governo, que nem se deu ao trabalho de honrar contratos assinados. Ainda fizemos uma segunda oficina, que acabou no meio... O último espetáculo foi melancólico: mostramos nossas peças para nós mesmos. Alguns atores faltaram, porque não tinham dinheiro para a passagem de ônibus... um desastre...

---

[9] *Hamlet*, ato III, cena II.

Tentamos o patrocínio privado. As grandes empresas estavam começando a utilizar uma nova Lei de Incentivo à Cultura[10] para, com parte do que deviam pagar de imposto de renda, subvencionar algumas companhias de teatro, dança, música etc. Fomos procurá-las, quase todas. Uma delas nos propôs que trabalhássemos no seu departamento de pessoal, ajudando com nossas técnicas a recrutar seus funcionários... lógico que recusamos: não foi para isso que criamos o Teatro do Oprimido. Outras, com muita clareza, mostraram seu desinteresse em patrocinar teatro para espectadores que não faziam parte do mercado. Uma empresa de gasolina nada teria a lucrar com uma plateia de passageiros de trens da Central. E havia ainda a questão da imagem: uma companhia de sedas não havia de querer associar sua imagem à de atores maltrapilhos. Uma fábrica de massas italianas se sentiria sádica oferecendo arte a espectadores desnutridos.

Tentamos. Em vão.

* * *

Sementes germinam.

Mesmo em solo árido, ingrato, solo seco. E muitos grupos de Teatro do Oprimido formaram-se em toda parte por onde tínhamos andado, organizados pelos antigos animadores culturais.

Em 1989, um pequeno grupo de teimosos sobreviventes da experiência dos CIEPs veio me procurar e propor a criação de um CTO no Rio. Informal, trabalhando de vez em quando: reuniões internas para estudar o "Arsenal" (conjunto de técnicas, jogos, exercícios) e trabalho externo quando se conseguisse algum contrato.

Informalmente, iniciamos a nova etapa. Sempre com a esperança em dias melhores, acreditando em promessas. Vieram novas eleições e Darcy voltou ao governo mas — não cabe aqui analisar porquê... — seus projetos já não coincidiam com nossas propostas. A ideia dos CIEPs foi desacelerada.

---

[10] Referência à então recém-lançada Lei Federal de Incentivo à Cultura, conhecida como Lei Rouanet, sancionada no final de 1991, quando Sérgio Paulo Rouanet era secretário da cultura do governo Fernando Collor de Mello.

Teatro Legislativo

Até 1992, perdido o elo com a Secretaria de Educação e os CIEPs, o CTO-Rio viveu magro: alguns contratos com o Sindicato dos Bancários, ou com prefeituras petistas de Ipatinga ou São Caetano, eventos como "Terra e Democracia", organizado pelo IBASE dirigido pelo Betinho, oficinas para o público em geral e para estrangeiros: vieram grupos da Alemanha e da New York University. Os alemães — e conto este episódio para dar uma ideia do clima de trabalho... —, depois de encerrada a oficina, e ao voltarem de uma visita às cidades mineiras barrocas — Ouro Preto, Mariana, Congonhas do Campo —, tiveram o seu ônibus emboscado por marginais assaltantes e bombardeado com pedras, no seu regresso ao Rio, à noite: emboscadas medievais! O motorista, homem experimentado, acelerou e salvaram-se todos, com pequenos ferimentos. Este foi um aviso do que nos passaria com mais frequência, mais tarde.

Mesmo assim, vivemos com muita esperança, que, como se sabe, é a última que morre.

Morreu.

Um dia decidimos acabar com o Centro, praticar caridosa eutanásia no sonho moribundo. Qual a melhor forma de enterrar o sonho, depois de morto? Não queríamos enterro triste, lacrimejante: preferíamos o estilo Nova Orleans. Enterro musical — aparentemente —, alegre. Queríamos enterro com estardalhaço, muito ritmo, muitas cores e muita gente, gente de todas as cores, dançando em todos os ritmos.

Por coincidência, 1992 era ano de eleições e as eleições no Brasil — ao contrário de muitos países europeus e norte-americanos — são um momento erótico na vida nacional. O carnaval é o erotismo transgressor de todas as ideologias. E a campanha eleitoral é o erotismo politizado, ou a política erotizada. O povo dança, canta e tudo o mais a que tem direito.

Queríamos enterrar o sonho do CTO ajudando um partido ou uma coligação a realizar um sonho maior: mudar o país. E fomos procurar o Partido dos Trabalhadores, o PT, para oferecer nossa colaboração. Fomos ouvidos com atenção: queríamos participar da campanha nas praças cantando nossas músicas, fazendo Teatro Fórum sobre os acontecimentos do dia a dia, usando máscaras, estetizando as ruas. Queríamos teatralizar a campanha.

Nossa proposta foi aceita, sem ressalvas, mas com uma emenda aditiva: a fim de tornar mais eficaz nossa participação, seria conveniente que um de nós se apresentasse como candidato a vereador.

Não esperávamos por essa, mas aceitamos o desafio: iríamos pensar qual de nós seria o mais apto a desempenhar o papel de candidato. E voltamos para o nosso centro compenetrados do nosso papel.

Estávamos em círculo conversando, tentando escolher o melhor candidato, eu olhando nos olhos de cada um, tentando fazer minha escolha. Estava olhando para todos quando reparei que todos estavam olhando para mim. Tive um sobressalto:

— Não, eu não! Não posso ser candidato de jeito estilo nenhum! — me defendi. — Eu não poderia fazer campanha, estou sempre viajando, tenho uma agenda carregadíssima, contratos. Seria candidato ausente. Não ganharia nunca essas eleições. Impossível: são 1.200 candidatos de 22 partidos para apenas 42 vagas. Não, eu não: melhor que seja outro.

Continuaram me olhando e eu resistindo com bravura, misturando desejo e medo. Até que alguém perguntou:

— Mas quem disse que vamos concorrer para ganhar? A ideia é só participar das eleições, fazer um enterro festivo do CTO. Ninguém pede que você renuncie às suas viagens, porque ninguém espera mesmo que você ganhe...

Respirei aliviado:

— Bem, se é assim... se não é para ganhar... então eu aceito ser candidato...

E levamos a nossa decisão à direção do partido: eu seria o nosso candidato... já que não havia a menor chance de ser eleito.

* * *

Entramos de cabeça na campanha. O pequeno grupo inicial cresceu, animado. Fizemos várias peças, cada dia uma nova canção. Todos os dias acrescentávamos algum texto. Participamos intensamente do movimento popular contra o presidente campeão da corrupção,[11] que

---

[11] Fernando Collor de Mello. Eleito presidente em 1989, sofreu processo de impeachment em 1992, acabando por renunciar.

ajudamos a expulsar, ajudamos a campanha da nossa candidata à prefeitura, Bené,[12] íamos todos os dias para as ruas. Íamos significa iam, porque volta e meia lá ia eu para o aeroporto.

Nossa campanha foi se desenvolvendo e ficando conhecida. Fotógrafos e cinegrafistas gostam de imagens. Jornais também. Existe uma enorme carência de imagens. Uma boa foto vale muito. E nossa campanha era fonte de boas fotos. Por exemplo: num musical que fizemos contra o aumento das mensalidades da Universidade Santa Úrsula, na praia de Ipanema, dez mulheres vestiam-se de freiras — e se vestiam de religiosas em plena praia, com biquínis e ligas pretas, pernas de fora diante dos banhistas e fotógrafos. Depois, uma professora dava aula na areia, quadro negro, cadeiras de escola, mesinhas, tudo insólito, teatral, fotográfico. Lógico que começávamos a ter espaço na imprensa. E com isso, publicidade para a minha candidatura.

Outro exemplo: um grupo de mulheres (quase todas professoras), vestidas com aventais, lenços na cabeça, segurando bacias e panelas, ia pelas ruas e pelas praças cantando um musical que elas mesmas haviam composto, *Maria sem vergonha... de ser feliz*: "Agora com Boal/ Maria está total/ na rua afinal/ em cena teatral./ Agora com Bené/ Maria é mais mulher/ com todo o nosso axé/ pro que der e vier".

Com a campanha se desenvolvendo, algumas pessoas se afastaram por não desejarem participar de uma campanha partidária mas, em compensação, muitas mais se juntaram a nós, pessoas que nem sequer pensavam em teatro — pensavam politicamente, tinham desejos políticos, eram gente da política, ou simplesmente gente indignada com a situação no país — gente que aceitava com alegria tentar essa forma nova de se fazer política. Ou simplesmente porque acreditava em mim.

Embora pobre, nossa campanha cresceu. Para dar uma ideia da nossa pobreza e criatividade, nossos *buttons* eram pintados à mão, um a um, em chapinhas de garrafas de cerveja. Chapéus, com a minha caricatura arlequinesca, feitos de *papier maché* eram pintados à mão, um a um. Nossas cores, menina e menino, azul e rosa, já vinham nos panos com que fazíamos nossas bandeiras: economizava-se tinta... Mas

---

[12] Benedita da Silva.

não ideias: nossas faixas eram sonoras, com guizos pendurados em fitas, acompanhando as vozes dos manifestantes. Era preciso honrar nosso lema: "Coragem de ser feliz!".

Nossa campanha cresceu muito mais do que esperávamos. Tanto que um dia alguns dirigentes do partido me chamaram e me disseram, com toda a seriedade:

— Boal, você corre um risco, você está correndo um sério risco...

Era tanta a seriedade que me assustei. Pensei em atentado, coisas assim... afinal estávamos no Rio de Janeiro... trivial...

— Risco de quê?

— Você corre o risco de ser eleito...

Estupor. Eu, vereador?! Isso nunca! Não porque menospreze essa função — pelo contrário —, mas porque não podia, nesta altura da minha vida, mudar de carreira, hábitos, trajetória, métodos, tudo, ora! Tinha toda uma programação pronta, contratos, planos, não iria agora me desviar do meu caminho por uma cadeira de vereador, quando eu estava certo de que não tinha condições — nem a experiência e talvez nem o gosto — para ser um bom vereador. O partido estava cheio de melhores candidatos. Por que logo eu?!

— De jeito nenhum! Se eu corro o risco de ganhar, então renuncio!

Fui peremptório!!! Peremptoríssimo!!! Ora, onde já se viu?

E voltei para o CTO, relatei minha conversa e comuniquei minha decisão: renunciaria. Consternação geral. Estava tudo indo tão bem. Cada vez aparecíamos mais nos jornais, na televisão, falávamos nas rádios. Cada vez mais gente aderia à nossa campanha, mais gente queria participar, praticar o Teatro do Oprimido. Que pena...

Até que alguém teve uma ideia:

— Olha, Boal, na minha avaliação, você não corre nenhum risco de ganhar. Mas... supondo que ganhe? Não seria essa uma boa solução?

— Pra quem? — perguntei irado. — Pra mim, não!

Refletimos: queríamos enterrar o CTO de uma forma alegre e útil, mas, na verdade, não queríamos enterrá-lo — queríamos que vivesse e não tínhamos condições. Se eu fosse eleito vereador, teria direito a contratar assessores. Precisávamos de segurança profissional, mas nossos interlocutores não tinham dinheiro nem para si mesmos, quanto mais para profissionalizarem Coringas. Sendo eleito, eu poderia contratar todos os animadores culturais do CTO para realizar nossa experiência: ir além do Teatro Fórum e inventar o Teatro Legislativo! Como a função do vereador é a de criar leis e fiscalizar o bom funcionamento das que já existem, a participação do povo seria feita através do teatro: Democracia Transitiva.

O acaso e a determinação haviam-se juntado: por acaso, sim, mas principalmente por desejo nosso, desejo intenso, estávamos diante da possibilidade de ir além, com o Teatro do Oprimido, da simples reflexão sobre a realidade, do ensaio de transformação da realidade: diante da palpável possibilidade de criar e transformar as leis.

Pela primeira vez, na história do teatro e na história da política, abria-se a possibilidade de uma companhia teatral inteira ser eleita para um parlamento. Esta proposta foi colocada com toda a honestidade para o eleitorado: todos os meus eleitores sabiam que, votando em mim, estariam votando numa proposta muito clara: unir o teatro e a política. Não se tratava apenas de votar em um "bom" candidato, mas em uma audaciosa proposta, da qual os eleitores deveriam mais tarde participar. Eu explicava que não queria apenas que votassem em mim, mas que, se eleito, trabalhassem comigo durante todo o mandato.

Antes de mim, muitos artistas já haviam sido eleitos para cargos legislativos (Glenda Jackson, por exemplo, maravilhosa atriz que se tornou deputada na Inglaterra), ou cargos executivos, como Ronald Reagan nos USA (não era bom ator mas tinha carteirinha do sindicato, *ipso facto*, era ator), ou o dramaturgo Václav Havel, que saiu da prisão para ocupar a presidência do seu país, a República Tcheca. Sem esquecer Cicciolina, estrela de uma forma de *show business*... Ela faz melhor os seus stripteases do que Errol Flynn os seus duelos: respeito!

Ficou claro, para todos, que o meu caso era diferente: não teria que renunciar à minha antiga atividade teatral para iniciar vida nova parlamentar. Uma seria o prolongamento da outra: quem votou em mim sabia o que estava fazendo: Teatro e Política!

E ficou claro também que, se eleito, eu poderia realizar o que estávamos buscando desde o início: formas de fazer o Teatro Fórum ter efeitos práticos para além do espetáculo. Não apenas ensaiar para o futuro, mas começar a realizá-lo. Transformar não apenas o espect-ator, interiormente, mas a realidade social e legal à sua volta, exteriormente. Experimentar qualquer coisa além da reflexão e do ensaio.

Na minha vida inteira sempre fiz política (embora não partidária) e sempre fiz teatro. Foi isso o que me seduziu na proposta: fazer "teatro como política", ao invés de simplesmente fazer "teatro político", como antigamente.

Tão seduzido fui por essa ideia que voltei à liça, ao duro combate, voltei às ruas, às passeatas, aos espetáculos, às cirandas. À política! Voltamos todos com mais coragem, mais determinação, mais desejo de vencer.

Agora eu queria ganhar e isso mudou o meu comportamento, e fui à luta com a cara e a coragem. Mas, vez por outra, eu me sentia como Coriolano de Shakespeare, com uma certa vergonha de pedir votos para mim mesmo. Às vezes, eu me recusava a subir no meu próprio palanque... Ou tinha vontade de acusar parte da população pela burrice de votar em certos candidatos, por fisiologismo. Era muito difícil dizer: "Vota em mim!". Parecia egoísmo: com tanto bom candidato... Eu sentia que estava ocupando o lugar de alguém...

Um dia, um menino do Morro da Saudade me pediu um jogo de onze camisas para o seu time de futebol. Expliquei que a minha candidatura era honesta, tinha um projeto, era diferente de muitas que ele conhecia, e ele me respondeu: "Se você não dá nada pra gente como é que você quer que a gente vote em você? Tem que dar alguma coisa...".

Era difícil explicar que, quando o eleitor aceita um presentinho do candidato, terá que pagar mais tarde: serão, no parlamento, os lobistas das companhias de ônibus, para citar um só exemplo, que votarão em favor de todos os aumentos. Presentes de políticos custam caro ao eleitor!

Outra eleitora queria que eu, além de patrocinar o evento, presidisse uma solta de balões, em período estival: alerta aos bombeiros. E sempre oferecendo dezenas de favelas como currais eleitorais...

Para muita gente com a qual hoje trabalhamos nos nossos núcleos comunitários parece natural que os candidatos dêem presentes concretos, além das abstratas promessas, porque nas vésperas das eleições é quando o povo e os políticos se encontram todos os dias; depois, só nas eleições seguintes. Existem candidatos sem-vergonha que chegam a dar dentaduras postiças; como muitas vezes a pessoa que deseja usar a dentadura tem ainda uns poucos dentes na boca, e como as dentaduras são mais ou menos padronizadas, o candidato oferece os serviços de um dentista para arrancar os dentes sadios que obstaculizam a dentadura. E oferece a parte de baixo da dentadura; a parte de cima só depois das eleições... Outro oferece pernas de pau para os pernetas e olhos de vidro para os cegos. Um outro, sacos de cimento e tijolos, para a construção de casas. Um outro ainda costuma oferecer um cheque com uma quantia estipulada, mas em branco: "Só vou assinar se for eleito...", ou dar metade de uma nota de cem reais. A outra metade, depois...

Para muita gente do povo é difícil acreditar que alguém possa querer ser vereador por uma sincera razão política, estética e social. Para uma boa parte da população, os políticos são todos iguais.

Mesmo com esses problemas, minha campanha foi criando grupos teatrais: ecologistas, mulheres, universitários, negros, que explicavam a nossa ética e a nossa proposta político-teatral. Até que chegou o dia. Desde cedo pela manhã já estavam os meus fiscais da campanha em bocas de urna, tentando convencimentos de última hora.

Vencemos. Não estive entre os mais votados, mas tive votos espalhados pelo Rio de Janeiro inteiro: gente que só me conheceu através do nosso teatro, nossos espetáculos. Gente que acreditou em nós. Acreditou no Teatro do Oprimido.

No dia 1º de janeiro de 1993 tomei posse como um dos seis vereadores do PT. Foi assim que começou a nossa experiência de Teatro Legislativo. Experiência que, espero, não terminará nunca!

2.

A proposta
O teatro como política
e a democracia transitiva como teatro

Semelhança entre o Teatro do Oprimido (o espectador se transforma em ator) e o Teatro Legislativo (o cidadão se transforma em legislador). A proposta do mandato de vereador, a falaciosa democracia direta grega, a democracia representativa e a ideia de uma democracia "transitiva", "participativa" ou "interativa".

* * *

O TEATRO não pode ser aprisionado no espaço teatral, assim como a religião não pode ser aprisionada dentro de igrejas; a linguagem teatral e suas formas de expressão não podem ser propriedade privada de atores, assim como a prática religiosa não pode ser de propriedade exclusiva dos padres!

Paulo Freire fala da transitividade do verdadeiro ensino: o professor não é aquele que descarrega saber na cabeça do aluno, como quem esvazia um caminhão, cofre de banco onde se guarda o dinheiro-saber: professor é quem possui um conhecimento e o transmite ao aluno e, ao mesmo tempo, dele recebe outro conhecimento, pois que o aluno possui o seu próprio saber. Ensino é transitividade. Democracia. Diálogo. "A um camponês ensinei como se escreve a palavra arado; e ele me ensinou como guiá-lo",[13] disse um professor cordovês argentino.

No teatro convencional existe uma relação intransitiva: do palco tudo vai à sala, tudo se transporta, transfere — emoções, ideias, moral! — e nada vice-versa. Qualquer ruído, exclamação, qualquer

---

[13] Augusto Boal abre com essa mesma citação seu livro *Técnicas latino-americanas de teatro popular*, escrito durante a segunda fase de seu exílio político, já na Europa, por conta da ditadura instaurada no Brasil. O livro foi publicado em português pela primeira vez em 1977 pela editora Hucitec de São Paulo.

sinal de vida que faça o espectador é contramão: perigo! Pede-se silêncio para que não se destrua a magia da cena.[14] No Teatro do Oprimido, ao contrário, cria-se o diálogo; mais do que se permite, busca-se a transitividade, interroga-se o espect-ator e dele se espera resposta. Sinceramente.

O mesmo se tenta com o Teatro Legislativo. Não admitimos que o eleitor seja mero espectador das ações do parlamentar, mesmo quando corretas: queremos que opine, discuta, contraponha argumentos, seja corresponsável por aquilo que faz o seu parlamentar.

O projeto do nosso mandato de vereador consiste em trazer o teatro de volta para o centro da ação política — centro de decisões —, em fazer teatro como política e não apenas teatro político: neste, o teatro comenta a política; naquele, é uma das formas pela qual a atividade política se exerce.

Os teatros gregos se localizavam fora das cidades, em espaços pouco habitados, onde a tragédia produzia, nos seus protagonistas, a catástrofe e, nos espectadores, a catarse, após uma etapa de violenta euforia transgressora. Enquanto a "falha trágica" (*harmatia*) do protagonista era destruída pela morte (Antígona), ou pelo castigo atroz (Édipo), no espectador eliminava-se o mesmo desejo transgressor que, nele, havia sido vicariamente estimulado. No Teatro Legislativo procura-se trazer o teatro outra vez para o centro da cidade, onde se deve produzir não a catarse, mas a dinamização. Seu objetivo não é o de aquietar espectadores, revertê-los a um estado de equilíbrio e aceitação da sociedade tal como é, mas, ao contrário, intensificar seu desejo de transformação. O Teatro do Oprimido procura desenvolver o desejo e criar espaço no qual se possam ensaiar ações futuras. O Teatro Legis-

---

[14] Não sou contra nenhum tipo de teatro: amo todos, sou um dramaturgo e um diretor, e não gostaria de ouvir nenhum membro da plateia gritando "Pare!" e tomando o lugar de Hamlet para atirar em Claudius. Mas o mundo do teatro é grande o suficiente para acomodar todas as formas teatrais, incluindo o Teatro do Oprimido. De qualquer maneira, todas as formas de teatro podem interagir: fiquei extremamente feliz quando a Royal Shakespeare Company, em julho de 1997, me convidou para treinar 26 de seus atores com as técnicas introspectivas do Arco-Íris do Desejo para criar os personagens das peças de Shakespeare. Foi uma experiência maravilhosa para todos nós. [Nota do autor para a edição inglesa de *Teatro Legislativo*]

lativo procura ir além e transformar esse desejo em lei. (Devemos estar cientes que uma lei é sempre o desejo de alguém — sempre o desejo dos poderosos: vamos democratizar o desejo, fazer com que os nossos desejos também se tornem leis!)

Curiosa a origem da palavra "política". Na Grécia Arcaica (antes do século V a.C.), *polis* era o conjunto das pessoas que não dispunham de nenhum poder. Um camponês, por exemplo, era obrigado a dar ao dono das terras que cultivava cinco sextos de tudo que produzia; ficava com a magra sexta parte. Não tinha nenhum poder político: seu único poder consistia em juntar-se aos que, como ele, nenhum poder tinham. *Polis* vinha a ser o poder dos sem poder, a união faz a força, "o povo unido jamais..." etc.

No campo, dadas as distâncias, as *polis* eram difíceis de crescer; já as *polis* portuárias (juntando os que remavam, velejavam, estivadores e marinheiros...) organizavam-se mais facilmente. Aí, as *polis* eram maiores, mais fortes. Esqueceram-se as *polis* rurais e a palavra *polis* passou a ser sinônimo de cidade. *Polis* = cidade. Como governá-la? Eis a Política — a arte de gerir a *polis*.

Na Grécia inventou-se a democracia: *demo* = povo, *cracia* = governo. *Ágora* era a praça pública — "a praça é do povo como o céu é do condor" (Castro Alves) —, a praça onde todos opinavam, onde se fazia política.

Seria mesmo democrática essa democracia? Em primeiro lugar, as mulheres não votavam: isto é, metade da cidade não votava por ser mulher. Segundo, só os homens livres votavam e, no entanto, a maioria da população era constituída por escravos: prisioneiros nas guerras ou em atos de pirataria marítima; meios cidadãos — não votavam por serem escravos. Mesmo quando fossem gregos: também os havia, em pequeno número, aqueles que, por não poderem pagar suas dívidas, davam-se como escravos aos seus credores, sendo esse fato mal visto, mas aceito. Livres de verdade, sobravam poucos. Democracia do pequeno número. *Fascio*: punhado! Terceiro, a contagem de votos não era aritmética, na qual dois e dois são quatro: se não havia fraude no sentido moderno, nem fisiologismo, havia o voto no berro, no soco na mesa. O voto de quem falava mais grosso valia mais, como conta Homero na *Odisseia*: Ulisses tinha voz de tenor desenvolto, ganhava sempre.

Mesmo assim, um abstrato modelo de democracia direta existia: todos opinavam na *ágora*, todos votavam. Seria isso possível hoje? No Rio de Janeiro seria possível reunir o povo às terças, quartas e quintas à tarde, na Quinta da Boa Vista ou no Maracanã, para votar as leis da cidade? Isto é: três plebiscitos orais semanais? Claro que não. A Democracia Direta, ontem falaciosa, hoje é impossível.

Resta a Democracia Representativa e seus tropeços: o que prometem os candidatos em campanha não é quase nunca a verdade das suas intenções. Raros os políticos que confessam o que pretendem, pois — imensa maioria — pretendem o inconfessável, embora prometam escolas, saúde, transporte, trabalho, felicidade geral e sempiterna. Pura demagogia. É sabido: a maioria dos políticos traem seus eleitores, protegidos pelos votos secretos nas Câmaras, pelo deserto das galerias, pela mídia direcionada.

Há que escolher entre uma forma e outra? Não!!! Pode-se tentar vias alternativas. Uma é o Teatro Legislativo, forma de política transitiva (aquela que propõe o diálogo, a interação, a troca), como a pedagogia de Paulo Freire e o Teatro do Oprimido. Somos todos sujeitos: alunos e professores, cidadãos e espectadores.

É preciso que o povo participe, mas... como organizar essa participação sem demagogia?

Estamos inventando uma estrutura. Por enquanto, no quarto ano do nosso mandato, ao invés de nos dirigirmos à cidadania "em geral" — como nos comícios —, estamos nos dirigindo a pequenas unidades orgânicas: indivíduos unidos por necessidade essencial — professores, idosos, operários, estudantes, camponeses, empregadas domésticas, estudantes negros... — e não apenas pelo acaso, como nos espetáculos de rua. Estes grupos podem se organizar em dois níveis: Núcleos e Elos, que estão sendo criados em uma sociedade real, e não no papel timbrado.

Para que se entenda esta experiência é importante saber como e onde está sendo tentada. Que realidade é essa? Em que é diferente, específica?

E, com a cidadania assim organizada, estamos tentando compreender, nós mesmos, o que poderá vir a ser um dia o TEATRO COMO DEMOCRACIA TRANSITIVA.

* * *

Comparando a sua própria cidade ou país com o Rio de Janeiro e o Brasil, você crê possível realizar experiência análoga fora deste contexto?

????????????????????

Onde, por quê e como? De que forma? Você conhece experiências análogas?

Escreva!!!

3.

A realidade
Como e onde está sendo feita a experiência

Uma experiência de teatro popular se faz no "teatro das operações", como se diz. O Teatro Legislativo está começando a ser criado no Rio de Janeiro. Mas que cidade é essa? Que país é esse?

* * *

Segurança
Um general, ao tomar posse do cargo de Secretário de Segurança, em 1995, disse que "só um louco pode se sentir seguro no Rio de Janeiro". Todos responderam que louco era ele, onde já se viu, dizer uma coisa dessas? Afinal o chefe de polícia tem a obrigação de ser otimista, tranquilizar a população, ora essa! A situação no Rio — diziam — não era assim tão terrível e a Cidade Maravilhosa um dia voltaria a merecer esse nome. Criticaram, ásperos, a franqueza do general.

Depois de ser deixado em casa, o general foi refletir, na sua cadeira de balanço, sobre a oportunidade das suas declarações. Seu motorista disse boa-noite, entrou no carro e... foi assaltado antes de estacionar na garagem ao lado.

O general tinha razão... Não era louco. Sabia que não se podia sentir seguro no Rio, nem ele nem ninguém, nem na esquina da sua casa.

Sequestros e o tráfico
O delegado Hélio Luz, Chefe da Divisão Anti-Sequestro, ao tomar posse, também em 1995, afirmou: "De hoje em diante, a Divisão Anti-Sequestro não vai mais sequestrar ninguém...". Estava falando sério. Falou grosso e os sequestros diminuíram...

Essa prática hedionda foi reintroduzida no Brasil, como método corriqueiro de interrogatório — juntamente com a tortura — pelos militares, durante a guerra suja (1964-1979). Foi depois aprendida pelos guerrilheiros urbanos (suas primeiras vítimas), que passaram a sequestrar embaixadores para trocá-los por presos políticos (ou dinheiro), e alastrou-se depois como prática banalizada, como roubos de carros, assaltos a bancos etc. Hoje, esse método é utilizado por narcotraficantes: quando o caixa anda baixo, para "honrar" dívidas com seus fornecedores, os traficantes precisam fazer dinheiro urgente. Como não podem recorrer — neste primeiro momento emergencial! — aos bancos legais, entregam-se a esta atividade lucrativa e rápida.

Hoje, no Rio de Janeiro, sequestra-se todo mundo: industriais, gerentes, filhos de gente rica ou classe média — e até pobre! —, velhos e moços, bebês... Até cachorro de raça: no fim do mês de agosto de 1995 foi sequestrado um doberman puro sangue, depois resgatado por mil reais.

De acordo com as necessidades do caixa, sequestra-se quem preciso for, esteja onde estiver. Imitando o governo que pretende "terceirizar" todas as suas atividades lucrativas, também os sequestradores terceirizam: a equipe que rapta não é a mesma que custodia, e é um terceiro grupo que negocia o resgate... Assim no palácio como nas ruas.

Grande Prêmio Brasil

Antes do Grande Prêmio Brasil "do século", como foi anunciada a corrida de cavalos de agosto de 1995, deu-se um caso curioso: um homem sequestrado por engano. Os bandidos queriam o famosíssimo jóquei tricampeão que iria pilotar o cavalo brasileiro Much Better, tido como vencedor, que correria com outros nomes pomposos: Emperor of Tijucas, Gran Ducat etc. Seria o maior escândalo do país: o prêmio ao vencedor chegava a um milhão de reais e as apostas a cinco milhões. Se bem-sucedidos, os raptores poderiam pedir somas elevadíssimas: seriam os verdadeiros vencedores do Grande Prêmio, mesmo sem cavalos, mesmo a pé. Fizeram planos minuciosos, seguiram o jóquei durante semanas, fizeram apostas, assistiram a corridas, frequentaram a cavalariça e os hotéis próximos ao hipódromo, anotaram a placa do carro... tudo perfeito. Um percalço: o jóquei decidiu vender o carro dias antes da corrida e o comprador foi sequestrado dentro do carro recém-comprado... Por engano.

Quando os delinquentes perceberam que haviam sequestrado o carro certo mas com o motorista errado, piedosos, resolveram soltá-lo, com uma condição: "Já gastamos dois mil reais para preparar o sequestro, com apostas em pangarés, hotéis, comida e sem falar no tempo perdido. Vamos fazer um trato: nós te soltamos, mas você nos paga essa despesa inútil. São só dois mil reais... quando esperávamos ganhar duzentos mil... Você compreende: nós não podemos ficar no prejuízo".

Engraçado, mas horrendo. O carro acabou ficando dois mil reais mais caro, Much Better chegou em quarto lugar, contrariando prognósticos, e foi rebatizado de Not So Good.

A indústria do sequestro

Sequestros são uma indústria complexa; antes sequestravam-se apenas moças casadoiras, coniventes, e o ato se chamava "rapto", lembrando o das Sabinas. Hoje, no Rio de Janeiro, dizem, de tão frequentes formaram-se redes de pseudo-advogados que se encarregam, por somas elevadas — fala-se de 300 mil reais por cabeça —, de garantir a entrega dos sequestrados às famílias, vivos ou mortos... Intrincada é a rede que une sequestradores, policiais, narcotraficantes, advogados...[15]

No Rio, as redes de contravenção estão interligadas. Os donos do jogo do bicho são os mesmos que sequestram e os mesmos que dominam as drogas. Recentemente (*Jornal do Brasil*, 27/08/1995), traficantes decidiram não comercializar a nova droga crack, mas não por motivos humanitários: deram-se conta de que o crack mata muito mais depressa do que a silvestre cocaína e, vendendo o crack, arriscavam-se a reduzir o mercado consumidor.

Redes interligadas, inclusive polícia e criminosos. Quando eu era pequeno, brincava de polícia e ladrão: hoje, as crianças não saberiam a que time pertenceriam... Em 1995, na Câmara de Vereadores, tive-

---

[15] Existe, é claro, um grande número de policiais e advogados honestos. [Nota do autor para a edição inglesa de *Teatro Legislativo*]

mos que deliberar sobre um empréstimo da Prefeitura ao Governo do Estado para melhor aparelhar a polícia militar. Ficamos sem saber como votar: se devíamos dizer "não" e ter contra nós a opinião pública, desejosa de maior policiamento, ou dizer "sim", sabendo que muitos dos policiais venderiam suas novas armas aos traficantes.

As Forças Armadas como polícia

No fim de 1994, o governo federal resolveu fazer uma intervenção branca no Rio de Janeiro para acabar com a violência. O exército entrou em ação, encenando invasões nos morros onde se escondem os narcotraficantes de terceiro escalão (os do primeiro vivem distantes da miséria das favelas, até distantes do Brasil...). A repentina repressão veio braba: prisões arbitrárias, espancamentos.

Uma comissão de vereadores foi conversar com o general-chefe dessa "Operação Rio" e pedir explicações, protestando contra a forma desordenada e violenta que a intervenção estava assumindo. O general, depois de longa conferência sobre estratégia, disse que os "bandidos não têm domicílio fixo nem marca no corpo", e, por isso, ele era obrigado a invadir favelas e prender suspeitos. Perguntei por que, então, só invadia favelas (isto é, domicílio fixo...) e apenas prendia negros (marcas no corpo). Respondeu: "Se vocês querem que eu acabe com a violência, não posso prometer cumprir a lei...".

A operação durou apenas alguns meses e não teve resultados visíveis, mais do que os tanques na rua, metralhadoras em toda parte, blitzes tumultuando o trânsito. Durou até o início de 1995. A violência continuou a mesma.

Leões de estimação

Um dos mais ricos traficantes do Rio — Dozinho — era o que se pode chamar "excêntrico". Homem poderoso, estava bem protegido na fortaleza onde morava e trabalhava, no Morro do Cerro Corá, no Cosme Velho, Zona Sul, cercado por dezenas de capangas armados de metralhadoras, bazucas e um casal de jovens leões, batizados de Sansão e Dalila... Isso mesmo: dois leõezinhos que ele pessoalmente cuidava e treinava, com a esperança de que, quando maiores, fossem a mais segura proteção dos seus domínios (*Jornal do Brasil*, 25/08/

1995). E os leões, embora jovens, tinham aprendido a obedecer à voz do dono e decorado suas ordens básicas. Os cães de fila brasileiros são conhecidos pela sua extrema periculosidade, estando fora da lei seu uso doméstico em muitos países europeus, por serem considerados feras! Dozinho possuía vários, de várias linhagens — imaginem então como seriam os dois leões de verdade, africanos, robustos, carnívoros à beça.

Pois apesar de todo arsenal, exército humano e feras, Dozinho foi morto por uma gangue rival, do Morro da Mineira (Zona Norte). As gangues disputam zona a zona, morro a morro, palmo a palmo, o enorme mercado carioca. Os da Mineira destruíram tudo que puderam, roubaram o que foi possível e ocuparam a fortaleza e o mercado. Mas... o que fazer com os dois leões? Sansão e Dalila já estavam ensinados, apesar da tenra idade, e só obedeciam à voz do dono, agora morto. Não houve meio de reeducá-los: os bichos tinham assistido à invasão e ao tiroteio e, talvez por solidariedade com os antigos, não obedeciam aos novos donos: ficavam nervosos, irascíveis, perigosos. Os traficantes, vencedores do pleito, não pensaram duas vezes e resolveram vender Sansão e Dalila aos únicos possíveis compradores: o Circo Garcia. Foram descobertos por fiscais do Imposto de Renda que queriam saber a origem das pequenas bestas: queriam nota fiscal... Foram pagos os impostos e, hoje, quem quiser pode ver os leões do bicheiro traficante saltando sobre chamas e se equilibrando em trapézios...

Leão adora circo!

Alguns dados

O problema do narcotráfico no Brasil, como na Colômbia, é, ao lado da corrupção institucionalizada, da injusta distribuição de renda — neste setor, o país está abaixo de Botswana, segundo o último relatório do BIRD (Banco Interamericano de Desenvolvimento) de julho de 1995 — e da iníqua distribuição da terra, um dos maiores obstáculos à democratização do país.

O narcotráfico emprega diretamente mais de cem mil pessoas, só no Rio de Janeiro — quase tanto quanto a própria Prefeitura Municipal e duas vezes mais do que a gigante estatal Petrobras (*Jornal do Brasil*, 10/09/1995).

Quem faz a lei na favela?

Do ponto de vista do direito, o tráfico funciona como se vivêssemos antes do Código de Hamurabi, que, em 1750 a.C., na Babilônia, instituiu o primeiro código penal conhecido na história, gravado em pedra, que repousa hoje no Museu do Louvre. Antes dele, a justiça era ministrada pelo Rei, segundo sua subjetividade, e segundo seu poder, que era medido pelo peso da maça que portava. Assim também no tráfico: Pedrinho Maluco, dono do território de Campo Grande, dono de metralhadoras e fuzis AR-15, resolveu punir um estuprador com a pena de morte seguida de esquartejamento do corpo, diante da população do morro. E assim foi feito. Estupra-se muito, mas só esse foi esquartejado. Só Deus e Pedrinho Maluco sabem porque. Voltamos às épocas anteriores ao rei Hamurabi.

As pessoas se acostumam com a violência

O Rio é uma cidade onde as mães da classe média, quando os filhos vão para a escola, perguntam: "Você lembrou de levar no bolso algum dinheiro pro ladrão?". É prudente: se assaltadas, vítimas sem dinheiro sofrem mais a crueldade dos ladrões decepcionados.

A dívida externa como uma escravidão moderna

O Brasil, durante os anos da ditadura, aumentou sua dívida externa de 20 para 120 bilhões de dólares e paga acima de um bilhão mensais de serviço dessa dívida que não cessa de crescer. Muito pouco sobra para atender à população no plano federal, estadual e municipal. Os setores mais prejudicados são a educação e a saúde. Para dar uma ideia, um professor ou médico municipal, em fim de carreira, ganha por volta de 400 a 600 reais. É evidente que a violência não pode ser explicada apenas pelas condições econômicas do país. Mas é também evidente que extremas injustiças aprofundam o ódio.

Deus e a lei, a lei de Deus

No romance de Dostoiévski, *Crime e castigo*, Raskólnikov chega à conclusão de que Deus não existe e, se Deus não existe, tudo é permitido. Por isso mata uma velhinha e rouba o seu dinheiro. Nem sequer pelo dinheiro, que era pouco, mas pelo desfrute de matar: tudo é permitido. Por que não matar a velhinha?

Se Deus não existe, nem lei, tudo é possível, mesmo os assassinatos por acaso, ao sabor do vento. No Rio de Janeiro, e no Brasil inteiro, assim tem sido.

As *chacinas*

A morte por atacado é frequente. Nas zonas rurais passam despercebidas. Só ganham o noticiário casos muito especiais, como o assassinato de Chico Mendes, que chegou a virar filme norte-americano, ou o massacre de camponeses sem terra em Corumbiara, Roraima (agosto de 1995) — camponeses que apenas queriam lavrar a terra improdutiva foram desalojados a ferro e fogo por ordem judicial: nove deles agora jazem em pequenos sete palmos, que é a terra que lhes coube naqueles latifúndios. Ou Curionópolis (Pará, 17 de abril de 1996) onde mais de 20 camponeses foram mortos, 35 feridos, dezenas de desaparecidos e nenhum policial machucado.

Ou quando se trata de um caso inusitado: uma família morando na fronteira brasileira com a Colômbia, na década passada, convidou 30 indígenas para um churrasco, embebedou-os e os matou, um a um, a golpes de facão. Nos tribunais, o chefe dos assassinos confessou — cândido — que não sabia que era "proibido matar índios...".

Recentemente, algumas chacinas tornaram-se conhecidas no mundo inteiro.

Em Vigário Geral, favela da Zona Norte carioca, quatro policiais militares estavam fora da sua área de atividades tentando negociar com traficantes de drogas quando foram emboscados e assassinados; como resposta, policiais clandestinos, "Cavalos Corredores", invadiram a favela onde moravam os traficantes e assassinaram aleatoriamente 21 pessoas que nada tinham a ver nem com o tráfico nem com a polícia: um operário com a marmita embaixo do braço, um velho sentado na porta de sua casa, uma senhora lendo a Bíblia no sofá, e assim por diante.

Ações como essa não são incomuns no Brasil. No Carandiru, prisão paulistana, para "dominar" uma rebelião interna, os policiais militares hiperarmados assassinaram 111 presos indefesos, rendidos. O comandante da operação se candidatou a deputado estadual com o número 111 e foi eleito. É preciso que se diga que uma parte importante da população aprecia e aprova esse tipo de violência. Como no Rio, o policial militar que assassinou um assaltante em pleno centro, ao meio-dia, em frente às câmaras de TV, foi julgado por uma "opinião pública" dividida.

Em agosto de 1993, sete crianças estavam dormindo em frente às portas fechadas da bela Igreja da Candelária; policiais encapuzados dispararam à queima-roupa contra as crianças que morreram sem acordar. Algumas fingiram que estavam mortas e salvaram a vida.

Por que o crime? É verdade que muitas crianças sobrevivem nas ruas vendendo chicletes, limpando pára-brisas de automóveis no sinal vermelho, mas é também verdade que algumas outras cometem pequenos furtos, às vezes à mão armada. Os comerciantes das redondezas pagam aos policiais para se verem livres dessas crianças. Como o serviço é fácil, o preço é modesto. Dizem que por 30 ou 50 dólares mata-se uma criança. E, como o preço é baixo, mata-se às mancheias. Pessoas existem que defendem a exterminação de menores como se fosse uma dedetização contra ratos e cupins, malcheirosa, mas necessária.

Segundo o IBISS (Instituto Brasileiro de Inovações em Saúde Social), em 1995, no primeiro trimestre, 378 crianças morreram de forma violenta no território do estado do Rio de Janeiro. Uma média de 4,2 crianças por dia. A cada dois dias, uma Candelária. Segundo *O Globo* (06/09/1995), no primeiro semestre desse ano morreram de morte violenta na baixada fluminense mais de 300 pessoas por mês: as guerras no Vietnã, Coreia, Líbano e Bósnia, comparativamente, foram paradisíacas. De 1985 a 1995, mais de seis mil meninos e meninas só no estado do Rio, segundo o *Jornal do Brasil* (30/04/1995).

Em Acari, onze rapazes saídos de um baile funk foram sequestrados pela polícia, diante de testemunhas, e os seus corpos jamais apareceram. Ninguém foi punido.

Para completar o quadro de violência, temos as Mães da Cinelândia: 26 mulheres que tiveram suas filhas menores, de 8 a 12 anos, sequestradas e levadas para outros estados, onde se tornariam menos capazes de se defender ou fugir, e foram obrigadas a se prostituírem. Todas as segundas-feiras, como as mães argentinas (*Las Locas de la*

Plaza de Mayo), reúnem-se em frente à Câmara Municipal, com retratos de suas filhas, coletando assinaturas para um abaixo-assinado pedindo providências ao Presidente da República. Duas vezes nosso mandato fez recitais de poesia e música, alusivas à infância, fizemos discursos inflamados, mas o movimento se desinflou.

No sábado, 9 de setembro de 1995, o Presidente da República[16] fez um discurso condenando as chacinas que continuavam impunes. Nesse mesmo dia, doze jovens de 12 a 20 anos, que participavam de uma festa, foram chacinados no Morro do Turano. Buscam-se os assassinos...

Fotos históricas: Vietnã e África

Pensando no Rio, fotografias célebres me vêem à memória. Lembram-se daquele oficial vietnamita apontando o revólver para um prisioneiro vietcong algemado? A foto foi tirada alguns segundos antes do disparo. Lembram-se do estudante chinês na praça da Paz Celestial enfrentando sozinho uma coluna de tanques de guerra que pararam diante dele, impotentes? (É verdade que dias mais tarde tanques mataram centenas de estudantes.) Lembram-se daquele trator em Ruanda empurrando dezenas de cadáveres para uma fossa comum — genocídio étnico! — durante a guerra civil que matou centenas de milhares de ruandenses? Lembram-se dos bombardeios "cirúrgicos" de Bagdá, festa de Ano Novo colorida de fogos de artifício, cadáveres amontoados no chão? Lembram-se da Bósnia, lembram-se...? lembram-se...?

Pois bem, todas essas fotos, com pouco mais ou menos de intensidade, poderiam ter sido tiradas aqui no Rio. Aqui, onde estamos tentando realizar a experiência do Teatro Legislativo.

O momento de parar, o momento de prosseguir

Neste lugar e tempo estamos ensaiando o Teatro Legislativo. Como era de se esperar, enfrentamos problemas sérios: miséria e insegurança são os dois principais. Algumas vezes fomos obrigados a interromper o trabalho por causa de ameaças. No Morro da Saudade, fa-

---

[16] Fernando Henrique Cardoso.

vela no centro do Rio, tínhamos um grupo teatral só de mulheres: as próprias participantes nos aconselharam a não visitá-las mais. Em Vigário Geral nossa kombi carregada de material de cena foi roubada; dias depois, um dos moradores nos entregou perucas e roupas que estavam na kombi roubada dizendo que talvez pudéssemos usá-las, porque fazíamos teatro... Era um aviso.

Outras vezes persistimos, mesmo com dificuldades. No Morro do Borel, logo na entrada, em cima de um terraço estão sempre dois homens armados com fuzis: são os vigias do tráfico. O morro está dividido entre duas gangues rivais: o Comando Vermelho e o Terceiro Comando. Trabalhamos com paroquianos de uma igreja católica que, por coincidência, fica na terra de ninguém. A irmã Lúcia nos dizia que "aqui é muito sossegado, só de vez em quando se ouve uma rajada de metralhadora...".

Eis o relato da Regina, uma das Coringas do nosso mandato, quando foi ao Borel para ajudar na preparação da parte visual:

> Fomos, Olivar e eu, assistir à peça do Morro do Borel. Com esses tiroteios agora dá medo, suspense. Mal descemos da kombi e ouvimos uma salva de tiros. Alguém disse: "estão saudando a nossa chegada!". Assim que chegamos em frente à igreja, outra rajada de tiros. O menino que ia conosco correu, aí eu pensei que devia correr também, o padre correu e todo mundo correu pra dentro da igreja, alguns foram até rezar... Com muita fé mesmo! Era dia de vacinação obrigatória, a igreja estava sendo usada como posto médico e estava cheia de crianças, de todos os tamanhos. De vez em quando uma nova rajada de balas, mas ninguém parecia se preocupar. Até que uma das mães viu o filho perto da porta e gritou pra ele: "Sai daí menino, que uma bala pode te pegar", com a mesma naturalidade com que teria dito "Sai do sol, que você pode se queimar...".
>
> O ensaio seria no andar de cima, que tinha janelas, mas preferimos ensaiar no andar de baixo, porque era mais seguro. De vez em quando os tiros voltavam, só que agora não eram de longe, eram cada vez mais perto. Parecia que vinham

também de trás, parecia que estávamos cercados de tiros por todos os lados. Do lugar onde eu estava podia ver as pessoas do lado de fora, pela porta sempre aberta e eu via um movimento estranho, muitas pessoas, correndo de lá pra cá e pensei que talvez fosse hora da missa e que aquelas pessoas estavam vindo pra missa, mas me disseram que naquela hora não havia missa nenhuma, então comecei a pensar que melhor seria ir logo embora de uma vez, assim que parassem um pouco os tiros e antes de anoitecer. Saímos e havia uma multidão do lado de fora cercando o corpo do morto estirado no chão, mas não quisemos olhar o morto e, apesar da grande tensão, gente falando alto, tudo parecia muito normal, ninguém estava nada escandalizado, como eu. Quando se ouviam balas, as crianças corriam pra se esconderem, e quando parava o barulho, elas voltavam.

Quando descemos o morro e nos encontramos outra vez pisando o asfalto, ufa!, que alívio que me deu, a gente parecia estar no Paraíso. Pegamos o ônibus e quanto mais nos afastávamos da favela mais eu me sentia aliviada. E eles? Eles que moram lá? Como devem se sentir?

Vamos continuar ensaiando a nossa peça, mas espero em Deus que nenhum de nós seja velado na Câmara. Porque, numa hora dessas, a vida fica por um fio...

Aqui termina o seu relato. Quero observar que a nossa estratégia, no entanto, é a de não nos lançarmos nunca em ações "heroicas". Se a situação se tornar por demais arriscada, preferimos não insistir, não correr riscos inúteis e ir trabalhar em outras regiões, outros grupos, outros temas. O relato acima se refere a um acontecimento; quando se instala essa situação, abandonamos o local, ou transferimos os ensaios para outro lugar. Foi o que já aconteceu em diversas comunidades.

Porque o Teatro Legislativo, e para quê e para quem?
No Brasil — como em tantos outros países — as populações já não acreditam em mais nada. Estamos vivendo uma onda de privatizações, um verdadeiro "tsunami", aquelas ondas gigantescas que sub-

mergem regiões costeiras do Havaí três horas depois de um terremoto no Japão. Assim acontece aqui: na Europa cai o muro de Berlim, na Inglaterra vence o intransigente thatcherismo, no México começa-se a privatizar tudo que dê lucro, na Argentina privatiza-se até o Jardim Zoológico, até macacos e girafas, rinocerontes e flamingos pertencem agora a empresas particulares. A Argentina vendeu tudo que dava lucro e conservou apenas empresas deficitárias, seguindo o "tsunami" neotroglodita-liberal (no mais autêntico sentido da palavra "troglodita"): privatize-se o lucro, socialize-se o prejuízo.

Muitos políticos que ontem defendiam os pobres hoje afirmam que a globalização é inevitável e é moderna. Esquecem que todos os imperialismos sempre foram globalizantes, e é sua natureza globalizar: desde o Império Romano, desde o Império Inca, desde os ingleses e estadunidenses, sempre os imperialismos tentaram monopolizar o mundo. Lembram-se de Hitler e do seu projetado império dos mil anos? Não existe nada de moderno no mundo moderno: são trogloditas mesmo!

A prótese do desejo

Hoje, a única modernidade verdadeira refere-se à tecnologia: computadores permitiram que um colapso no mercado asiático provocasse a queda de ações brasileiras em questão de segundos. E o mais terrível com a globalização moderna é que as pessoas encontram-se isoladas e individualizadas em frente à TV, tendo, no entanto, sua individualidade extraída delas: o mercado não tem como satisfazer os desejos de todos, então aqueles que manipulam o mercado procuram nos extirpar de todos os nossos desejos individuais criando uma PRÓTESE DO DESEJO, implantando o desejo do mercado em nós, fazendo-nos acreditar que todos amamos as mesmas comidas fast-food, as mesmas bebidas, as mesmas roupas.

O que fazer?

Pensamos que, sendo o nosso ofício o teatro — e não o cinema ou a televisão —, devíamos criar uma forma teatral para contribuir para a resistência, pois que se trata no Brasil de hoje de resistir, como na França sob a ocupação nazista. Creiam: não é menos do que isso.

E, passo a passo, estamos tentando inventar, sistematizar, estruturar esse novo método ao qual estamos chamando de TEATRO LEGISLATIVO, mas que ainda é *work in progress*, trabalho que vai em meio.

* * *

Você que conhece o Rio de Janeiro, acha este quadro demasiado catastrófico? Sua cidade é pior?
??????????????????????????????????
Como e por que a experiência está, assim mesmo, podendo ser feita? Que outros elementos ou informações estão faltando para que você compreenda melhor o que estamos tentando fazer?

BOCA NO TROMBONE

ANO II - Nº 3 - MARÇO/ABRIL - 1996
MANDATO POLÍTICO TEATRAL VEREADOR
AUGUSTO BOAL

Teatro Legislativo: já existe!

Durante a campanha para vereador, em 92, dizíamos que o Teatro Legislativo era possível: fazer teatro como política e não apenas o antigo teatro político; este, comenta a realidade, exorta; aquele, tenta transformá-la, criando e interferindo na lei, transformando-a em instrumento de liberação.

Hoje - três anos de mandato! - podemos dizer que sim, o Teatro Legislativo existe! Dá os primeiros passos. Sem timidez! Cada Mandato do PT tem a sua originalidade: a do nosso, é a de ter criado esse novo tipo de relação entre o legislador e o cidadão. Qual?

Nosso mandato é baseado no desenvolvimento de NÚCLEOS, formados por cidadãos de uma mesma comunidade, ou interessados pelo mesmo tema. Com eles, organizamos oficinas de Teatro do Oprimido, e os ajudamos a inventar suas peças, fazer seus cenários e representar, primeiro, para suas próprias comunidades e, depois, para outras, em forma de DIÁLOGOS (duas comunidades se visitam, e apresentam seus espetáculos, aprendendo uma com a outra),ou em forma de FESTIVAIS (várias comunidades se encontram e se falam).

Desses espetáculos, diálogos, festivais, surgem SÚMULAS, redigidas por nossos "coringas", que servem para orientar e alimentar a nossa atividade na Câmara. Essas súmulas são, pela nossa CÉLULA METABOLIZADORA, analisadas e transformadas em projetos de lei, ou em outras formas de ação parlamentar.

Neste ano, assumimos a presidência da Comissão de Defesa dos Direitos Humanos. Nenhuma Comissão combina melhor com nossos propósitos. Paralelamente ao Mandato, a Comissão busca temas a discutir e medidas a adotar. Sempre com o mesmo espírito democrático, este ano, organizou Audiências Públicas com dezenas de grupos de Direitos Humanos, em torno da presença, no Brasil, de Pierre Sané, Presidente da "Anistia Internacional", e também sobre a criança abandonada. Elaborou, com a ajuda de especialistas - juristas, advogados, juízes, policiais e outros - um "Projeto de Proteção às Testemunhas", ainda em tramitação.

Na Câmara, temos que elaborar leis, e discutir as que são apresentadas por outros vereadores. Por isso, a CÉLULA tem a função de consultar nossos interlocutores através da MALA DIRETA INTERATIVA: pelo correio, perguntamos a opinião de cada um sobre temas como: "armar ou não a Guarda Municipal?", "Autorizar ou não a ligadura de trompas em hospitais municipais?", e, sobretudo, o "Orçamento" da cidade. Quando podemos reunir muita gente em suas comunidades, através da CÂMARA NA PRAÇA, perguntamos diretamente a uma platéia de escola, igreja, sindicato ou outra, o que pensa das leis que eu, como vereador, devo votar. A CÂMARA NA PRAÇA e a MALA INTERATIVA servem de base para os meus pronunciamentos. Elas me ajudam a formar a minha opinião.

Um dia, um vereador - não importa qual ou de que partido - me disse que não precisava consultar ninguém, pois queria votar com a sua consciência. Eu respondi que ele podia fazer isso porque a sua consciência era "geneticamente programada": eu, ao contrário, formava a minha pela conversa, pela leitura. Ambos votávamos com a consciência, mas com esta diferença profunda: a minha não está contida no DNA - é produto do diálogo, que é o que mais desejamos no Teatro do Oprimido, e - agora - no Teatro Legislativo: existe !

A prova de sua existência está nas primeiras leis que conseguimos fazer aprovar: a primeira, a que obriga hospitais municipais a oferecer atendimento geriátrico (velhice não é doença, mas algumas doenças são mais frequentes na idade avançada: osteoporose, Alzheimer, Parkinson...), o prefeito vetou, alegando "vício de iniciativa"(a meu ver virtude!).

A Câmara, com a ajuda ativa dos nossos queridos idosos, derrubou o veto e promulgou a lei. A segunda, obriga os proprietários de imóveis a colocarem plataformas de concreto embaixo de lixeiras suspensas, onde as houver. Duas leis que vieram dos espetáculos dos nossos grupos de "Terceira Idade" e "Portadores de Deficiências". Temos mais 15 outros projetos de leis na fila, esperando para serem votados. E temos, hoje, dezenove grupos populares, empenhados em construir essa nova modalidade de teatro e de política: o TEATRO LEGISLATIVO.

Para isso, precisamos que você nos diga o que pensa. Para que eu vote com a minha consciência, é preciso que eu seja consciente de como você votaria:como, quando e porquê. Escreva, telefone ou faça-nos uma visita na Câmara.

4.

A estrutura do Teatro Legislativo

Nosso "Gabinete" está assim estruturado:

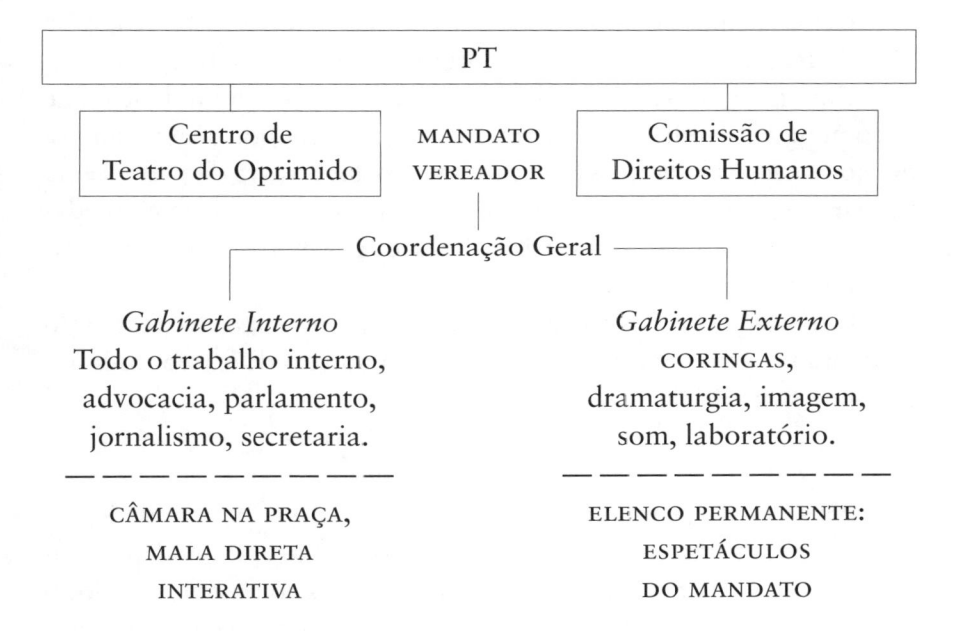

NÚCLEOS E ELOS
Constituição: a) Comunitários; b) Temáticos; c) Ambos.
Atividades: a) Oficinas; b) Espetáculos para a própria comunidade;
c) Diálogos Intercomunitários; d) Festivais; e) Festas-Festivais.

Súmulas

CÉLULA METABOLIZADORA

1. *Projetos de lei*; 2. *Ações legais*;
3. *Intervenções diretas.*

I. Os nossos parceiros

Elos e núcleos

O Rio é cidade grande; tem a floresta urbana mais extensa do mundo. Seis milhões de habitantes, mais seis ou sete que vivem em cidades com as quais linda — algumas, cidades-dormitório.

O Rio é cidade de contrastes: extrema riqueza à beira da praia, pobreza extremada no alto dos morros — cidade espremida entre a montanha e o mar.

Nessa cidade organizamos uma rede de parceiros, "Núcleos" e "Elos", tendo cada qual a sua importância e especificidade.

Um ELO é um conjunto de pessoas da mesma comunidade e que se comunica periodicamente com o mandato, expondo suas opiniões, desejos e necessidades. Essa relação pode se dar através da presença na Câmara, na comunidade ou em outros locais onde se realizem atividades do mandato. Pode-se dar pessoalmente, através da Câmara na Praça ou da Mala Direta Interativa.

Um NÚCLEO é um elo que se constitui em grupo do Teatro do Oprimido e, ativamente, colabora com o mandato de forma mais frequente e sistemática.

O mandato e os núcleos: as dificuldades

Não é fácil. Quando o grupo já está formado — comunidades religiosas, por exemplo —, já possui uma estrutura própria, independente do mandato. Já resolveram problemas práticos como horários, local de ensaios etc. É verdade que trazem também seus problemas internos.

O principal obstáculo à formação de núcleos é financeiro. O exemplo é o SEPE, Sindicato Estadual dos Profissionais de Ensino. Durante anos quisemos formar com eles mais que um elo, um Núcleo. Chegamos, em poucas ocasiões, a fazer pequenas peças de poucos personagens. Mas sempre o mesmo problema: muitos professores do SEPE, integrantes do grupo teatral, viviam fora do Rio e não tinham, muitas vezes, o dinheiro da passagem de ônibus. Ensaios programados eram cancelados depois de horas de espera, com os Coringas e alguns professores conversando sobre a situação do magistério, na expectativa de que os outros aparecessem.

Faz parte da política de globalização da selvajaria (Thatcher, Reagan, Gingrich, ditadura brasileira) destruir a educação e a saúde no setor público.

Saber e saúde são poder e, como consequência, elites econômicas tentam esconder o saber e destruir a saúde. Um povo ignorante e debilitado é mais facilmente dominado. Foi o senador Barry Goldwater quem disse que a miséria é necessária ao capitalismo, pois facilita a negociação de salários e condições de trabalho: os operários terão medo de perder seus empregos.

Desde os primórdios da civilização no Egito, três mil anos antes de Cristo, só os poderosos tinham acesso ao saber: ao povo só se ensinava a carregar pedras e fazer pirâmides. Na Índia, até bem pouco — na verdade, até hoje —, a ampla educação é reservada aos "brâmanes", parcimoniosa em relação aos políticos e guerreiros Kshtriyas, concedida a conta-gotas aos agricultores e comerciantes Vaishyas e aos artesãos Shudras, e negadas aos intocáveis, aos párias.

Assim é no Brasil inteiro. Hoje, dezembro de 1995, um professor municipal ganha por volta de 300 dólares mensais: pagaria mais caro, se quisesse mandar um único filho à escola privada, do que recebe para lecionar a quarenta alunos da escola pública. Na Câmara Municipal tentamos elevar o piso salarial para 600 reais — o prefeito vetou.

Outra dificuldade é a dispersão: várias vezes iniciamos trabalhos com meninos de rua; como são meninos que vivem na rua, não se pode chamá-los pelo telefone...

Intervenção no Sindicato dos Urbanitários

Muitas vezes os parceiros têm uma certa rejeição pela ideia de teatro. Eu me lembro de uma das sessões mais difíceis da minha vida, quando fomos convidados para trabalhar com 26 dirigentes do Sindicato dos Urbanitários, logo que a nova direção tomou o poder, por via das eleições. Eram 25 homens e uma mulher, valentonamente feminina. Ela dizia: "Sou mulher sim, mas se for preciso também boto o pau na mesa!", mostrando que não recuava diante de nenhum machismo, e bota machismo nisso!

Entre outras coisas os machões tinham vergonha de fazer exercícios físicos, eram hostis a se tocarem corpo a corpo, e protestaram quando, em certo exercício, eu disse que ia passar atrás deles, formados em círculo, de olhos fechados, e tocar nas costas de um qualquer, que seria designado o "líder": "Atrás de mim não, êpa!", disseram quase todos, em coro.

A única maneira de convencê-los a "fazer teatro" foi estimulando-lhes a curiosidade para as imagens da campanha e da tomada do poder. Pedi que fizessem, com pessoas e objetos, a imagem do Sindicato antes de tomarem posse. Como se tivessem tirado uma foto.

Usando pessoas, mesas, cadeiras, vasos de plantas etc., fabricaram em consenso uma imagem de burocracia e inoperância. Discutiam aos berros, mas como estavam de fato interessados em lembrar como era o Sindicato, esqueceram que estavam fazendo teatro ao modelarem as imagens, e se empenharam com paixão.

Depois, pedi que fizessem a imagem de como era hoje o Sindicato. Responderam que antes disso seria preciso mostrar como conseguiram tomar o poder, e foram mostrando, cena por cena, imagem por imagem, como se fosse foto por foto, cada fato importante que havia ocorrido durante o processo: a descoberta de documentos secretos (imagem), a denúncia pública (imagem), o medo dos antigos dirigentes (imagem), a propaganda eleitoral contra a velha direção (imagem), o convencimento dos eleitores (imagem), a eleição (imagem), a vitória (imagem), a fuga dos antigos diretores (imagem), a instalação dos novos (imagem), a situação atual, hoje, agora, aqui (imagem).

Pedi então que, com o mesmo carinho e a mesma precisão, continuassem fabricando imagens de como deveria ser a transformação daí pra diante, e eles iniciaram uma troca de opiniões, extensa e intensa discussão, sempre em imagens: "eu acho esta imagem", "pois eu não, eu prefiro esta outra...". Começaram a discutir suas estratégias futuras através das imagens! Começaram a fazer teatro quando puderam esquecer que estavam fazendo teatro!

Política e partido político

Existe também a dificuldade político-partidária. Comecei a senti-la logo que fui eleito pelo PT. Antes das eleições, eu era visto como um homem de teatro que queria ser político; depois, como um político do PT que estava usando o teatro para fins partidários.

Ser político de um partido, seja qual for, é visto com certa desconfiança. A população, com justa causa, rejeita a classe política em geral. Faz sucesso a piada do homem desmemoriado que queria reaprender aritmética e, para começar, queria ter certeza de quanto era dois mais dois. Perguntou primeiro a um economista e teve a resposta matemática: "A soma de dois mais dois se situa em qualquer parte entre 3,88 e 4,12, com margem de erro aproximada de 0,12". Ao advogado, feita a mesma pergunta, eis a resposta: "Se for para receber, dois mais dois são 22; pra pagar, são 4". "Quantos são dois mais dois?", perguntou ao contador, especialista em imposto de renda. "Quanto é que o senhor quer que seja?", respondeu o competente contador. E, à mesma pergunta, respondeu o político: "Quanto é dois mais dois? São dois pra mim e dois pra você...".

Em resumo: que não se pense que o primeiro encontro com os novos parceiros seja sempre fácil. Nem sempre nos acolhem de braços abertos e são sempre muito desconfiados no começo, embora quase sempre nos tornemos amigos depois: o teatro cria o milagre.

Categorias de núcleos

Os Núcleos podem ser de três categorias principais:

a) Comunitários — formados por participantes que vivem ou trabalham na mesma comunidade e têm, portanto, muitos problemas e preocupações em comum (Morro do Chapéu Mangueira; Morro da Saudade; Morro do Borel; Brás de Pina; Andaraí etc.).

b) Temáticos — formados por participantes que, por alguma razão, ou ideia, algum forte objetivo, se uniram (CENUN, Coletivo Estadual de Negros Universitários; Pessoas com Deficiências; Meninos e Meninas de Rua; Empregadas Domésticas; Mulheraças; Atobá, Coletivo Homossexual; Mundo da Lama etc.).

c) Temáticos e Comunitários, participantes que combinam as duas características (Sol da Manhã, camponeses que ocuparam terras abandonadas; Casa das Palmeiras, pacientes e psicólogos de uma organização psiquiátrica; Terceira Idade, idosos; Escola Municipal Levy Neves e Escola Municipal Ministro Afrânio Costa, alunos e professores; Centro Psiquiátrico Pedro II, egressos do hospital e psicólogos).

II. A formação do núcleo

Os participantes

São, na maioria, da classe média baixa, proletários ou desempregados. Incluem desde universitários (CENUN) até adultos em cursos de alfabetização (Empregadas Domésticas). Alguns grupos incluem professores, advogados, biólogos, profissionais liberais em geral e outros.

Como compreendem a proposta? Creio que com dificuldades. Nós mesmos temos dúvidas: falamos uma linguagem que eles possam entender? Eles falam uma linguagem que está ao nosso alcance? E nós, ao deles?

Daí a enorme importância das imagens para que se clarifiquem as intenções. Quando comecei a elaborar as técnicas do Teatro Imagem (naquela época chamado de Teatro Estátua, porque só havia as técnicas estáticas), trabalhando com indígenas no Peru, em 1973, para cada palavra mais sensível que usássemos eu propunha que se fizesse uma imagem correspondente: o que é a família, o trabalho, o futuro... Daí nasceu a técnica da "Imagem da Palavra".

Palavras como "protagonista", "oprimido", "teatro convencional", não têm muito sentido para eles. Menos ainda falar em catarse. Na França, certa vez, um aluno de uma escola profissionalizante me disse que não sentia nenhuma opressão: apenas *"emerdements"* ("emerdamento")... Usemos pois *"emerdements"*!

Pouco a pouco, no entanto, com doçura e tranquilidade, pode-se ir explicando o que significam certas palavras e as pessoas começam a entender e a ter prazer em aumentar o seu vocabulário. Cada palavra que existe é insubstituível: nenhum sinônimo é exatamente igual a outro, todos têm suas nuanças, mesmo quando dizem a mesma coisa: não é a mesma coisa. As pessoas gostam de aprender: deslumbram-se. O que precisamos é aprender a ensinar. Sem olhar de cima para baixo. Isso pode ser feito na calma dos ensaios, mas já é mais difícil no açodamento de um espetáculo-fórum. Aqui, quanto mais simples melhor.

Como se faz a aceitação de entrar em cena? Como se sente o cidadão como artista? Resistências e tentações. Existe a vergonha e o prazer, o pudor e o desejo, e acima de tudo a natural dificuldade de não quererem falar publicamente dos seus problemas individuais. Como se fosse vergonhoso. Confissão de fracasso, impotência.

O Coringa deve mostrar, através de exemplos — de preferência solicitados aos demais participantes — que nenhum problema é ÚNICO e exclusivo de uma só pessoa. De uma forma ou de outra os problemas se pluralizam. Quando não existe identidade absoluta, existe analogia; quando não, existirá pelos menos, sempre, uma ressonância. O Coringa tem o dever de não se agarrar a um problema individual, como se só aquele indivíduo tivesse aquele problema, e deve mostrar como os problemas se pluralizam. Mas tem também o dever de não menosprezar o individual dando a entender que "com todo mundo é a mesma coisa...". Não é: mesmo igual, o mesmo problema se apresenta sob formas diferentes em cada indivíduo. O participante pode-se sentir desvalorizado se aquilo que ele valoriza como seu, como pessoal, depois se revela possessão de todos. Afinal de contas, nós todos amamos as nossas dificuldades.

As oficinas

As oficinas com as quais se inicia o contato entre os Coringas e os atores comunitários podem durar duas horas, duas semanas, dois meses, ou mais de dois anos. Podem consistir no preâmbulo de uma intervenção imediata, ou uma longa preparação para que se consolide um núcleo.

Nas oficinas deve-se utilizar os exercícios e jogos do Arsenal (conforme o livro *Jogos para atores e não atores*), adequando-se o trabalho às possibilidades dos participantes. O Arsenal e as técnicas do Teatro do Oprimido foram feitos para as pessoas e não as pessoas para as técnicas e para o Arsenal.

Exemplo disto aconteceu em Bradford quando trabalhei com um grupo de pessoas com deficiências e seus médicos e enfermeiros. Hesitei em usar como exercício o "Empurrando um ao Outro", no qual, dois a dois, os atores se empurram de diversas maneiras. Aconselhado por Tim Wheeler,[17] propus o exercício sugerindo que cada um fizesse

---

[17] Um dos fundadores da companhia de teatro inglesa para pessoas com dificul-

o que pudesse, ou adaptasse minhas instruções às suas possibilidades e desejos: foi esse um dos exercícios de que mais gostaram — além de realizá-lo, inventaram uma maneira própria de fazê-lo, segundo o encontro que se dava entre dois deficientes em suas cadeiras de rodas, ou dois assim chamados "saudáveis", ou uma mistura de ambos.

O grupo ecológico Mundo da Lama adapta os exercícios de ritmo usando, sempre que possível, imagens de animais que vivem nos manguezais. Deve-se pensar no que se vai oferecer: o Arsenal é bastante variado, há onde escolher. Por exemplo, creio que não se devam usar exercícios em que os participantes tocam os corpos uns dos outros quando se trata de trabalhar com adolescentes: seus corpos em mutação fazem com que sintam vergonha de serem tocados.

Mas não se deve hesitar em propor, por exemplo, a "Máquina de Ritmos" a grupos onde existam cegos: já o fiz, e tive o prazer de ver cegos que entravam na máquina e a complementavam com seus gestos rítmicos e suas vozes. Eram cegos, mas percebiam a realidade exterior através dos outros sentidos.

Os ensaios

Os ensaios devem ser entendidos já como uma reunião político-cultural. Vai-se falar de teatro, vai-se fazer teatro, mas é muito importante observar que são os cidadãos que vão fazer teatro sobre os seus próprios problemas, vão tentar suas próprias soluções. Cada exercício, cada jogo, cada técnica, neste contexto, é arte e é política.

Horários — a questão do horário para começar uma atividade, ensaio ou espetáculo não é apenas por uma razão disciplinar: é artística e política. Stanislávski, o grande diretor teatral russo que transformou o conceito de interpretação do ator, elaborando um sistema que permite ao ator abandonar a velha interpretação simbólica (onde à cada emoção corresponde um gesto, uma expressão fisionômica ou um tom de voz: clichê!) e pesquisar uma interpretação sinalética (onde o significado e o significante estão unidos, o amor não é a mão no peito

---

dade de aprendizagem, Mind the Gap, organizadora do evento. A cidade de Bradford fica próxima a Leeds, no norte da Inglaterra.

mas sim uma emoção que o ator realmente sente e que, ao se manifestar, encontra sua própria forma), Stanislávski gasta todo o primeiro capítulo do seu primeiro livro sobre interpretação para mostrar a importância que tem, para esta arte que é coletiva, o respeito ao horário, isto é, o respeito aos outros co-artistas.

Um poeta pode acordar às três horas da manhã e escrever um belo poema na solidão do seu quarto; um pintor pode pintar seu quadro quando melhor lhe apetecer, quando sentir que a inspiração vem vindo, pode pintá-lo de uma vez ou em muitos anos. No caso do ator, não: a inspiração tem que vir às tantas horas do dia tal ou da noite, e para todo o elenco, ao mesmo tempo. Não pode, de madrugada, chamar todos os espectadores para que venham correndo vê-lo representar, porque só a essa hora baixou a inspiração.

Além disso, uma cena não é a justaposição de dois atores, mas sim a sua INTER-RELAÇÃO. Não é o que cada um cria isoladamente, mas em conjunto. O amor não é o fato de duas pessoas estarem apaixonadas por si e em si mesmas, mas o que transitivamente passa entre uma e outra. Também assim a teatralidade. Uma luta de boxe não são dois lutadores lutando cada qual em um ringue diferente, mas UM COM O OUTRO.

Essa a razão artística: a menor unidade teatral são dois personagens. Alguém dirá: e os monólogos?

Uma vez assisti a uma belíssima peça, que narrava a história de uma mulher desde que chegava em casa até o momento em que se suicidava: a teatralidade era criada pela intensa, extrema inter-relação entre a mulher e o telefone que não tocava, a campainha da porta que não soava, um amigo, parente ou amante que não a visitava: ela e a forte presença da ausência.

A razão política é igualmente importante. No Brasil, estamos acostumados ao "vai levando", "aqui é assim mesmo", "dá-se um jeito...". Estamos habituados ao total desrespeito: o ônibus na rua não para para velhos ou estudantes, porque eles têm direito a viajar de graça e não dão lucro às companhias; as casas de saúde particulares não atendem emergência de quem não tem plano de saúde privado, ou cartão de crédito, e a vítima pode morrer na porta do hospital.

Respeitar o horário — ensaio ou espetáculo — oferece a segurança de um continente, uma estrutura de inserção. É um sinal de respeito, consideração a que a população brasileira não está habituada. Mas gosta...

No entanto, é preciso que se compreenda que o não respeito ao horário muitas vezes é justificado: falta de condução, falta de dinheiro para a condução, mulheres com dupla jornada de trabalho fora e dentro de casa etc. Nossos parceiros devem ser estimulados a respeitar horários, mas não punidos nem culpabilizados.

No tempo da guerrilha, horário era sagrado: quando se marcava encontro na cidade tal, ao lado do poste tal, no cruzamento das ruas tais, às tantas horas e três minutos, avisando que alguém iria fazer a pergunta "Que horas são?", e a resposta certa seria "Meu nome é João", isto criava uma sensação de segurança, confiança. Respeitar o horário era uma questão de segurança: o contrário significava risco de vida. Mas já não estamos no tempo da guerrilha, estamos no meio de uma longa guerra — que parece eterna — em favor da humanização dos despossuídos. Esse longo caminho começa pela restauração da capacidade artística de cada um... no horário certo, e não meia hora depois.

Estou convencido de que a certeza do horário respeitado desenvolve com antecedência, em cada participante, o talento criativo. Sabendo que às sete da noite começa o ensaio, já me preparo desde agora, às três da tarde. Inconscientemente, os mecanismos da criatividade se põem em funcionamento.

A concentração

A maioria dos atores profissionais (e também dos espectadores profissionais) não encontra nenhuma dificuldade em se concentrar para os ensaios: teatro é a sua profissão, o seu métier. Já com os atores comunitários (e os espect-atores de bairro) a concentração é mais difícil. Os profissionais ensaiam em uma sala especial, a sala de ensaios, e os espetáculos se realizam em um teatro; os comunitários não contam com esse lugar "mágico" para ensaiar, e os seus espetáculos são realizados em qualquer lugar: em geral ensaiam nos mesmos locais onde se reúnem para outras atividades não artísticas, atividades políticas, sociais ou de lazer. Os profissionais se enclausuram para ensaiar; os comunitários, via de regra, ensaiam com as portas abertas, entra quem quiser entrar, vendendo refresco, cerveja ou sanduíche natural. Por isso, muitas vezes os comunitários pedem para ensaiar em nossa sede, "no teatro", isto é, uma sala mais ou menos calma e íntima.

É preciso criar condições para que o elenco se concentre, compreendendo, ao mesmo tempo, que a desconcentração voluntária, a desatenção, pode ser uma autodefesa inconsciente contra o medo de interpretar um personagem. No caso dos atores comunitários, esse mal não se corrige com reprimendas, mas estimulando-se a atenção do elenco para aspectos importantes da peça, da ação ou dos personagens, incentivando a discussão e a criatividade em torno de pontos precisos (curiosamente, desviando a atenção para o fato de que estão "fazendo teatro") e ressaltando a importância política de se fazer esteticamente bem feito o seu trabalho.

Até aqui este tem sido um problema delicado: como harmonizar o rigor de um ensaio com a inevitável flexibilidade das condições de trabalho não profissionais, e sobretudo com pessoas que não fizeram a proposta, apenas a aceitaram, mesmo com entusiasmo?

III. O ESPETÁCULO

O período da oficina, em si mesmo, já é útil e revelador: cria-se um espaço estético onde os participantes podem se exprimir politicamente através dos exercícios, dos jogos do arsenal do Teatro do Oprimido, através da formação de imagens, do debate dos temas etc.

Mas não se pode perder de vista que o objetivo dos ensaios — que em si mesmos já são uma forma de se fazer política, de se discutirem os problemas da comunidade e as relações entre os indivíduos e essa comunidade — é o espetáculo, quando o grupo se abre para o restante da comunidade e, juntos, usando a linguagem teatral, discutem e tentam ensaiar soluções. E tentam inventar as leis necessárias que, como vereador, devo apresentar à Câmara.

Outras pessoas sofrem diferentes formas de opressão, precisamos conhecê-las, e sermos solidários.

Depois de aberto à comunidade, o grupo deve desejar o diálogo com outras comunidades e os festivais, onde todos se devem conhecer e reconhecer e trocar ideias, informações, sugestões, informes, propostas, isto é, fazer política. Os diálogos intergrupos e os festivais são importantes: é preciso que cada oprimido conheça a opressão dos demais e com eles se solidarize. Cada cidadão vai compreender melhor os seus próprios problemas se compreender os dos demais. E mais: o conhecimento recíproco aumenta a emulação. O ideal será um dia criar REDES DE SOLIDARIEDADE — um dia.

Se a oficina se desenrola em clima mais ou menos íntimo, já os espetáculos são apresentados publicamente e sujeitos a todos os inesperados dos espetáculos populares. Temos que evoluir da intimidade para as apresentações públicas: agora precisamos fazer com que um espetáculo torne-se um espetáculo. Não estamos mais em diálogo apenas um com o outro: estamos propondo uma discussão pública, um debate aberto, então precisamos "fazer teatro". Nesta situação, "ser teatro" não é o suficiente; precisamos "fazer teatro"!

Não temos mais desculpas: vamos receber as pessoas que convidamos, então, temos que fazer teatro para elas, não apenas para nós mesmos! Neste momento, alguns problemas são sempre recorrentes.

Vamos analisar alguns desses problemas e tentar propor algumas soluções.

5.

Curso compacto de dramaturgia
e das artes do teatro
Nossas ferramentas, os instrumentos do nosso trabalho

1. DRAMATURGIA

Durante sete anos fui professor de dramaturgia da Escola de Arte Dramática de São Paulo; durante muitos outros dirigi Seminários de Dramaturgia no Rio e em São Paulo. Em todos esses cursos eu me baseava sempre em um sistema de leis, entendidas não como repressoras — leis para serem obedecidas a qualquer preço! —, mas sim como instrumentos úteis ao dramaturgo para lhe facilitar resolver problemas, ou detectar insuficiências estruturais.

Nesse curso eu era professor e tinha que dar aulas mais ou menos claras e úteis. Não eram receitas, mas sugestões. Depois vieram tempos de outras experiências, outras formas teatrais, outros caminhos. Agora, no Teatro Legislativo, outra vez se torna necessário partir de um esquema bem estruturado, confiável: quem faz a experiência são grupos que, na maioria, jamais fizeram teatro. Precisam se agarrar a alguma certeza, antes de tentarem outros caminhos.

Esse sistema, com o auxílio de vários teóricos do teatro, poderia ser resumido assim:

Lei e regra

Brunetière, escritor francês do século XIX, se interroga sobre se, em relação à escritura para o teatro, podem existir leis ou somente regras. Começa analisando a famosa Lei das Três Unidades de Aristóteles. Em sua *Poética*, Aristóteles recomenda que toda a ação dramática deve se desenvolver dentro do período de um dia (Lei da Unidade do Tempo). E é verdade que era o que acontecia com a tragédia grega, mas não com a isabelina. Nós achamos que sim, que é recomendável que se concentre a ação dramática — se não for necessário o contrário — no mais curto espaço de tempo.

Brunetière lembra que, na versão de Holinshed, na qual Shakespeare se baseou para o seu *Romeu e Julieta*, a história acontecia ao longo dos anos, o amor não era tão fulminante e instantâneo, e levava tempo a crescer. Encurtando o tempo, Shakespeare intensificou a trama, as emoções, os conflitos. Portanto, concentrar a ação no menor espaço de tempo é uma boa regra a ser seguida, desde que não seja necessário fazer o contrário, como Ibsen em *Peer Gynt*, ou Strindberg em *Viagem de Pedro, o afortunado*.

No nosso trabalho, encontramos com frequência a tendência dos grupos a contarem sagas que se espraiam no tempo e no espaço. Assim, a primeira regra deve nos ajudar a concentrar a ação no tempo, ao invés de fragmentá-la de forma dispersiva contando a história de forma cronológica, tal como aconteceu na realidade. É preciso explicar aos comunitários que o importante é a realidade da imagem e não a imagem da realidade. O importante é mostrar como verdadeiramente são as coisas, como dizia Brecht, e não apenas como são as coisas verdadeiras.

A segunda Lei, a segunda unidade de que fala Aristóteles, é a da ação dramática (ou trágica), que deveria ser apenas uma, a principal, e todas as demais ações a ela se referirem, como acontece com *Édipo*, por exemplo: tudo que aí ocorre se relaciona diretamente com a busca que empreende Édipo para descobrir o assassino de Laio, seu pai: ele próprio. É o que acontece, via de regra, na tragédia grega, ou em peças de Racine, como *Fedra*, por exemplo. Mas pode-se fazer justamente o contrário, como *Terrores e misérias do III Reich* de Brecht, onde a multiplicidade das ações dramáticas, de linhas de desenvolvimento da história, produz o efeito caleidoscópico cumulativo, ou o *Rei Lear* de Shakespeare, em que são essenciais as ações dramáticas paralelas dos dois pais, Lear e Gloster, e dos seus respectivos filhos e filhas: cada uma das ações ressalta a outra, reforçando os caracteres pela comparação de uns com os outros. Assim, a Lei da Unidade de Ação é apenas uma regra de valor sugestivo. Boa sugestão, considerando-se que os artistas comunitários têm a tendência a quererem tudo incluir na peça, tal como acontece na vida real.

E como cada participante do grupo quer quase sempre incluir parte da sua própria história, mesmo que não tenha muito a ver com o tema e o corpo da peça, corre-se sempre o risco do *patchwork*. Há que evitá-lo.

A última das três assim chamadas Leis — esta não foi formulada por Aristóteles, embora a ele se atribua — refere-se a uma possível Lei da Unidade de Lugar: a peça deveria se desenrolar inteira no mesmo cenário... sempre que possível, e se não for necessário fazer o contrário, como Shakespeare, Brecht e tantos mais. No caso dos artistas comunitários é uma boa ideia, principalmente por causa das dificuldades em se trocar cenários, quando os há.

Aristóteles sistematizava sua teoria a partir de uma prática corrente no seu tempo, a partir das tragédias que conhecia, e elas tendiam a se concentrar em um só lugar, numa só ação principal, e a se desenrolar em um só dia. A concentração (tempo, ação e lugar) é, sem dúvida, uma boa regra, mas não uma lei coercitiva, proibitiva.

Para nós, nesta experiência de Teatro Legislativo, devemos nos concentrar no essencial, naquilo que queremos de verdade discutir com as comunidades, embora seja grande a tendência dos grupos de incluírem fatos reais, mas sem relação com o que se quer discutir de mais essencial. As três unidades, não como lei, mas como regra ou sugestão, são úteis.

História ou personagem?

Em seguida, Brunetière discorre sobre pendências da sua época: qual deve nascer primeiro e orientar a criação da peça, a fábula (história, enredo) ou o personagem; é o personagem que constrói sua história ou a história que molda seus personagens? Pareceria que no primeiro caso estariam escritores como Corneille e Ibsen, e no segundo, Racine e Tchekhov. E todos são excelentes dramaturgos, independentemente do ponto de partida.

Crise chinesa

Para nós, embora queiramos criar personagens reconhecíveis pelas comunidades, temos que fortalecer sempre a história, a trama, a estrutura da peça, para que fique bem claro qual é o problema que queremos resolver, quais as saídas para a crise chinesa — perigo e oportunidades — que a peça apresenta. Por mais ricos que sejam os personagens, devemos ter em mente que vamos discutir em fórum uma situação que poderia acontecer, ou acontece, ou virá a acontecer, com qualquer outro membro daquela comunidade.

Gêneros, puros ou não

Outra discussão: devem os gêneros ser puros (como acontece em tragédias como *Fedra* e *Édipo*), ou pode-se seguir uma cena trágica como o assassinato do Rei Duncan (pelos esposos Macbeth) por uma cena cômica onde o porteiro bêbedo diz asneiras (o que alguns professores de *playwriting*[18] chamam de *comic relief*)?[19] Na verdade, as tolices do porteiro servem para intensificar as macabras revelações das mortes, que virão logo depois. A Ama de *Fedra* é uma mulher séria, mas o Bobo de *Lear* diz sábias tolices. Não importa: o essencial é que os personagens sejam verdadeiros, não na aparência, mas no essencial.

No nosso caso, no Teatro Legislativo, corremos sempre o risco da banalização: o risco da piadinha, da gracinha sem consequência. É verdade que devemos fazer espetáculos que não sejam soturnos, tétricos, sorumbáticos, mas não podemos ficar satisfeitos em apenas criticar caricaturando o que pretendemos transformar. A graça deve existir para ressaltar a situação opressiva e não para escondê-la ou perdoá-la pela crítica superficial.

Haverá, no entanto, algum elemento que seja tão essencial ao teatro, tão necessário, obrigatório, absoluto, sem o qual não existiria teatro? A imagem — a luz — é a essência da fotografia: sem ela não existiria. Nada mais do que a imagem é necessária à fotografia: o resto é moldura. A imagem em movimento é a essência do cinema: câmera e objetos imóveis são fotos, não cine, mesmo que se gastem rolos de filmes. Nada mais é essencial ao cinema do que a imagem em movimento: nem mesmo atores são necessários, basta uma folha e o vento. O

---

[18] Dramaturgia.

[19] Alívio cômico.

som é a essência da música: o som nos permite até mesmo ouvir o silêncio. Nada mais é necessário à música, embora Mozart se escute melhor na Ópera da Bastilha e o samba-enredo no Morro da Mangueira.

Qual será, então, a essência do teatro, se é que existe?

A LEI DO CONFLITO

O filósofo Hegel responde: "A essência do teatro é o conflito de vontades livres!". Isto é: um personagem é uma vontade em movimento, uma vontade em busca da sua satisfação, do seu objeto, mas que não o obtém de imediato: é o exercício de uma vontade que colide, conflita com outras vontades igualmente livres e opostas. Nada mais é essencial ao teatro, nem os cenários, nem figurinos, nem música, nem o próprio edifício — sem eles pode-se fazer teatro, mesmo sem teatro, mas não sem conflito. Todos os demais elementos podem reforçar, intensificar, embelezar o teatro que simplesmente não existiria sem o conflito de vontades livres e... acrescenta Brunetière, "livres e conscientes dos meios que empregam para atingir suas metas".

Essa definição é, porém, demasiado ampla e abrangente. Dentro dela pode-se incluir um diálogo de Platão ou uma luta de boxe: nos dois casos os personagens exercem vontades livres para derrotarem os seus adversários, seja pela razão ou pela força.

Características das metas

John Howard Lawson, escritor estadunidense, precisa: "É necessário que essas metas sejam ao mesmo tempo objetivas e subjetivas". É o que falta à luta de boxe (apenas objetiva, pois que se trata de derrubar o adversário o mais cedo possível, nocauteá-lo) e no diálogo de Platão (trata-se de pura subjetividade saber definir o heroísmo ou a virtude).

Existe no entanto um dos diálogos — que por coincidência é com frequência interpretado como se fosse peça teatral — em que se discute se, do ponto de vista ético, Sócrates deveria aceitar ou não a condenação à morte ou se, ao contrário, deveria aproveitar a possibilidade que lhe é oferecida de fugir e de se refugiar no estrangeiro. Aí, os conceitos morais que são discutidos têm uma importância objetiva: Sócrates viverá ou não? E o diálogo se torna teatral! É teatro! Existem igualmente peças sobre lutas de boxe em que o importante não são os murros trocados, objetivos e sangrentos, mas o significado subjetivo dessa violência física: o protagonista deseja provar a si mesmo ou a alguém o seu valor, deseja mostrar-se outra vez campeão etc. É teatro!

Tanto em um caso como em outro, as metas passam a ser objetivas e subjetivas. E podemos assim chegar a uma formulação completa: "A essência do teatro é o conflito de vontades livres, conscientes dos meios que empregam para atingirem suas metas que devem ser, ao mesmo tempo, subjetivas e objetivas".

Assim, as vontades não devem se reduzir a vagas enunciações — querer a felicidade, o bem de todos ou a paz universal —, mas devem ser concretas: querer o bem desta pessoa ou do povo, porém desta forma e neste momento. A paz por este meio ou aquele. Concretamente.

Igualmente, as metas devem ser importantes, necessárias, e quanto mais importantes, maior a intensidade e a abrangência da peça.

Na nossa experiência de Teatro Legislativo é importante que a vontade exercida pelo protagonista — o personagem que será substituído, no fórum, pelo espect-ator — seja a vontade que sentem e exercem os espect-atores intervenientes que, com ele, devem entrar em uma relação de *sym-pathia* (devem comungar as mesmas emoções, desejos e ideias). A vontade pertence ao protagonista, mas deve ser partilhada pela comunidade: vontade individual e social.

Vontades livres

Hegel, no seu livro sobre a Estética, escreve longamente sobre as vontades livres. Os animais, segundo ele, são totalmente dominados pelo meio ambiente, pelos constrangimentos de ordem física, necessidades biológicas, pelo geneticamente programado. E o homem, enquanto animal, também o é. E, mesmo consciente, age limitado pelo medo. Só o Príncipe (o que reúne todos os poderes) pode agir sem medo das consequências. Hamlet não mataria Polônio, Laertes e o Rei se tivesse medo da polícia.

Assim, para que a vontade seja realmente livre, segundo Hegel, é necessário que seus impulsos possam se materializar, possam se tornar fato. Para ele, o personagem trágico ideal é o Príncipe, isto é, o poderoso destemido.

Porém, a liberdade do personagem não deve ser confundida com o não cerceamento físico. Prometeu está acorrentado e é um deus livre: continua condenando Zeus, mesmo com o fígado sendo todos os dias comido pelos abutres, mesmo assim afirma sua devoção aos homens, seu repúdio aos deuses. E Hegel observa que em um quadro de Murillo um menino apanha de chicote por ter furtado uma fruta e, mesmo apanhando, ele a come.

Hegel insiste ainda em que as vontades dos personagens (não seus caprichos) devem ser exercidas sobre o que é essencial, racional e universal, e não sobre o acidental, ou sobre o particular. Mas como uma trama se urde com particularidades, a particularidade deve estar inscrita no universal.

Existem várias formas pelas quais a vontade se manifesta:

a) *Vontade simples* — É a vontade daquele personagem que se manifesta com intensidade e sempre da mesma forma, sempre buscando a mesma meta: Iago, da primeira à última cena, deseja a perdição de Otelo; Ricardo III, do princípio ao fim, o poder; Tartufo só pensa no dinheiro e na mulher de Orgonte.

b) *Vontade dialética* — É aquela em que o personagem carrega dentro de si, com intensidades variáveis, uma vontade e o seu oposto. Nisto, o personagem paradigmático é Hamlet e o seu "ser ou não ser", no qual igualmente se inscreve Brutus (que deseja a felicidade e a morte do seu pai e protetor, César) ou o próprio Marco Antônio. "Ser ou não ser" não significa indecisão, mas sim a colisão de duas decisões opostas.

c) *Vontade plural* — Não se trata de um personagem, mas de vários que comungam da mesma forma, ou de formas semelhantes, a mesma vontade. O povo contra Marco Antônio, logo depois da morte de César. Por não serem todos absolutamente idênticos, as transformações pelas quais vai passando a plebe, mostrada ignara, são lentas e graduais; como o povo contra Coriolano, uns mais estúpidos, outros inteligentes, mas todos desejando a rebelião; ou como o povo contra o Dr. Stockman de *O inimigo do povo*, de Ibsen, todos desejando conservar a mentira de que as águas termais da cidade (fonte de renda principal) não estavam poluídas e eram medicinais.

d) *Vontade fundamental* — Aquilo que Stanislávski chamava de "super-objetivo" e as VONTADES SECUNDÁRIAS dentro do mesmo personagem, que devem estar subordinadas à primeira, mais permanente. A vontade fundamental de Hamlet é vingar a morte do pai; suas vontades secundárias são, em relação a Rosencrantz e Guildenstern, fazer-se passar por louco; em relação a Polônio, enlouquecê-lo; em relação à mãe, convencê-la a abandonar o tio; em relação a Ofélia, uma vontade dialética, pois que a ama e a envia a um convento.

e) *Vontade lua* — Segundo a definição de Étienne Souriau, é a vontade do personagem que está diretamente relacionada a de um outro, como a de Horácio, à de Hamlet; a de Siro, à de Calímaco (em *A mandrágora* de Maquiavel); a da Ama, à de Fedra: o confidente, o criado, o amigo. Neste, sua própria vontade é subordinada à vontade do protagonista.

f) *Vontade negativa* — Às vezes a vontade se manifesta de forma negativa: o personagem não quer fazer determinada coisa — isto é, ele quer fazer precisamente o contrário daquilo que querem os outros que ele faça. Na *Estrada do tabaco* de Erskine Caldwell, existe um belo personagem, Jeeter Lester, que, apesar da invasão das suas terras pelos grileiros que vão construir edifícios, quer intensamente permanecer no seu casebre: a última cena mostra os tratores avançando e Jeeter Lester, dormindo a sesta na sua varanda, apenas levemente abre os olhos quando os tratores começam a demolir a sua casa.

g) *Vontade e contravontade* — Em maior ou menor grau é o que acontece com quase todos os personagens e que deve ser buscada por quem escreve, dirige ou interpreta um personagem. A contravontade é o que surge no personagem contrapondo-se à sua vontade. Ao fazer uma declaração de amor, o personagem tem medo de ser rejeitado; ao liderar uma greve, medo de ser derrotado; ou a própria vontade instala a sua contravontade: Romeu pode amar perdidamente a sua Julieta, mas pode por ela sentir repulsa, quando ela em tudo o contraria: exige o casamento secreto antes de fazer o amor, quer que ela fique com ele quando corre perigo de vida... E o grevista, embora tenha certeza da necessidade da greve, pode duvidar da legitimidade de sua ação.

É essencial para o ator trabalhar não só a mais evidente contravontade do seu personagem, mas tentar analisar todo o arco-íris do seu desejo. Quanto mais for capaz de conhecê-lo, mais será capaz de enriquecer sua interpretação.

A contravontade faz com que o personagem esteja em permanente equilíbrio instável e isso é teatral: a cada segundo sua expressividade o mostra um pouco diferente, e isso é atraente para a plateia. O ator sem contravontade está sempre igual a si mesmo: passam-se os minutos, passam-se as cenas, e ele imutável. É desinteressante. O ator dialético, em contraposição, está sempre em movimento: atrai.

h) *Vontade subdividida* — Alguns personagens tchekhovianos, por exemplo, são tão ricos que parecem possuir diversas vontades fundamentais, numa intrincada rede. Embora seja Tchekhov um autor maravilhoso, suas peças são muito difíceis para serem utilizadas em Fórum.

i) *Vontade como expressão da necessidade* — Toda vontade de personagem deve, acima de tudo, ser NECESSÁRIA e não caprichosa, e deve, além disso, ser JUSTIFICADA, seja eticamente (o confronto entre Creonte e Antígona: ela, defendendo o direito da família de enterrar seus mortos, seus irmãos; ele, defendendo o direito do Estado de aplicar sanções contra aqueles que morreram lutando contra sua própria cidade), seja moralmente: a vontade de Hamlet de vingar a morte do pai é necessária (religiosamente) e justa (eticamente).

A vontade deve ser sempre justificada, mas não será necessariamente justa... As vontades dos antagonistas (os opressores) serão justificadas, mesmo não sendo justas, pelas características econômicas, sociais e políticas com que oprimem.

É evidente que, na nossa presente experiência, todas as vontades são identificadas a reivindicações das comunidades, dos sindicatos, das escolas etc. Porque, no caso do Teatro Legislativo, trata-se de ir além da discussão do tema, além do seu ensaio: trata-se de tentar modificar a lei.

Como o elemento essencial do teatro é a vontade, a estrutura dramática será pois uma estrutura conflitual de vontades, que expressam forças sociais. Todos os personagens devem participar dessa estrutura, que deve ser centralizada por um CONFLITO CENTRAL, que deve, por sua parte, ser a CONCREÇÃO da IDEIA CENTRAL da peça. Não é tão complicado como parece.

A IDEIA CENTRAL OU TEMA

É importante que o grupo determine qual a Ideia Central, qual o tema da peça e do subsequente fórum. A tendência de muitas comunidades é a de incluírem na peça "tudo aquilo que os seus participantes lembram" sobre um evento. Isso faz com que muitas vezes não se saiba do que estamos falando, porque estamos falando de tudo. Um "fórum" é uma pergunta que se faz à plateia da qual se desejam respostas. É preciso que a pergunta seja clara. É necessário que a Ideia Central seja perceptível por todos para que os espect-atores possam intervir, oferecer alternativas e para que o fórum seja enriquecedor.

A LEI DO CONFLITO é a primeira lei da dramaturgia. Coincidentemente, é a primeira "lei" da dialética...

O obstáculo

Uma intensa vontade livre, se não encontrar um obstáculo igualmente intenso, é logo satisfeita — o que não produz teatro. Assim, é necessário que o Protagonista — o oprimido que irá ser substituído — encontre um ou mais opressores, que são o seu obstáculo. Esta busca de opressores não poderá ser feita a esmo: é necessário que o grupo que cria a peça seja conhecedor do problema e apresente uma visão orgânica da situação onde todos os elementos sejam verdadeiros. A teatralidade não deve sacrificar a verdade. Acontece muitas vezes que o verdadeiro obstáculo é demasiado grande ou invisível, imponderável. Por exemplo: o verdadeiro obstáculo de Édipo é Zeus, o todo-poderoso deus. Porém, tal conflito entre o finitamente humano e o infinitamente divino seria um conflito desigual. Neste caso, o dramaturgo procede a um "deslocamento" do conflito: Édipo se bate primeiro contra Tirésias, depois contra Creonte: a teatralidade nasce destes conflitos e não do conflito Édipo x Zeus. Dos conflitos secundários, conflitos deslocados, e não do conflito temático principal.

O mesmo acontece quando o obstáculo é a Sociedade, o Sistema Educacional, o Poder Público etc. O dramaturgo deve pôr em confronto o Protagonista contra aqueles que representam esses poderes abstratos. É verdade que a sociedade oprime sim, mas através de quem? Não se pode apresentar um personagem chamado "Sociedade", ou "Educação", ou "Repressão": é preciso personificar, concretizar em alguém, em um personagem através do qual a sociedade, o sistema educacional e repressivo oprimem o protagonista.

O teatro clássico está cheio de exemplos em que o protagonista se defronta com obstáculos desconhecidos: é o caso de Messer Nícia, protagonista de *A mandrágora* de Maquiavel, em que todos os personagens se mancomunam contra ele, que pensa estar mancomunado com todos, contra um desconhecido que, na verdade, todos conhecem, menos ele. Não é necessário que o antagonista, o obstáculo, seja conhecido e verdadeiro, mas é necessário que exista como personagem concreto e não como abstração.

O *Núcleo do Conflito*

O Núcleo do Conflito deve ser sempre a concreção da abstração que é a Ideia Central ou tema da peça. Se vamos escrever uma peça sobre o preconceito racial é preciso que o núcleo do conflito trate precisamente disso: uma vítima do preconceito em luta contra o discriminador.

O Núcleo do Conflito deve ser uma espécie de síntese entre a tese do Protagonista e a antítese que os Antagonistas, seus opressores, representam. Os dois devem fazer parte orgânica do mesmo sistema: a família, a empresa, a posse das terras, a comunidade e a repressão etc. Como Creonte e Antígona são ambos uma unidade de opostos: o direito da família que ela defende é confrontado, por ele, com o direito do Estado.

O Núcleo do Conflito deve ser um sistema equilibrado que se desequilibra: não pode ser formado por um polo extremamente fraco e o outro todo-poderoso. Equilíbrio instável que se desloca. Esse sistema deve permitir uma grande variedade de deslocamentos (Hamlet x Cláudio, Hamlet x Rosencrantz e Guildenstern, Hamlet x Polônio, x Laertes, x os comediantes, Cláudio x Gertrudes, Laertes x Polônio etc. etc.

etc.), porém todos esses deslocamentos devem ser sempre referidos ao conflito central.

Teoria das crises

William Archer elaborou uma "teoria das crises". Segundo ele, nós observamos as ondas do mar sempre com grande fascínio porque ela é uma sucessão de vagas cada vez maiores, na maré alta, cada vez mais próximas de nós, na praia, e cada vaga cresce e se desfaz, cresce e desaparece, todas vindo morrer na areia, cada vez mais perto de nós. Assim deve ser o desenvolvimento dramático de uma peça: não uma só onda enorme que não cede nunca, como um imenso "tsunami" nas costas do Havaí depois de um terremoto no Japão, mas uma sucessão de 1) Armação do conflito; 2) Clímax, explosão; 3) Desfecho; e assim por diante em nova sucessão, cada vez mais intensa.

A estrutura da cena ou da peça deve ser designada de tal forma que a ação não inicie muito próxima da crise; é o que chamamos de "contrapreparação". No início de *Romeu e Julieta*, Romeu ainda não está apaixonado por Julieta e proclama que amará Rosalina para sempre. A sua mudança de amor contribui para a teatralidade.

Da mesma forma, se Shakespeare tivesse iniciado a extraordinária cena de galanteio entre Ricardo III e Lady Anne já demonstrando que ela estava apaixonada por ele, não haveria "variação qualitativa" na cena: eles se jogariam um nos braços do outro. Mas na peça de Shakespeare o caso é reverso — Lady Anne começa cuspindo nele, bem distante de beijos carinhosos.

No caso de espetáculos de Teatro Legislativo, a principal crise — lá onde o espect-ator será chamado a intervir — deve ser clara e ter as características de "crise chinesa". Por que a chamamos assim? Porque no idioma chinês não existe um ideograma para designar a palavra "crise" e sim dois: o primeiro ideograma significa "perigo" e o segundo "oportunidades". Assim deve ser a nossa "crise chinesa": o momento em que o personagem protagônico entra em uma situação de perigo e, dependendo de suas opções, abrem-se diante dele diferentes oportunidades.

E mais uma vez Hegel diz que "uma peça é superior a outra na medida em que as vontades são exercidas com mais intensidade, em que é maior a necessidade da vitória, e a possibilidade dessa vitória menor...".

A motivação da vontade e a sua caracterização

A motivação é a própria vontade e a sua necessidade, o motivo do querer, seu objeto e o porquê devem ser exercidos — e isto nunca caprichosamente, só porque sim. Motivação é a razão da vontade. Por que se quer o que se quer? A motivação é aquilo que o personagem deseja e faz: a caracterização é como faz o que faz. A caracterização não deve ser nunca feita apenas pela informação: os espectadores não prestarão a menor atenção quando se disser que tal personagem é assim ou assado, mas verão com interesse tudo aquilo que ele fizer, e que o mostre como sendo assado ou assim. O personagem do pai, em uma das peças dos nossos núcleos, dizia que a mãe vivia tomando remédios; na primeira versão da peça assim era. Na segunda, a mãe vive tomando remédios e ninguém precisa falar no assunto, a não ser que o faça como parte de uma ação, e não apenas para informar à plateia. A plateia é informada pela ação e não pela informação.

2. A INTERPRETAÇÃO

O primeiro problema que se enfrenta ao ensaiar uma peça com as comunidades é a ausência de referências teatrais. A maior parte dos integrantes dos nossos grupos jamais foi ao teatro e, se foi, foi para ver uma comédia de costumes. Quando falamos a palavra "teatro", na verdade o que entendem é "telenovela".

As telenovelas brasileiras habituaram os telespectadores a um tipo de interpretação que poderíamos chamar de realismo epidérmico: os atores maus ou medianos imitam o jeito carioca de falar, um gingado carioca de se mover sem sair do lugar, tudo isso misturado com o que viram de alguns atores formados pelo Actors Studio[20] — mas, deles, imitam apenas os trejeitos.

---

[20] O Actors Studio é uma associação artística fundada em 1947, em Nova York,

É evidente que existem sempre, na nossa televisão, as honrosas exceções, mas, via de regra, ator de televisão é simples imitador, faz de conta. Agrava-se isso pelo fato de que a maioria das telenovelas se passam em uma classe social diferente da dos atores e vemos atores circulando em cenários que jamais conheceriam na vida real, metidos em tramas que nunca seriam as suas, paixões desconhecidas.

Nós falamos do teatro que os nossos atores comunitários têm dentro de si, mas, num primeiro momento, eles entendem o falso teatro que vêem na televisão. Quando se consegue mostrar-lhes que teatro são eles e não as telenovelas, os resultados são sempre esplêndidos. Mas demora... Existe a vergonha inicial, a voz que cai no chão e o gesto que se amarra no corpo: o ator precisa aprender a diferença entre falar com o outro, e a falar com o outro para a plateia. Precisa acreditar que o ator não deve nunca cruzar os braços (os braços são linguagem, são tão expressivos...) a não ser que o personagem cruze os braços.

No entanto, a arte de interpretar um personagem pode ser muito difícil ou muito fácil. Para Alfred Lunt, famoso canastrão (dizem, não vi) do começo do século, casado com a famosa e ótima atriz (dizem, não sei) Lynn Fontaine, interpretar um personagem era tarefa muito fácil. Bastava, segundo consta que ele teria dito, "falar bem alto pra todo mundo ouvir e não esbarrar nos móveis". Não é bem assim, mas essa afirmação tem um pouco de verdade.

Quando o ator comunitário para de pensar em imitar os atores da novela das oito e se preocupa mais em mostrar como são as pessoas que ele próprio conhece, como é a situação real na qual ele próprio vive, interpretar fica muito mais fácil e prazeroso: é um prazer reviver em cena, cenas vividas na vida real, e, ao revivê-las, compreendê-las.

por Elia Kazan, Cheryl Crawford e Robert Lewis. Mundialmente renomada, a instituição trabalha até hoje o ensino da arte da atuação, com foco na técnica conhecida como "o método" (*method acting*), baseado inicialmente no sistema proposto por Konstantin Stanislávski, e que estimula uma conexão emocional do ator com o seu personagem.

A cerimônia teatral é bem definida: algumas pessoas se preparam, longe da curiosidade das demais, e organizam um evento — uma reprodução de cenas da vida real, mais ou menos autêntica, isto é, tal como aconteceu ou como foi sentida, lembrada, imaginada. Em seguida, convidam outras pessoas a se imobilizarem diante de um palco ou arena ("Espaço Estético") e, aí, reproduzem o evento ensaiado ou combinado.

A cerimônia teatral tem, como premissa primeira, a divisão do espaço onde se movem os atores e aquele outro onde se imobilizam os espectadores. Justapostos, não se interpenetram, não se superpõem e, mesmo quando é aquele fragmentado e este disperso, seus pequenos pedaços guardam com o espaço circundante a mesma relação do grande palco com a grande sala.

O Teatro do Oprimido rompe com esta cerimônia e tem, como sua primeira premissa, democratizar o espaço cênico — não destruí-lo! —, tornando transitiva a relação entre ator e espectador, criando o diálogo, ativando o espectador e permitindo que se transforme em "espect-ator".

Esta transformação pode se dar de duas formas principais: é o próprio cidadão (o "Oprimido", ativado como "artista") que cria o espetáculo — as imagens que serão representadas — ou apenas intervém no momento do espetáculo denominado "fórum", quando atores e espectadores, em igualdade de condições e com iguais poderes, improvisam soluções ou alternativas aos problemas propostos pelo espetáculo. Nessas duas formas, numa e noutra, ele se transforma em "artista".

Qual o efeito dessa transformação?

Em primeiro lugar: onde estava o artista no qual o espectador se transformou? Dentro de si mesmo, é claro. O espectador "ato-alizou" o que, dentro de si, era apenas "potência". Tão simples como um cidadão que aprende a andar de bicicleta, a nadar, a dançar valsa, ou tocar o bumbo: o dançarino e o atleta estavam dentro dele mesmo, eram potencialidades do corpo do cidadão.

Assim, o teatro cria um espaço onde potencialidades podem-se ato-alizar, desenvolver-se. O cidadão pode se redimensionar, investigar-se, pode se conhecer e reconhecer-se.

Esse novo espaço é propício às descobertas. E aquele que descobre ou se descobre, se transforma. Qual o efeito que produz essa transformação?

Vamos analisar alguns casos exemplares.

1) *Lilian Gish no Morro do Chapéu Mangueira*

No grupo do Morro do Chapéu Mangueira fez-se uma peça sobre o lixo, o descaso da prefeitura e a responsabilidade dos próprios moradores do morro; num sábado à tarde, na hora de começar o espetáculo para a comunidade, deu-se por falta de uma das atrizes principais. Foram procurá-la por toda parte até que a encontraram em sua casa. Fazendo o quê: tomando banho e se perfumando com sabonete...

Houve quem achasse cômico, até ridículo: para que tomar banho se a personagem que interpretava era uma mulher suja no meio do lixo? Se estava suja, ficasse suja assim mesmo.

Ledo engano: a atriz, instintivamente, tinha percebido com clareza que ela era uma atriz interpretando um personagem, cujos hábitos, costumes, eram bem diferentes dos seus. Ela era capaz de interpretar a vizinha suja, capaz de criar um personagem (que os temos todos dentro de nós, nas nossas pessoas), porém aquele personagem nada tinha a ver com a sua personalidade, e o que ela desejava era, durante o espetáculo, ter a clara certeza de que era ela interpretando a "vizinha" e não ela dissolvida e degradada na sujeira da vizinha. Queria ser uma atriz interpretando criticamente uma vizinha e não nela se transformar, ou ser como ela.

Parecia ingenuidade, mas na verdade ela havia compreendido intuitivamente algo de essencial à arte da representação: limpa, ela seria uma verdadeira atriz representando uma personagem suja; suja, seria ela mesma, como já eram tantas no dia a dia que ela própria queria combater.

Lilian Gish, a atriz do cinema mudo, ficou conhecida, além de por seu talento, porque, quando interpretava papéis de pobres andrajosas, fazia questão de se vestir com lingerie de seda pura. Queria sentir a seda tocando seu corpo, para se lembrar que era Lilian Gish e não a pobre. O mesmo acontecia com a nossa querida Lilian Gish do Chapéu Mangueira.

2) *O oprimido reconhece os mecanismos da opressão*

Aconteceu num domingo à tarde na sede do Atobá, uma associação de homossexuais. Ensaiava-se uma peça que os próprios atores haviam escrito sobre um caso real: um deles havia feito um teste por escrito para obter determinado emprego; foi aprovado e convocado para uma entrevista pessoal; ao vê-lo, o entrevistador começa a estranhar o brinco na orelha, os anéis, as roupas. O rapaz a tudo responde que é uma questão de gosto. Finalmente, por suas peculiaridades, o rapaz não é aceito, apesar do ótimo rendimento no exame escrito.

Começou o ensaio-espetáculo: estavam presentes uns cem homossexuais, que habitualmente se reuniam no local, em Magalhães Bastos, e mais uns dez assessores do meu gabinete, convidados para assistirem e debaterem. No fim da peça, quando ouve o gerente dizer que ele não será aproveitado, apesar do excelente exame, o protagonista silenciosamente chora, sem protestar. A cena foi representada com grande autenticidade e emoção, e a plateia aplaudiu com entusiasmo as lágrimas sinceras diante da injustiça.

Só que o ator não estava representando: estava vivendo. E só nos demos conta disso quando uma das Coringas entrou em cena para reconfortar o ator. A cena ensaiada não deveria terminar assim, mas ao contrário, explodiria com uma violenta resposta do homossexual oprimido. No momento de representar, o ator se emocionou de verdade, esqueceu-se do texto decorado e chorou em silêncio.

O que teria acontecido com o ator e com o personagem?

HIPÓTESE — (ou melhor, HIPO-TESE, hipo = menos do que).

O rapaz estava habituado à discriminação e sabia se defender. Na vida cotidiana conhecia seus inimigos e conhecia as armas para enfrentá-los. Estava habituado a "viver" essa cena na vida real e deveria, como ator, "vivenciá-la" no palco, diante de nós. Na rua, a cena ocorria sempre "pela primeira vez", por isso o ator a "vivia"; em cena, deveria repetir o ensaiado, o preestabelecido — por isso "vivenciava". Na vida real se vive, no teatro se vivencia: cada qual tem suas vantagens.

Mas no momento representar, e ao ver os mecanismos de opressão — o desprezo, a desvalorização, a discriminação, o asco — usados ficticiamente, contra ele, por um homossexual como ele (este também vítima da mesma opressão!), o ator "viveu" essa descoberta e não pôde usar, diante do seu semelhante, as armas e as defesas que comumente usava contra os seus verdadeiros opressores: o cinismo, a petulância, a caricatura. Essa descoberta foi vivida "pela primeira vez", daí a emoção incontrolada do ator. Essa descoberta não havia sido ensaiada, não estava prevista, não podia ser vivenciada: foi vivida.

3) *A menina fala com seus opressores*
por interpósita persona

Um grupo de estudantes negros das universidades cariocas, o CENUN, estava apresentando sua peça, *O pregador*, para uma plateia predominantemente de estudantes negros, mais jovens, de escolas e colégios. A peça trata de uma menina negra e de suas opressões quando busca um emprego e é discriminada pela cor, mas trata também das opressões em sua própria casa, na infância, quando a família a obriga a prender um pregador no nariz para tentar afiná-lo, e parecer mais branca ou menos negra. Em um dos espetáculos, uma menina entrou na cena, e teve medo porque viu, neles, atores, gente parecida com os seus próprios companheiros: gente que fazia com o personagem da jovem o mesmo que seus companheiros faziam com ela, na escola: xingar de preta, carvão, zulu, crioula, pixaím, anum. Teve medo e raiva, vendo seus verdadeiros companheiros assistindo à cena ao seu lado e, aos personagens, entrando em cena, disse tudo o que gostaria de dizer aos verdadeiros colegas da escola, que assistiam calados e envergonhados. Daí pra frente, nunca mais os meninos brincaram com ela: perceberam que xingamento não era brincadeira, doía.

3. A IMAGEM DA CENA

O ESPAÇO ESTÉTICO é a área onde se desenvolve a ação dramática e onde se trava o fórum (intervenções dos espect-atores). Espaço Estético é criação dos espectadores: basta que olhem atentos em uma só direção para que esse espaço se torne "estético", poderoso, quente, pentadimensional (três dimensões físicas + imaginação e memória, dimensões subjetivas). Aí, todas as ações ganham novas propriedades — dicotomização, plasticidade e telemicroscopicidade: o ator nesse espaço se dualiza (é ele próprio e é o personagem); os objetos significam não mais apenas o que sempre foram, mas passam a ser aquilo que a nossa memória e a nossa imaginação nos permitem criar — são o que queremos que sejam e não o que objetivamente são; e todo gesto pequeno se engrandece, e o que estava distante se aproxima (no tempo e no espaço).

Digo que o Espaço Estético é uma criação dos espectadores. Por quê? Os seres humanos se relacionam com o mundo, em permanência, de forma binária, percebendo o mundo e respondendo aos estímulos que recebe: diante da variação de intensidade da luz, o diafragma do olho aumenta ou diminui, o corpo se retrai ou se expande segundo o frio ou o calor; da mesma maneira, a uma pergunta que nos fazem, imaginamos resposta — mesmo o silêncio é ação. Estamos em permanente diálogo com o mundo exterior, recebendo estímulos e produzindo ações. Mesmo dormindo, mudamos de lado, bate o nosso coração e respiramos sem parar.

Quando se torna espectador, o ser humano suspende, por algum tempo, sua necessidade de agir, de ação. Para onde vai essa energia, que continua existindo? Vai para o lugar onde está o objeto de sua atenção, seja pessoa ou coisa: em torno dele cria-se o Espaço Estético. Quando muitas pessoas olham na mesma direção, mais intenso é esse espaço. Isto pode acontecer, de forma premeditada, em um palco, arena, ou em qualquer outro lugar, de forma inesperada, como, por exemplo, durante um incidente cotidiano, um acidente na rua.

A Câmara como circo

Recentemente, a votação do Orçamento na Câmara terminou em pancadaria: vereadores quebraram vidros, jogaram cadeiras para o alto, puxaram revólveres, e chegaram a atirar um microfone na cabeça do presidente da sessão, que sangrou. (Eu expliquei que o agressor tinha entendido mal a mensagem de MacLuhan,[21] segundo o qual "o meio é a mensagem", mas acho que ele não entendeu.) Durante a algazarra, espoucavam miniconflitos em todo o plenário: pessoas que já tinham discordâncias anteriores, estimuladas pela violência, aqui e ali criavam confrontos paralelos. A atenção dos espectadores presentes estava centrada na Mesa, onde ocorria o quebra-pau maior: uns queriam que a sessão prosseguisse, outros interrompê-la. Sempre que explodia nova arruaça, por alguns momentos parte da plateia para lá dirigia seus olhares e, *ipso facto*, criava um novo mini-Espaço Estético. Os novos atores dicotomizados (cada um era, ao mesmo tempo, o homem e o vereador, um envolvido na briga e o outro mostrando como era valente) eram energizados pela plateia, o que provocava o inevitável *over-acting*: frases como "Não encosta em mim! Não me segura!" tinham como evidente sub-texto "Por favor, me levem para longe daqui...".

Até que um vereador, gordo e baixinho, um desses que costumam entrar mudos e sair calados, uma dessas vozes silenciosas que pululam no plenário, e que estava bem-comportadamente sentado em sua cadeira, ao perceber fotógrafos e telerepórteres com câmeras em punho, não resistiu ao apelo da propaganda gratuita e saltou em cima de sua bancada, dando gritos guturais estertóricos, que deixariam Johnny Weissmuller, o famoso Tarzan, envergonhado. Fez gestos florestais e ameaçava saltar, mesmo sem cipó, da sua bancada para cima da Mesa, a trinta metros de distância. Todos se voltaram para ele, mas, vendo de quem se tratava, pessoa sem o menor interesse, insignificante, deixaram logo de olhar. O mísero vereador, no primeiro momento, centro de atenções, ampliou o gesto e a voz retumbante, mas logo depois, vendo-se abandonado, desinflou, arrefeceu o ânimo, desceu da bancada e, bem-educado, sentou-se outra vez no seu lugar de sempre, cabisbaixo, murmurando: "Só porque eu sou baixinho...". E emudeceu, para sempre.

Esse é o tremendo poder do Espaço Estético — criado pelo espectador, usufruído pelo ator. Por isso, é necessário democratizá-lo.

---

[21] Marshall McLuhan, filósofo canadense (1911-1980).

A Imagem da Cena

Um dos aspectos mais importantes do espetáculo-fórum é a Imagem da Cena — e digo "imagem" de propósito e não apenas "cenografia", ou pior ainda, como dizem alguns franceses, *"décor"*. (A palavra *"décor"*, diga-se de passagem, vem do teatro de *boulevard*, onde a cena representava quase sempre a sala, o quarto ou o *boudoir* de uma casa ou apartamento — estes sim, se decoram — daí, *décor*.)

Imagem é uma globalidade, inclui coisas e participantes do evento, mesmo transeuntes. Na Imagem deve se tornar nítido onde está o Espaço Estético, seus limites e contornos. Nos teatros, ele é destacado pela cor com que se pinta a plateia, muros e corredores, pelas cadeiras, poltronas. Na rua, ao ar livre, deve-se pensar nos ônibus que passam, cachorros que se espantam e ladram, deve-se pensar no inevitável bêbedo que comenta cada cena ou frase, aplaudindo sempre, principalmente fora de hora etc.

Assim, a primeira providência que se deve tomar é a de demarcar com nitidez onde é o Espaço Estético — que existe sem ser demarcado, mas que se reforça demarcando.

O Espaço Estético tem propriedades especiais: além de dicotomizante, plástico e telemicroscópico (como explico no meu livro *O arco-íris do desejo*), é mágico. Especialmente nas comunidades pobres, é encantatório. E, ao ser mostrado com precisão, passa a significar uma região inacessível que vai ser, depois, no fórum, invadida: essa invasão é um importante símbolo de transgressão. Sabemos que a transgressão é necessária para que a opressão termine: se o oprimido aceita regras, hábitos, costumes, tradições, tudo o que é, tal como é, só porque assim é ou tem sido, jamais se livrará de sua opressão. (Um dos argumentos contra a Reforma Agrária consiste nos "direitos adquiridos", como se todos os direitos adquiridos fossem legítimos: os proprietários de escravos tinham pago por eles, tinham, assim, "direitos adquiridos"; se fôssemos respeitá-los como legítimos, até hoje teríamos escravidão.)

Em seu nome ou em seu lugar

Por isso, quando o primeiro "espect-ator" entra em cena, transgride, como um fiel que tomasse o lugar do padre no altar e celebrasse a missa, ele mesmo. E, como o espect-ator é um indivíduo saído da plateia, ele não faz essa transgressão em lugar dos demais espectadores, mas em seu nome. O ator age em lugar dos espectadores; o espect-ator em nome deles, porque qualquer espectador pode se sentir representado ou não, e, neste caso, pode também entrar em cena e dar sua própria versão.

É importante que o Espaço Estético seja bem determinado, especialmente porque trabalhamos quase sempre em locais visualmente poluídos: campos de futebol ou quadras de basquete, escadarias de edifícios, ar livre etc. É preciso que, ao ver o Espaço Estético, todos percebam os seus limites físicos, para que a transgressão seja mais evidente. Não basta um ciclorama no fundo, um tecido colorido pendurado atrás dos atores ou uma lona no chão. É preciso que esses elementos tenham tido um tratamento "estetizante": não devem, não podem ser feitos e ter a aparência de objetos encontrados no dia a dia — embora feitos com esses objetos, devem ser tratados esteticamente para que deles se diferenciem. Um tecido deve ser tratado de forma a não se parecer com o tecido comprado na loja. Esse tratamento pode se referir ao número, à forma ou à cor.

Cenografia coringa

Devemos elaborar uma "cenografia coringa": estamos trabalhando com comunidades pobres, portanto não tem sentido fazer espetáculos caros. Todo o material de cena deve ser feito a partir de objetos reutilizados. Coisas jogadas fora. Ou coisas baratas. Mas com criatividade. Devemos utilizar especialmente aquilo que é encontrável com facilidade na própria comunidade.

O grupo Los Teatreros Ambulantes de Porto Rico, de Rosa Luisa Márquez, elaborou um espetáculo cheio de vestidos de casamento e damas de companhia, bispos e militares, todos belamente vestidos com roupas de papel de jornal. Tudo, absolutamente tudo, feito com o papel daquelas bobinas que sempre sobram nos grandes jornais, que as vendem a preços de ocasião.

Durante o evento "Terra e Democracia" fizemos um laboratório de cenografia que utilizava garrafas de plástico para se fazer grandes copos de vinho de pezinho fino, seringas de injeção (mais avantajadas do que o normal) e material cirúrgico, metralhadoras etc.

No grupo dos moradores da favela do Chapéu Mangueira todas as perucas foram fabricadas com pedaços de latas de cerveja e toda a cenografia da peça, cujo tema era exatamente o lixo e a sujeira, era feita literalmente de lixo. Lixo limpo, é claro, higiênico, mas lixo.

Fizemos um espetáculo durante as eleições, com Benedita da Silva, candidata a senadora, e Conceição Tavares, a deputada (ambas foram eleitas!), em que as duas dialogavam e cantavam músicas uma para a outra, em forma também dialogal. No fim do espetáculo, entrava uma escola de samba: os figurinos de todos os participantes eram feitos de papel de jornal pintados com spray de prata.

O grupo alemão do Spect-Act-Tulum fez uma peça na qual eram necessários quatro telefones. Todos foram fabricados com *papier maché* (a partir de jornais velhos) e cada um tinha o tamanho do poder de quem o usava, desde o menorzinho, que cabia na palma da mão, até o maior, que era mais alto do que a sua dona, que com ele se abraçava.

Muitas vezes basta jogar tinta colorida em cima dos objetos para que eles sejam "cenografia coringa", isto é, cenografia que revela a origem do objeto e ao mesmo tempo a sua presente utilidade, ou significação. Ou aguarrás nos tecidos.

No velho Teatro de Arena, Flávio Império e Marcos Weinstock, em espetáculos memoráveis como *O melhor juiz, o rei*, de Lope de Vega, e *Feira Paulista de Opinião*, de múltiplos autores, faziam cenografias totalmente baseadas em materiais descartáveis e, no entanto, a impressão que se tinha era a de nobres, príncipes e princesas (no primeiro caso), e faustosos programas de televisão no segundo. Usava-se tudo, até arreios de burros que a prefeitura de São Paulo descartava (estava em vias de se motorizar), escadas e janelas de demolições, sobras de indústria de couro, tudo.

No *Le nouveau badache est arrivé* do CTO de Paris, o personagem da mãe carregava uma cruz feita de vassouras, latas, panelas; a cama do filho era um caixão de defunto e o pai fazia sua contabilidade doméstica em cima de seis ou setes máquinas registradoras antigas.

A função da "cenografia coringa" é também a de permitir aos espect-atores ver e não apenas olhar. Se olhamos, em cena, um telefone, não veremos o telefone; mas se pudermos ver um objeto (maior ou menor, de cor ou textura diferente da do "verdadeiro" telefone) representando o telefone ausente, nesse caso veremos o telefone ausente. Aquilo que está, como está, que é na cena como na vida, não é visto: só vemos ausências. A "cenografia coringa" deve remeter o espect-ator a uma realidade que não está ali presente, se não simbolicamente. Estamos a anos luz da cenografia de Antoine,[22] o mestre do hiper-realismo francês que, quando a peça se passava em um açougue, comprava todos os dias carne fresca.

4. A ENCENAÇÃO

A ENCENAÇÃO (*mise-en-scène*) é uma parte importante da Imagem. Muitas vezes os grupos têm a tendência a fazer com que os personagens entrem em cena, digam bom-dia-boa-noite (isto é: lixo de dramaturgia, palavras que não servem pra nada) e, em seguida, sentem-se à mesa e comecem a conversaria: por mais interessante que seja o diálogo, a imagem de três ou quatro pessoas sentadas em volta de uma mesa — leve-se em conta que imagem é linguagem! — certamente não está dizendo nada de mais inteligente ou interessante, e corre o risco de monotonizar o espetáculo e desvalorizar o diálogo ao não enfatizá-lo, ao não sublinhá-lo, ao não pontuá-lo.

Como resolver o problema? Pode acontecer que o próprio "ritual" da ação que é mostrada na cena seja teatral e rica. Neste caso, basta reproduzi-lo, tentando reforçá-lo. Cenas de trabalho, por exemplo, estão neste caso. Os casamentos e batizados, inaugurações solenes, confrontos sociais, fábulas etc.

Mas pode acontecer o contrário: o ritual pode ser estático e pouco expressivo. Pode-se então recorrer a todas as técnicas de ensaio que lidam com a imagem, como, especialmente, o Rashomon: cada ator faz

---

[22] André Antoine, renomado ator, autor e diretor francês (1858-1943).

uma escultura com os demais atores, ele mesmo e os objetos, escultura subjetiva que mostra não como as coisas são, mas como o personagem as sente. Cada ator fará a sua própria escultura, subjetiva, única, individual, e a cena será representada tantas vezes quantos atores haja. O diretor terá assim um "repertório" de imagens onde escolher as que mais convenham.

Outra maneira de se chegar a uma "Imagem da Cena" rica e estimulante foi usada também pelos atores do grupo alemão Spect-Act-Tulum. O tema da peça era a burocracia e o espetáculo foi criado totalmente a partir de imagens feitas pelos próprios integrantes sobre o "tema" burocracia. Cada um fazia a imagem subjetiva de como sentia a burocracia. A imagem final era uma síntese de todas essas imagens. Síntese não realista, em que os gestos mecanizados desumanizavam os personagens, em que a inutilidade de tarefas era revelada pelo absurdo.

Categorias da imagem

Existem várias categorias da imagem. A primeira é a Imagem Sensorial.

a) *Imagem Sensorial* — Em espetáculos públicos, gosto de fazer uma demonstração mostrando-me primeiro a mim mesmo, meu corpo, e perguntando à plateia o que está vendo. Um homem. Mostro uma cadeira e repito a pergunta: uma cadeira, respondem. Esta é a imagem sensorial, a primeira categoria da imagem. Aquilo que a gente vê e convenciona chamar pelo mesmo nome. Mesa, carro, pássaro...

b) *Imagem Mnemônica* — É aquela em que o observador completa aquilo que efetivamente vê com elementos que existiram em outras circunstâncias mas não estão agora presentes: eu me sento na cadeira e faço os gestos de escrever à máquina e, mesmo não existindo máquina, os observadores "verão" a máquina que existe nas suas memórias; ou toco um piano imaginado ou lembrado, ou falo no microfone, ou bebo de um copo ou garrafa etc. E os espectadores verão os objetos que não existem, mas existiram um dia, existem ainda hoje nas suas memórias.

Os gestos devem ser precisos para que os observadores reavivem suas memórias; do contrário, surpresas... Um dia, numa oficina feita numa cidade quase rural, La Chaux de Fonds, na Suíça, eu estava fazendo uma demonstração sobre a Imagem Mnemônica e desfilei os objetos acima, e incluí também um volante de carro e gesticulei, o melhor que pude, como um motorista dirigindo um carro; mas, como não aprendi nunca a dirigir, meus gestos de motorista devem ter sido feitos de forma tão imprecisa que, quando perguntei: "O que é que vocês estão vendo?", todos me responderam: "Um homem ordenhando uma vaca!".

c) *Imagem "Imaginada"* — Esta é outra categoria da imagem. A não ser quando os gestos são inadequados, imperfeitos ou malfeitos, os observadores serão sempre capazes de completar, com a memória, a imagem sensorial, objetiva, que têm realmente diante deles. Mas pode acontecer que uma imagem seja apresentada de tal forma que não seja possível — ou não seja adequado — completá-la apenas pela memória: o observador recorre à sua imaginação. Um homem, por exemplo, com os braços abertos como para estrangular alguém, de pé em cima de uma cadeira, pode provocar "visões" completamente diferentes nos observadores: um monstro de filme de terror, Drácula, King Kong, um louco, o pintor que pintou o chão e agora não sabe como sair de cima da cadeira sem estragar a pintura etc.

Neste caso, trata-se de "imagem projetada", isto é, cada observador projeta sobre a imagem existente, real, suas lembranças, desejos, medos, que guarda consigo, conscientes ou não. A "interpretação" não está na imagem mas no observador: a imagem está nos olhos e não no objeto. O objeto está fora, longe de nós; a imagem, dentro, em nossos olhos, nosso cérebro. Na verdade, toda e qualquer imagem é polissêmica, comporta muitas interpretações, e nisso precisamente reside a riqueza do Teatro Imagem: se os espectadores já sabem o que significa uma imagem, nada mais irão sobre ela projetar. Ao contrário, se pensando "pai" faço a imagem de um homem severo, as pessoas podem sobre ela projetaram "sargento", "professor", "padre" etc.

d) *Imagem Simbólica* — Bandeira, pátria; verde, esperança; céu, azul; vermelho, perigo; dois dedos em círculo, OK nos USA, pornografia no Brasil; imagens nacionais: *ma che*, italiano; *poouuff* francês...

São imagens do tipo isto significa aquilo: não têm valor como linguagem prospectiva: apenas denotam um significado que lhes é atribuído.

A busca da imagem subjuntiva

Eu gostaria, agora, de fazer algumas observações sobre os usos das imagens coercitivas que sofremos no dia a dia.

Dizem que vivemos num mundo dominado pelas imagens e é verdade que as imagens nos dominam, principalmente as da televisão, com a qual é quase impossível um diálogo transitivo: existe apenas o monólogo. Em relação aos jornais, um mínimo de liberdade é deixado ao leitor, que pode escolher seu ritmo de leitura, a página, as notícias e, até certo ponto, imaginosamente rediagramar por conta própria o jornal inteiro. Com a TV nenhum espaço nos é deixado. Só nos resta a obediência, só nos resta bater continência à tela.

Diz-se que o povo brasileiro vê muito televisão. Eu discordo e argumento que a televisão não se deixa ver. Olhar é um ato biológico: os olhos abertos olham. Ver é um ato da consciência.

As imagens podem ser conjugadas como os verbos

Quem olha televisão "vê a televisão", mas não "vê televisão". A televisão não se deixa ver, ela nos obriga a olhá-la, e isso é muito perigoso. Porque as imagens que a televisão apresenta podem ser conjugadas em, pelo menos, três modos e quatro tempos. Vejamos alguns exemplos.

Primeiro, no Presente do Indicativo. Isto ocorre quando, por exemplo, a TV nos mostra ao vivo em transmissão direta o que está acontecendo presentemente no campo de futebol ou na rua, no palácio do governo ou na favela.

Apesar da aparência de objetividade, mesmo no presente do indicativo a imagem é manipulada: primeiro, pelo operador da câmera que seleciona o que pretende que seja visto; segundo, pelo diretor de TV que escolhe, entre as diversas imagêns geradas por diversas câmeras, qual irá ser mostrada aos telespectadores e em que momento. Assim, mesmo no Presente do Indicativo, a imagem mostrada é apenas, como se fosse, a do canto esquerdo de um tabuleiro de xadrez: impossível compreender o jogo, opinar por conta própria.

Segundo: Indicativo Pretérito Perfeito, como acontece, por exemplo, nos jornais nacionais, que nos dão um resumo das notícias e, a seu modo, contam o que aconteceu; aqui, a seleção de imagens é ainda mais restritiva, mais direcionada, refletindo melhor o desejo do patrocinador, que nos mostra aquilo que é para ele importante mostrar, escamoteando o que não lhe agrade.

Basta um exemplo: o célebre debate das eleições presidenciais entre Lula x Collor em 1989. Tudo que ali se mostrou foi uma grande mentira fabricada com fragmentos de verdades. Como se numa luta de boxe só se mostrassem os golpes certos de um dos contendores, e o olho roxo do outro. As imagens mostradas são verdadeiras, a montagem mentirosa. No modo Indicativo e no tempo Pretérito Perfeito, a manipulação das imagens é total e absoluta — com imagens da realidade, o diretor de TV cria uma nova realidade, mais convincente do que o modelo.

As imagens na TV são sobretudo conjugadas no Modo Imperativo: "coma isto, beba aquilo, engula o resto, compre tudo, já, agora, as telefonistas estão esperando o seu chamado, se estiverem ocupadas chame outra vez, não perca tempo, não seja tolo, por que você ainda não comprou aquele tira-manchas igualzinho ao que se vende na esquina muito mais barato, mas pelo telemarketing você, pelo menos, terá a sensação de que é apenas tão idiota como os outros!".

Quase tudo é imperativo na TV. A música, como no cinema — a banda sonora e os efeitos sonoros — podem nos estimular a sentir certas emoções. A TV vai além e, imperativamente, nos indica até mesmo onde devemos achar graça e rir e, até mesmo, com qual intensidade. A maioria dos programas cômicos determinam todo o comportamento do espectador. Confesso que muitas vezes me sinto burro não encontrando a menor graça onde a gravação de gargalhadas diz graça existir.

O ritmo em TV é igualmente imperativo: via de regra uma mesma imagem não pode permanecer mais do que apenas alguns segundos na tela; chega-se ao ridículo de se fazer o locutor mudar de ângulo, mudar de câmera, para que o telespectador não tenha tempo de se acostumar e ver, ao invés de apenas olhar, hipnotizado. Esta é a grande arma da TV: o uso do tempo. Um quadro de Van Gogh representa, é lógico, a visão do mundo daquele pintor, porém existe, entre o espectador e o quadro, uma parceria: àquele é dado a possibilidade de vê-lo quando e como deseje, no seu próprio ritmo, escolhendo o ângulo.

Raramente — talvez apenas em alguns poucos programas educativos — o ritmo televisivo torna-se menos frenético e permite ao espectador interagir, e até mesmo digerir a informação, e não apenas engoli-la sem mastigar.

A TV quase não apresenta imagens Subjuntivas ou Condicionais, isto é, aquelas que nos permitam pensar, imaginar, inventar: imagens que instaurem a dúvida, permitam o devaneio. E quando dão a impressão de se democratizarem, ela o faz de forma ainda mais autoritária: eu, TV, decido que você só pode decidir entre as opções A e B. Você decide... Não é verdade: já está decidido. Por que reduzir a capacidade criativa dos espectadores ao simples cara ou coroa idealizado pelo produtor? De quem você gosta mais, do papai ou da mamãe? Quanta criança já não imaginou dizer: gosto mais é da vizinha do lado porque tem as pernas gordas.

E o telespectador, por mais imaginante que seja, por mais imaginador, converte-se em simples recipiente de ordens, condutas, modas e modismos, pensamentos, costumes.

A televisão — tal como existe — é o contrário da arte, porque o artista é aquele que nos ajuda a ver o que apenas olhamos, a ouvir o que apenas escutamos. E acho que devo ir além: o verdadeiro pintor é aquele que não apenas mistura as cores e as formas, mas aquele que consegue ver a escuridão: não o que consegue ver na escuridão, mas o que consegue ver a escuridão, como Rembrandt; o verdadeiro compositor é aquele que não apenas ordena os sons, mas sim aquele que consegue ouvir e nos fazer ouvir o silêncio, como Beethoven. Como o verdadeiro psicanalista é aquele capaz de ouvir a palavra que não foi pronunciada.

A televisão, ao contrário, nos cega e nos ensurdece. A televisão é a antítese da psicanálise.

5. O SOM E A VOZ

Este é um problema delicado: se os ambientes onde representamos nossos espetáculos são sempre visualmente poluídos, o mesmo, e com mais razão, pode-se dizer da poluição sonora. Não é à toa que Shakespeare começava sempre seus espetáculos fazendo mais barulho no palco do que na plateia: brigas entre criados ou rebeliões populares (*Romeu e Julieta*, *Coriolano*), bruxas (*Macbeth*), fantasmas (*Hamlet*), ou personagens monstruosos (*Ricardo III*), apareciam logo no início do primeiro ato, porque não se contava então com os recursos da iluminação concentrada em cena, escurecendo a plateia, ou com plateias gentis e bem-comportadas, da corte do rei Luís XIV.

O mesmo acontece conosco, que temos com frequência que falar mais alto do que as buzinas de caminhões e o latir dos cachorros. E da mesma forma que o Espaço Estético deve se destacar do restante espaço, assim também o Espaço Sonoro deve se destacar da barulheira. Como? Eis que a música é da mais extrema importância.

Um espetáculo deve ter ritmo, mas ritmo não deve ser confundido com velocidade, rapidez. Ritmo não é velocidade, embora os nossos grupos comunitários tenham a tendência a correrem com o texto quando sentem que a cena "não tem ritmo". Ritmo é a organização do tempo infinito, como a imagem é a organização do espaço.

A vida, enquanto existe, é incessante. Suas atividades essenciais são incessantes. Algumas são rítmicas, como o bater do coração e a respiração, ou melódicas, como o correr do sangue nas veias, ou rítmicas circadianas, como a fome e a menstruação, ou com outras periodicidades aleatórias, como o desejo sexual.

O mundo é rítmico: o dia e a noite, o verão e o inverno, a maré alta e a baixa... E a vida humana se harmoniza com os ritmos universais. Um eclipse solar desorienta os animais, principalmente os pássaros, que chegam a morrer, transtornados, incapazes de adaptarem seus ritmos vitais ao encurtamento do dia. O mesmo acontece a nós, humanos, com o *jet lag*, iniciado com os aviões a jato.

Algumas atividades humanas não são rítmicas, mas são igualmente incessantes, como a percepção e a ação. Estamos sempre percebendo e sempre agindo em função das nossas percepções, dos nossos desejos e das nossas vontades, conscientes ou não. Mesmo dormindo sentimos frio ou calor, e trocamos de lado.

Quando, por alguma razão — estar diante de um espetáculo, por exemplo —, o ser humano suspende a sua incessante atividade, toda essa energia se transfere para a área de sua atenção: cria-se o Espaço Estético, como já vimos. Com o som e a voz temos que romper com os ritmos da rua, o ritmo lá de fora, e criar o ritmo da cena.

Esse Espaço Estético é IMAGEM e é SOM.

Atuação do mandato político-teatral do vereador Augusto Boal

No mapa ao lado estão assinalados os locais de intervenções do Mandato no município do Rio de Janeiro, estabelecimento de núcleos estáveis, pontos em que fomos obrigados a recuar (Saudade, Vigário...) e pontos onde se desenvolveu, onde está se ampliando (Brás de Pina, Itaguaí...).

Numerados, estão assinalados os locais onde o Mandato atuou através de apresentações, oficinas e/ou formação de grupos:

1. Estudantes Secundaristas, Ilha do Governador
2. Profissionais da Saúde, Jacarepaguá
3. Trabalhadores, Rio das Pedras
4. Militantes do PT, Praça Saens Peña
5. Comunidade, Sulacap
6. Adolescentes, Rocinha
7. Crianças, Chapéu Mangueira-Leme
8. Adolescentes, Candelária-Mangueira
9. Meninos(as) de Rua, Maracanã
10. Artistas ("Artigo 288"), Vila Kennedy
11. Movimento de Bairro, Caxias
12. Animadores Culturais, São João de Meriti
13. Integrantes da Comunidade, Vidigal
14. Professores ligados ao Sindicato, diversos pontos da cidade
15. Grupos de Mulheres, Morro da Saudade-Botafogo
16. Meninos(as) de Rua, Centro
17. Integrantes da Comunidade, Caju
18. Grupo de Proteção Animal, Jacarezinho
19. Estudantes Universitários, Universidade Rural
20. Movimento Afro-Católico, São João de Meriti
21. Militantes do PT, Niterói
22. Militantes da OJL, Catete
23. Integrantes da Comunidade, Complexo da Maré
24. Terapeutas, Jacarepaguá
25. Animadores Culturais, Campo Grande
26. Adolescentes, Vigário Geral
27. Militantes do PT, Largo do Machado
28. Portadores de Deficiência, diversos pontos da cidade
29. Profissionais da Saúde, Realengo
30. Integrantes da Comunidade, Colônia Juliano Moreira
31. Crianças, Morro da Saudade
32. Pastoral da Juventude, Andaraí
33. Adolescentes, Pavuna

★ Atuação do Mandato Político-Teatral Vereador Augusto Boal ★

MUNICÍPIO DO RIO DE JANEIRO

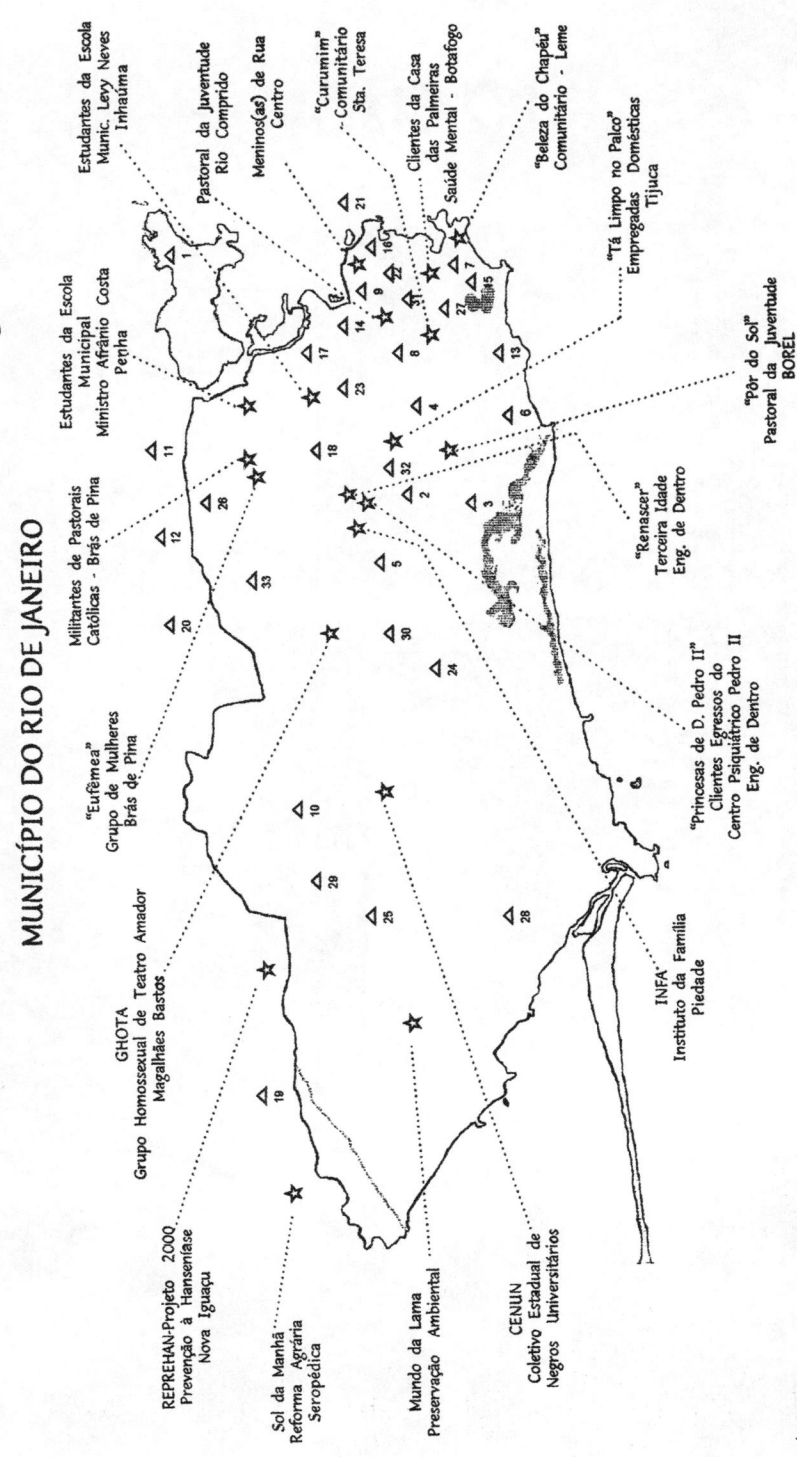

Estudantes da Escola Munic. Levy Neves Inhaúma

Pastoral da Juventude Rio Comprido

Meninos(as) de Rua Centro

"Curumim" - Comunitário Sta. Teresa

Clientes da Casa das Palmeiras Saúde Mental - Botafogo

"Beleza do Chapéu" Comunitário - Leme

"Tá Limpo no Palco" Empregadas Domésticas Tijuca

Estudantes da Escola Municipal Ministro Afrânio Costa Penha

"Por do Sol" Pastoral da Juventude BOREL

"Renascer" Terceira Idade Eng. de Dentro

Militantes de Pastorais Católicas - Brás de Pina

"Eufêmea" Grupo de Mulheres Brás de Pina

"Princesas de D. Pedro II" Clientes Egressos do Centro Psiquiátrico Pedro II Eng. de Dentro

GHOTA Grupo Homossexual de Teatro Amador Magalhães Bastos

INFA Instituto da Família Piedade

REPREHAN-Projeto 2000 Prevenção à Hanseníase Nova Iguaçu

Sol da Manhã Reforma Agrária Seropédica

Mundo da Lama Preservação Ambiental

CENUN Coletivo Estadual de Negros Universitários

★ Núcleos de Teatro do Oprimido.

△ Locais onde o Mandato já atuou através de apresentações, oficinas e/ou formação de grupos.

Não suje nossa Cidade!

6.

O espetáculo e a comunidade

Numa comunidade, uma participante pediu que fizéssemos cartazes anunciando o espetáculo, e queria distribui-los não apenas no morro, mas na praia do Leme, perto de onde moravam. Não queria que, inesperadamente, sem aviso prévio, os atores interrompessem outras atividades comunitárias e apresentassem seus espetáculos. Queria publicidade.

Poderia parecer vaidade: não era. Ela queria dar significado ao evento, marcando data e hora para apresentá-lo, nomeando os atores, anunciando o título da peça. Não queria que o espetáculo pudesse parecer uma atividade a mais... Queria o respeito dos vizinhos e queria assumir a responsabilidade.

Quando o espetáculo se abre para a comunidade esse é um momento importante, um passo adiante. Se os ensaios já são uma atividade política (os cidadãos falam de si mesmos e tentam localizar suas opressões, entendê-las através da estética), os espetáculos são o momento de comunhão social, em que os demais membros da comunidade são convidados a participarem dos debates, sempre usando a mesma linguagem teatral.

São também importantes os DIÁLOGOS INTERCOMUNITÁRIOS, em que os participantes de uma comunidade se apresentam para outra, que intervém nos fóruns das peças. Às vezes, estando-se de fora, pode-se ver melhor, como quando um integrante do CENUN visitando o Chapéu Mangueira encontrou uma solução na qual ninguém tinha pensado: se convencer uma sociedade filantrópica a intermediar a concessão de verbas federais era impossível, pelo trabalho não remunerado que isso acarretava, nada impedia que essa e outras comunidades criassem a sua própria sociedade filantrópica com essa finalidade. O que foi feito, com a ajuda dos assessores do nosso gabinete.

Além dos Diálogos, é importante, no nosso caso, pelo menos uma vez por semestre, fazermos FESTIVAIS, que têm como primeira finalidade permitir o contato de cada comunidade com a maioria ou com todas as outras. E destas com a população: esses Festivais são realizados, via de regra, no Aterro do Flamengo.

O FOGO E A TEATRALIZAÇÃO DA RUA

Muitas vezes, especialmente em casos de comemorações ou de manifestações, é necessário teatralizar as ruas, a praça. Algumas medidas espetaculares devem ser tomadas.

Em Ipatinga, no aniversário da invasão do Sindicato dos Metalúrgicos, mostramos uma cena (nós e um grupo de atores alemães que estavam conosco estagiando) em que essa invasão era simbolizada por bolas de fogo, feitas com jornais, e as barricadas com os pneus em chamas.

Na procissão que fizemos pelas ruas até as escadarias da Assembleia Legislativa, fizemos a lavagem das escadas (simbolicamente, a lavagem da corrupção) — como na Igreja do Senhor de Bonfim, na Bahia, onde todos os anos lavam-se os pecados — e usamos o fogo para queimar as urnas da desonestidade.

Em frente ao Hospital Souza Aguiar (Rio de Janeiro), fizemos o desfile de sem-terras carregando um cadáver (boneco de pano), cantando "Funeral do lavrador", de Chico Buarque e João Cabral de Melo Neto, e ateamos fogo ao boneco.

Em solenidades como a entrega da Medalha Pedro Ernesto ao bispo Dom Mauro Morelli, usamos velas em uma procissão. Como também fizemos na sincrética missa cantada pelos mortos do massacre dos yanomami.

ASCESE: DO FENÔMENO À LEI QUE O REGE

Toda pesquisa teatral é mais importante na medida em que pode ser extrapolada para outras realidades. Uma experiência feita em um só local, uma só vez, pode ter sido maravilhosa, mas finita. Quando se pesquisa, o essencial é compartilhar essa pesquisa e os seus resultados. No caso do Teatro Legislativo, todos os espetáculos devem passar da comunidade para outras comunidades, para que todos saibam e compartilhem.

Da prática, devemos passar a uma teoria, para entender o que estamos fazendo, para fazê-lo melhor e para poder aplicar esta experiência em outros lugares: esta é, aliás, a razão deste livro.

Essa busca tentamos realizá-la por dois caminhos.

Pelos caminhos do teatro

Os diálogos internúcleos

Um grupo visita outro e os dois representam seus espetáculos um para o outro. É bom porque aprendem a se conhecer e começam a formar uma "rede de solidariedade". Quando o grupo de estudantes negros foi dialogar com o Morro do Chapéu Mangueira, foi esclarecedor ver que havia muitos negros no Chapéu, mas com problemas muito distantes daqueles que enfrentam os negros na Universidade.

Um dia o grupo da Terceira Idade mostrou sua peça sobre relações humanas na velhice justamente para os meninos do grupo Curumim. Os meninos ficaram encantados vendo senhoras respeitáveis, de idade provecta, falando de namorados, sexo seguro, camisinha etc. "Minha mãe tinha que ver essa peça!", comentou um dos meninos. Imagino o bem que deve ter feito à essa criançada, no alvorecer da sua sexualidade, ver os idosos falando de amor. Uma espécie de absolvição pelos seus pensamentos e fantasias.

As parábolas

É natural que um grupo comunitário, ao propor uma peça, pense em histórias que mais de perto lhe dizem respeito. Natural e desejável. Porém, é igualmente desejável que se procure chamar a atenção dos participantes para problemas de outras comunidades (o que se tenta fazer através dos Diálogos Internúcleos, ou através da proposta de PARÁBOLAS: decide-se por uma palavra ou frase, por exemplo, Reforma Agrária, que é a mais pertinente a um dos grupos com os quais trabalhamos, o Sol da Manhã, de camponeses sem-terra, e propomos a outros grupos que, mesmo sem o perceberem diretamente, também sofrem as consequências do monopólio da terra (segundo os jornais, no estado do Acre, João Coto é proprietário, ele sozinho, de uma extensão de terras maior do que o território de Portugal inteiro), e pede-se a esses grupos que façam um espetáculo sobre esse tema. Sobre o que entendem sobre esse tema, de preferência peça parabólica, de preferência sem texto: tudo deve ser mostrado através da fábula, da ação, da imagem, dos movimentos, sons etc. Um dia convidam-se todos os grupos para que mostrem, uns aos outros, os espetáculos que prepararam sobre o mesmo tema: esse confronto permitirá o aprofundamento do debate em torno do assunto escolhido.

As denúncias

Uma vez existindo o espetáculo, ele pode ser mostrado em manifestações políticas não teatrais, como aconteceu com o grupo Sol da Manhã, em Brasília, durante uma concentração de camponeses em favor da distribuição de terras; foi o que aconteceu quando se fizeram manifestações em apoio às Mães da Cinelândia, ou aos yanomamis, massacrados, ou contra as privatizações, contra o Tívoli Park, onde uma menina de nove anos foi estuprada e onde os brinquedos não apresentavam nenhuma segurança e mataram gente, contra a celebração dos mil dias do governo da prefeitura etc.

Os Festivais

Duas vezes por ano organizamos Festivais onde os grupos se apresentam; sentimos como é gostosa essa confraternização. Em 1995 um Festival reuniu catorze grupos, começando às dez da manhã, indo até as seis da tarde, quando o tráfego foi restabelecido nas vias centrais dos jardins do Aterro do Flamengo, aos domingos fechados ao trânsito e abertos só ao lazer do público. Os Festivais são momentos de encontro que dão a dimensão do movimento do Teatro Legislativo.

Também durante a realização do 7º Festival Internacional de Teatro do Oprimido, alguns grupos estrangeiros misturados aos nacionais se apresentaram na Vila Kennedy, no Morro do Macaco (loiras suecas recebidas pela população negra!), em Bangu, na Ilha do Governador, e outros locais.

As Festas-Festivais

São Festivais aos quais se acrescentam, como na Quinta da Boa Vista e no Aterro do Flamengo, manifestações culturais outras que não apenas o teatro, incentivando os criadores culturais, oferecendo-lhes um espaço para mostrarem a sua arte.

PELOS CAMINHOS DO GABINETE

Estes caminhos são principalmente a Câmara na Praça e a Mala Direta Interativa.

Câmara na Praça

Neste momento da nossa pesquisa já podemos imaginar como necessários alguns elementos essenciais para a estruturação da CÂMARA NA PRAÇA. Esta atividade assim se chama, apesar de poder ser realizada dentro de uma sala de aula, numa igreja, ou numa quadra de basquete: o importante é que se reúnam muitas pessoas interessadas pelo tema e que a sessão se desenrole mais ou menos como uma sessão da Câmara, com tempo cronometrado, ordem do dia, encaminhamentos etc. O que se quer é saber a opinião da cidadania sobre os temas controversos e sobre os quais eu, como vereador, deverei dar minha opinião ou parecer.

Pontos essenciais:

Primeiro — A certeza da dúvida. Temos que saber claramente o que vamos perguntar. Só uma pergunta clara e cristalina poderá nos oferecer respostas precisas e consequentes. Por isso, antes de qualquer sessão de Câmara na Praça temos que fazer uma sessão preliminar entre nós mesmos, no gabinete. Temos que fazer uma DISCUSSÃO INTERNA para clarificar nossas dúvidas.

Segundo — A presença de um assessor legislativo que domine a matéria a ser debatida, é necessária, imprescindível — não será ele ou ela necessariamente o coordenador da sessão, mas deverá estar presente para esclarecer aspectos legais relacionados ao tema, e traduzir em termos legais as possíveis sugestões.

Terceiro — Distribuição de material escrito. O participante, tendo em mãos material escrito sobre a lei que está sendo discutida, compreenderá mais facilmente o sentido do debate, ao mesmo tempo em que perceberá a seriedade da proposta, e o seu caráter sistemático e não aleatório. Esse material escrito deve ser identificado com um logotipo da "Câmara na Praça" — Mandato Político-Teatral do Vereador Augusto Boal, PT/RJ —, a fim de permitir ser reconhecido como parte da política democrática do nosso mandato. Parte de uma estrutura consequente e não como um ato isolado.

O material escrito não deverá ser distribuído logo no início da sessão, a fim de permitir um tempo em que os participantes falem livremente sobre o tema, sem serem induzidos a uma tomada de posição prematura. Depois de uma discussão livre, discute-se mais precisamente o texto da lei a ser votada, ou o parecer a ser dado.

Quarto — Retorno. É imprescindível que, algum tempo depois de realizada a sessão da "Câmara na Praça", os Coringas voltem ao Núcleo — ou ao grupo consultado, quando se tratar de uma comunidade organizada — a fim de dar um retorno sobre as providências tomadas, em relação às sugestões recebidas. Assim, por exemplo, uma lei sobre a qual o vereador deva dar o seu parecer é discutida por vários Núcleos; no final de todos os debates, a redação do seu parecer deve ser levada a todos esses Núcleos para que eles sintam que suas opiniões foram levadas em conta, e quais as razões do vereador para aceitá-las ou não. Quando se tratar de sugestões concretas aceitas pelo vereador, deve-se dar conta das ações realizadas.

Quinto — A Escritura. É fundamental que se escrevam SÚMULAS sobre o trabalho realizado. Não é necessário que essas Súmulas sejam redigidas de forma completa, podendo constar de frases ditas pelos participantes, enunciação de temas etc. Eventualmente podemos pensar em escrever peças utilizando os textos assim produzidos, que devem servir como material de improvisação, no qual o Coringa se transforma de entrevistador em personagem.

A CÂMARA NA PRAÇA, na verdade, pode acontecer em qualquer lugar, em qualquer momento — trata-se apenas de um nome que damos a um tipo de consulta. No seu aspecto mais formal, avisa-se à população interessada que o evento vai acontecer e qual o tema. Na Escola Levy Neves, por exemplo, professores, alunos e seus pais estavam avisados com grande antecedência de que iríamos discutir, como se estivéssemos na Câmara, o projeto de lei do prefeito que desejava armar a Guarda Municipal. No dia e hora combinados, cerca de cem pessoas vieram debater o projeto, inclusive alguns guardas municipais, que, para surpresa nossa, manifestaram-se contra. A razão era muito simples: armados — e como suas armas seriam sempre inferiores às dos marginais — eles correriam sério risco de vida; desarmados, seriam mais facilmente poupados. Da mesma forma pensava a grande maioria de pais de alunos: estariam mais seguros sem armas pois que, armados, os guardas inevitavelmente provocariam duelos de artilharia. A grande maioria se manifestou contra o projeto e esse foi o meu voto na Câmara.

As CÂMARAS NA PRAÇA servem também para tentar resolver problemas locais, como aconteceu nas comunidades de Júlio Otoni e Chapéu Mangueira, que discutiram como resolver o problema do lixo: se desejariam ou não que a prefeitura recrutasse lixeiros na própria comunidade. Verificou-se que não queriam, porque, apesar da comodidade, os jovens selecionados se sentiriam envergonhados envergando, em suas próprias comunidades, o uniforme alaranjado dos lixeiros... Ou quando lésbicas e gays discutiram o que fazer para exigir o preço único no aluguel de quartos de hotéis: em geral, um casal heterossexual paga o preço normal, um casal de gays 50% mais caro e um casal de lésbicas 100% mais caro. A razão dos gerentes é de que o preço aumenta quanto maior é o medo que os casais provocam nas pessoas ditas normais.

Uma outra série de Câmaras na Praça muito importante foi sobre a Laqueadura de Trompas em hospitais municipais. O tema era controverso porque se tratava de um direito certo das mulheres e, ao mesmo tempo, um perigo: na hora de um parto difícil, por exemplo, as mulheres são mais sensíveis a tomarem a decisão de se fazerem esterilizar, sem que percebam que esse processo é definitivo e podem se arrepender depois. O meu parecer como Presidente da Comissão de Defesa dos Direitos Humanos (CDDH) levou em conta todos os detalhes e sugestões debatidos em Câmaras na Praça, como, por exemplo, a necessidade de a mulher declarar conhecer as consequências do ato cirúrgico e isso na frente de testemunhas e com alguns meses de antecipação ao parto, que é o momento quando o ato é mais praticado. Na lei,[23] ainda em processo de votação, acrescentamos a obrigatoriedade de os hospitais oferecerem às mulheres, gratuitamente, outras opções de controle de natalidade.

Os participantes devem não apenas votar, mas explicar as suas posições, que deverão constar da Súmula. E temos observado que, quanto mais teatralizada a sessão, quanto mais parecida a uma sessão da Câmara, mais empenho têm os participantes em expor com precisão seus pensamentos e sugestões. A teatralidade da cena estimula a criatividade, a reflexão e a compreensão.

A Mala Direta Interativa

Apenas isso, mas isso tudo: mandamos, sempre que possível, milhares de cartas da nossa Mala Direta fazendo consultas sobre leis a serem votadas. O curioso é que esse procedimento provoca intenso interesse e faz com que os cidadãos se sintam mais atuantes e não excluídos da política: dela são parte integrante. Muitas vezes os nossos interlocutores organizam, eles próprios, Câmaras na Praça antes de nos responderem por carta.

As Súmulas

São indispensáveis ao processo. Não se deve entender as Súmulas apenas como relatos do acontecido, mas como tentativa de se entender o que aconteceu, de teorizar. Obrigando-se a fazer a Súmula, o Coringa obriga-se a pensar.

---

[23] O Projeto de Lei em questão era o de número 1249/95, de autoria do vereador Jorge Mauro, que autorizava "Hospitais públicos municipais a realizar laqueadura de trompas em mulheres, e vasectomia em homens, que desejam utilizar esses métodos para evitar fertilidade". O parecer da Comissão de Defesa dos Direitos Humanos (CDDH), presidida por Boal na época, havia sido contrário à aprovação. E como Boal mesmo explicita no texto acima, o CDDH pediu o acréscimo de cláusulas que assegurassem a escolha informada das mulheres quanto ao procedimento, incluindo outras opções. Por fim, o projeto foi arquivado.

Síntese: a Célula Metabolizadora

O metabolismo é o processo pelo qual o organismo separa "o joio do trigo", aquilo que servirá ao corpo humano e o que será expulso no bolo fecal. Esta Célula tem, no nosso gabinete, uma composição fixa (incluindo a coordenação geral e os assessores legislativos) e outra aleatória: todos os interessados. Na primeira etapa, o GARIMPO (a leitura atenta de todas as Súmulas) e a etapa propriamente dita de METABOLIZAÇÃO, que inclui o catabolismo (eliminação do supérfluo) e o anabolismo (a utilização de tudo que possa ser necessário ao corpo humano).

Uma leitura atenta (Garimpo) perceberá, por exemplo, que um mesmo Coringa por diversas vezes fala em atrasos do ônibus: aqui cabe uma interpelação à Prefeitura para saber se as companhias de ônibus na área estão realmente cumprindo os horários obrigatórios ou se não. E cabe o protesto, no caso negativo. Sempre um espetáculo de Teatro Fórum procura compreender a lei que está por trás do fenômeno. Mas no caso do Teatro Legislativo vamos mais longe e tentamos não só descobrir a lei, mas promulgá-la na Câmara. Ou descobri-la e modificá-la. Quando falamos em lei estamos falando em lei escrita ou a escrever. Em Poder Legislativo. Esta está sendo a principal conquista da nossa experiência.

As três vertentes

1) *Elaboração de projeto-lei ou decreto legislativo*
Vindas dos nossos espetáculos, duas sugestões se transformaram em "emendas à lei":

a) Emenda à Lei de Diretrizes Orçamentárias (LDO) dando verba para que se construam plataformas embaixo dos orelhões; sugestão feita pelos cegos do nosso grupo de Portadores de Deficiências Físicas, constantemente machucados na cabeça pela falta de indicações, no chão, de obstáculos elevados;

b) Emenda à LDO dando verba para que se construam acessos para as pessoas portadoras de deficiências em estações do metrô — indicação do mesmo grupo.

A primeira grande vitória total foi a:

Lei do Atendimento Geriátrico — Lei nº 1023/95, que obriga os hospitais municipais a terem atendimento geriátrico: médicos especialistas e leitos. A velhice não é uma doença em si, embora muitas doenças apareçam mais frequentemente depois dos sessenta anos: osteoporose, Alzheimer, Parkinson etc. Além disso, a fragilidade do corpo faz com que o tratamento do idoso não seja o mesmo da criança ou o do adulto de 35 anos. No entanto, nos hospitais cariocas não existiam especialistas. Nossa lei foi elaborada a partir do espetáculo do nosso grupo da Terceira Idade, um conjunto de pessoas de mais de 60 anos e até mais de 80. Na sua peça, o idoso era atendido por um médico inexperiente, ainda por cima dermatologista. O jovem não sabia o que fazer com o velho, e receitava qualquer coisa. Isso tinha de fato acontecido, não era simples imaginação.

A Célula Metabolizadora informou-se a respeito dos hospitais municipais e fizemos a lei que foi aprovada em primeira e em segunda discussões. O prefeito, no entanto, vetou a nossa lei alegando "harmonia entre os poderes" e "vício de iniciativa": caberia a ele, e não a mim, propor lei como essa. Eu propus que ele fizesse uma lei idêntica e pusesse o seu próprio nome e não o meu. O que me interessava era que a lei fosse feita e os idosos bem atendidos, e não a paternidade da lei! O veto voltou ao plenário, os nossos velhinhos vieram fazer lobby (que, quando justo, é uma atividade sadia!) no dia da votação, e ganhamos por 25 votos (eram necessários 22, isto é, metade mais um dos vereadores da Câmara).

Esta foi a primeira lei que exemplifica, com sua promulgação no dia 22 de novembro de 1995, a proposta do Teatro Legislativo.

Lei das Lixeiras Suspensas — Conseguimos, já no fim do ano, aprovar uma lei que obriga os proprietários a fazerem uma pequena plataforma no chão embaixo de lixeiras quando suspensas, a fim de permitirem aos cegos se orientarem e não baterem com a cabeça, como sempre acontece. Mais uma vez a lei foi vetada pelo prefeito e, mais uma vez, derrubamos o veto e promulgamos a lei!!!

2) *Elaboração de uma medida judicial*

Por exemplo, o prefeito, ilegalmente, autorizou todos os bancos particulares a receberam os salários dos funcionários da Prefeitura: pela lei, apenas o banco do estado, o BANERJ, poderia fazê-lo. A Bancada entrou com um processo contra o prefeito e sustou a sua liberalidade com o dinheiro público.

O prefeito fez declarações à imprensa ameaçando mandar a guarda municipal bater nos camelôs se resistissem ao desalojamento. Isso se constitui em crime segundo o Código Penal, artigo 286: "Incitação à violência". Como presidente da Comissão de Defesa dos Direitos Humanos (CDDH), fiz o que tinha a obrigação de fazer: apresentei notícia-crime contra as declarações do prefeito ao Ministério Público. Fará o Ministério a sua obrigação? Já o veremos, na próxima edição deste livro.

3) *Ação direta*

a) *Racismo* — Um rapaz de mais ou menos trinta anos entrou em uma loja, comprou alguns CDs e algumas fitas, foi ao balcão e pagou com um cheque o preço de quase cem reais. A caixa aceitou o pagamento. Quando já estava na rua, o rapaz foi agarrado pelos seguranças da loja, levado para o interior da mesma, revistado, espancado: os funcionários acreditavam que o cheque fosse roubado. Depois de baterem no rapaz, telefonaram para a sua casa e a mãe confirmou que o seu filho estava empregado, ganhava bem; telefonaram para o banco e o cheque tinha fundos. Os seguranças pediram desculpas ao negro. Ah, sim, tinha-me esquecido de dizer que o rapaz era negro.

Houve escândalo, vários gabinetes se mobilizaram, fomos com carro de som e manifestantes para a frente da loja de discos. A loja naquele dia fechou mais cedo. O rapaz entrou com um processo na Justiça e quase um ano depois, em fins de setembro de 1995, a loja foi obrigada a pagar 200 mil reais por danos morais e físicos.

b) *Prostituição infantil* — Fizemos dois espetáculos-intervenções em favor das Mães da Cinelândia, com o título *Pedaço de mim*, músicas, artes plásticas e poesias, mostrando a realidade da prostituição infantil e o roubo de crianças para esse fim.

Como Presidente da CDDH devo também prestar assistência localizada: visitas ao Secretário de Urbanismo, por exemplo, no caso da Fazenda Modelo, local miserável para onde transferem os mendigos, que ali vivem em piores condições que os porcos, criados ao lado, ou para solicitar saneamento básico na favela Mandela de Pedra; visita à prisão de mulheres Talavera Bruce, que resultou num encontro com os juízes e no surpreendente mutirão de juízes que trabalharam durante todo o fim de semana, sem interrupção, para analisar todos os casos que nos haviam sido denunciados, e assim libertaram 21 presas que já tinham cumprido pena e continuavam encarceradas.

7.

A Câmara Municipal: lá onde se dá a luta

No atual mandato, temos que enfrentar uma Prefeitura de direita: o próprio prefeito confessa que trabalha para os 16% de eleitores que votaram nele no primeiro turno; os que votaram no segundo, votaram contra a outra candidata, do PT, Benedita da Silva. *Ipso facto*, e bota *ipso facto* nisso, o prefeito prefere refazer pela milésima vez uma praça da Zona Sul a fim de torná-la mais vistosa, mesmo que seja ao preço de pagar aos professores municipais o piso minúsculo de menos de 200 reais mensais.

Na atual Câmara, sabe-se e revela-se escancaradamente que alguns vereadores, em pleno plenário, recebem salários de certos lobbies, e recebem quantias elevadas para votarem em certas leis, isentando certas atividades de impostos etc. Isto é dito nas próprias sessões da Câmara e consta no próprio Diário Oficial.

É neste ambiente que trabalhamos.

As camisas de força
Quando entro no edifício da Câmara Municipal tenho a impressão de entrar em uma camisa de força. Ao entrar, já se perde a identidade: os funcionários não nos cumprimentam pelo nome, mas pelo título: "Bom dia, vereador". Isso, quando nos cumprimentam, porque boa parte deles detesta o PT e olha pro lado. Quase não vejo a cor dos olhos de alguns funcionários.

Dentro da Câmara, sinto que perco minha personalidade e me transformo em vereador apenas, um a mais, no meio de tantos, alguns melhores do que eu. Obrigado a fazer tarefas que se supõe são as obrigações do vereador. Por exemplo, se é necessário um trator para aplainar o terreno da favela de Mandela de Pedra, o natural seria que o presidente da Associação dos Moradores telefonasse diretamente para a COMLURB (Companhia Municipal de Limpeza Urbana do Rio de Janeiro), que tem a obrigação de fazer isso, e pedisse o tal trator de esteiras. Mas não: se ele telefona, nem o diretor, nem o subdiretor, nem ninguém de mando e poder vai atendê-lo na COMLURB. Então o vereador tem que perder tempo para telefonar, trocar algumas gentilezas e, então, como um favor pessoal todo especial ao vereador, cheia de salamaleques, a direção da COMLURB concorda em cumprir com a sua obrigação.

Telefona pro general chefe de polícia, vai falar com o diretor da COMLURB, reclama com o secretário tal, vem aqui, vai prali, fala com fulano, responde ao sicrano: a poluição mental resultante dessa infinidade de pedidos diários cansa mais que corrida de São Silvestre.

No plenário é pior. Conto só um episódio para que se tenha uma ideia do absurdo espantoso que é o que se supõe ser o dever do vereador de se comportar desta ou daquela maneira. O plenário deveria votar um substitutivo que havia sido feito ao Plano de Cargos e Salários dos Profissionais do Ensino. De manhã, pelo rádio, o prefeito havia informado que certamente vetaria o nosso projeto. Assim, tudo já estava certo e acertado: votaríamos o projeto naquela tarde (todos haviam concordado em votar sim), o projeto voltaria em segunda discussão que, mais uma vez o aprovaria (se bem com alguns votos contra) e, finalmente, terceiro *round*, teríamos que rejeitar o veto do prefeito. Aí sim, seria problemático, porque a apreciação do veto é feita pelo voto secreto. Mas, naquela tarde, a votação era tranquila.

Embora tudo já estivesse resolvido, como as galerias estavam repletas de professores, quem não tem à disposição, com frequência, uma plateia, aproveita a que existe, e toca a fazer discurso inútil, repetitivo, chato. Tudo podia ser resolvido em cinco minutos, mas, às seis horas, hora do encerramento, ainda havia uma longa lista de oradores aflitos para dizerem todos as mesmas coisas e jurarem fidelidade à causa dos professores. Pediu-se a prorrogação da sessão por mais uma hora e tome discurso idiota, insincero. Um ou outro dizia alguma coisa que prestasse, palavras honestas, verdadeiras, mas a imensa maioria só falava sandices, com acentuação tônica na última sílaba, para maiores efeitos palmísticos.

Eu, que já tinha feito o meu discurso no horário conveniente, antes das quatro, tentei pensar no que poderíamos fazer no dia da votação secreta do veto. Porque o veto é votado em segredo. Tive uma ideia que me pôs contente. Pensei que devíamos convencer todos os vereadores que, com certeza, votariam pela rejeição do veto, a fazerem uma declaração de voto, que é permitida pelo regulamento interno, e que equivaleria a um voto aberto. Por quê? Porque a grande maioria dos vereadores que votariam a favor do prefeito, na tribuna diriam o contrário, enganariam, como costumam fazer. Sendo desafiados a declarar seus votos, haveria três hipóteses; na melhor das hipóteses, eles mentiriam e, nesse caso, a soma dos vereadores declarantes seria maior do que a contagem oficial da mesa; segunda: eles diriam a verdade, e se exporiam diante das galerias cheias, revelando quem são; terceira: eles recusariam fazer a declaração, alegando o segredo do voto, mas, mesmo assim, ficaria evidente sua adesão ao prefeito.

No primeiro caso, criaria-se um impasse legal e regimental: o número dos declarantes não coincidiria com a contagem oficial. Como resolver esse impasse? Só mesmo através do voto aberto. Nos dois últimos, o que ficaria em aberto, escancarada, era a ideologia da traição.

Eu estava feliz da vida pensando nessa solução, que me parecia excelente, quando reparei que já eram sete horas — hora em que eu já tinha um compromisso urgentíssimo longe dali. E um outro vereador pediu mais uma prorrogação de mais uma hora para que mais alguns vereadores fizessem suas piruetas oratórias. Esperei até as sete e meia. Mais piruetas. E fui embora sem votar... tendo que dar mil explicações aos olhares tristes dos professores que me viam sair, embora soubessem muito bem que o meu voto não era necessário, a votação estava garantida. O que parecia ser necessária era a presença física, era levantar a mão, dizer "sim", e ser aplaudido! Eu entendo, compreendo, mas acho que é camisa de força! Faz isso, faz aquilo, sobe, desce, vem pra cá, vai pra lá... É a parte insuportável do dia a dia edilício.

Paga-se caro!
No exercício do meu Mandato, que agora completa o seu terceiro ano (estou escrevendo no dia 29 de dezembro e ainda não acabou a sessão legislativa porque o prefeito se nega a aumentar os professo-

res e os vereadores de esquerda se negam a votar o Orçamento, enquanto ele não votar o Plano de Cargos e Salários da Educação), até agora já fui alvo das seguintes violências maiores (excluídas as do dia a dia):

Campanha difamatória movida contra mim por um jornal que, durante três semanas, publicou todos os dias, na primeira página, reportagens contra mim, acusando-me de haver assinado contrato ilegal com a prefeitura para a realização de sete festivais populares de Teatro do Oprimido. Durante outras três semanas publicou reportagens da terceira ou quinta página. As alegações do jornal eram mentirosas: eu não assinei contrato nenhum, e sim, convênio, sendo a diferença essencial que em convênios não existe pagamento de salários ou quaisquer proventos, apenas custeio de despesas: luz, som, transporte etc., o que era perfeitamente legal. O plenário da Câmara, por duas vezes, julgou o caso e, em ambas, fui totalmente absolvido. O Tribunal de Contas do Município também julgou e fui absolvido por unanimidade. Mas o jornal jamais se retratou.

Ação popular impetrada por um advogado de um partido rival com base no mesmo convênio. Tais ações demoram anos. Nesta eu nem sequer fui ainda ouvido.

Ação popular impetrada pelo mesmo advogado, para que eu desocupe uma casa onde jamais pus os pés: antes de ser eleito, o governo do Estado me havia oferecido um casarão para que ali instalasse o meu Centro de Teatro do Oprimido, como ofereceu a outras companhias de teatro popular outros casarões, que foram logo ocupados. O que me caberia jamais ficou livre e eu jamais ali pude entrar. Mesmo tendo sido convênio assinado antes da minha posse e, sobretudo, mesmo não tendo eu jamais entrado no casarão, corre uma ação contra mim a qual tenho que responder nos devidos prazos, apresentar defesa, provas e contraprovas, e por aí vai. Dois anos depois fui absolvido. O juiz concordou que era impossível eu deixar um prédio que nunca entrei. Mas, para chegar a essa conclusão legal óbvia, tive que contratar advogados (e no Brasil eles são muito caros).

Além destas, outras quatro *ações judiciais* relacionadas a imposto de renda foram instauradas contra mim — já que nunca fiz nada de errado neste sentido, tenho certeza que serei absolvido —, mas advogados tem que ser contratados — eu amo eles, são os melhores advogados disponíveis, mas tem alto custo.[24]

Paga-se caro, mas vale a pena. Hoje temos dezenove grupos de teatro popular. Cada qual com dez ou quinze participantes. Estão felizes. Estão criando uma nova maneira de se fazer teatro: o Teatro Legislativo!

Vale a pena!

P.S. Este livro foi escrito até este ponto, antes do final do meu mandato em dezembro de 1996. Agora, gostaria de contar de uma experiência que realizei após esse período, em Santo André, no estado de São Paulo.

---

[24] Notícias difamatórias sempre existiram como forma de manobra política. Aqui percebemos como também Boal foi atingido pelo que chegou a ser descrito na época, por seus apoiadores, como uma campanha de calúnias contra seu mandato. Em épocas atuais em que as *fake news* se alastram como um vírus eficaz, a velocidade das redes de comunicação confere a essas narrativas falsas *status* quase epidemiológico, contribuindo para o aumento de casos. Hoje notícias falsas tornaram-se recorrentes. Na época, Boal fez pronunciamentos e escreveu textos em defesa própria, demonstrando que para todo texto existe um *pretexto*, "notícias" podem ter pretexto político, mesmo quando disfarçadas de meros "fatos".

Anexo I

O futuro sonhado: Teatro Legislativo sem legislador

Este é o texto de uma carta que escrevi para Richard Schechner para ser publicado na *The Drama Review*, em março de 1998.[1]

Rio de Janeiro, 1º de outubro de 1997

Caro Richard,

Você me pediu para atualizar a experiência do Teatro Legislativo para o *The Drama Review* e fico feliz de dizer que estamos avançando, lenta mas firmemente, em direção a um nova etapa.

Foi, inicialmente, muito difícil de aceitar, muito doloroso. Ninguém gosta de perder! Estávamos absolutamente conscientes da beleza e da importância do trabalho que havíamos realizado durante os quatro anos do nosso mandato na Câmara de Vereadores, tanto no campo legislativo quanto no teatral.

Formamos dezenove grupos teatrais permanentes de "oprimidos organizados" por toda a cidade; promulgamos treze leis que vieram diretamente destes grupos, do diálogo deles com suas próprias comunidades e com a população nas ruas; transformamos, treze vezes, desejos em leis!; lutamos intensamente contra todos os tipos de injustiça — econômica, social, política, sexual etc. Fizemos teatro bom! Fomos felizes e tínhamos orgulho de nós mesmos e do nosso trabalho, e então... então falhamos.

Em 1992, quando fui eleito vereador, ninguém acreditava que era possível. Incluindo eu mesmo. Tudo o que queríamos era ajudar o PT

---

[1] Texto escrito originalmente em inglês por Augusto Boal e traduzido especialmente para esta edição.

e sua campanha. Tínhamos um projeto — fazer teatro como política e não meramente teatro político —, mas ninguém entendia ao certo o que aquilo era ou significava. Surpresa: mesmo assim, fui eleito!

Em 1996, todos estavam certos de que eu ganharia de novo. Muitos até me perguntavam para quem deveriam votar, já que minha reeleição era dada como certa. Dentro do partido, eu era tido como um dos três ou quatro vereadores que certamente seriam reeleitos. Perante a opinião pública, agora todos sabiam o que significa fazer teatro como política: já tinham visto em prática! Surpresa: mesmo assim, eu estava fora!

No início ficamos muito tristes, desanimados, decepcionados e melancólicos. População ingrata!!! Eleitores desatentos!!! Cidadãos alienados!!! Oferecemos nosso trabalho, nosso sacrifício, nosso talento e fomos rejeitados! Melhor parar. Não nos merecem...

Mas não estamos acostumados a desistir. Decidimos seguir em frente, ir além!

A nova etapa foi — e é — difícil de estruturar. Como toda nova experiência.

A contar de março, quando se deu por encerrado meu mandato na Câmara, todos os coringas — os animadores teatrais e culturais do Centro de Teatro do Oprimido do Rio de Janeiro — ficaram sem trabalho. A Câmara pagou seus salários durante quatro anos. E eles trabalharam de graça e continuamente para dezenove comunidades, além de outras, de forma mais ocasional. Todas muito pobres, muitos dos grupos eram formados por moradores de favela. O mandato (eu e meus assistentes na Câmara) encontrou-se, diversas vezes, obrigado a colocar dinheiro próprio para financiar atividades teatrais: criação de cenários, transporte e até alimentação.

O mandato perdeu, subitamente todos teriam que correr atrás de suas subsistências em outros lugares, e não poderiam mais trabalhar de graça para tantos grupos. Com tristeza, testemunhamos um a um, a maioria dos grupos, se dissolverem: apenas alguns poucos continuaram ativos — o grupo camponês e alguns atrelados à Igreja, outros em comunidades pobres... desaceleraram.

O Centro de Teatro do Oprimido foi então legalmente constituído com apenas cinco membros (Bárbara Santos, Claudete Félix, Helen

Sarapeck, Geo Britto, Olivar Bendelak) e tornou-se uma organização não governamental, a fim de tentar financiamento dentro e fora do Brasil. Algumas instituições já prometeram apoio. Veremos.[2]

Contatos foram feitos com governos de outras cidades, com o Sindicato dos Médicos, com as universidades estaduais, entre outros. Entramos numa nova fase: Teatro Legislativo sem legislador!

Com o Sindicato dos Médicos, fizemos uma peça sobre a realidade das mulheres nos hospitais, em relação aos seus direitos sexuais e reprodutivos: relações sexuais, contracepção, aborto, gravidez, parto etc. Como as mulheres são tratadas nos hospitais do Rio de Janeiro e o que deve ser feito para melhorar essa situação.

Com alunos, fizemos uma peça sobre a crueldade praticada contra os calouros nas universidades. Em Juiz de Fora, fizemos uma peça sobre lixo nas ruas, limpeza. Em outras cidades, realizamos oficinas.

Essas peças e espetáculos não levaram à criação de nenhuma nova lei. Nesse aspecto, a experiência mais interessante que conduzimos até o momento foi na cidade de Santo André, em São Paulo, que tem mais de 900 mil habitantes e conta com um grande número de metalúrgicos, tradicionalmente uma população muito combativa — o PT foi fundado nessa região. Esse foi também o berço de nascimento da CUT (Central Única dos Trabalhadores).

Aqui, a experiência, extremamente frutífera e rica, seguiu os seguintes passos:

Em maio, dois coringas do CTO-Rio conduziram uma oficina de dez dias de duração sobre as técnicas essenciais do Teatro do Oprimido — cinquenta pessoas participaram, a maioria delas funcionários do governo nas áreas de educação, saúde e cultura. Esse grupo produziu uma peça de Teatro Fórum sobre as reclamações da população que foi apresentada na rua, com intensa participação popular: mais de vinte espect-atores entraram em cena. Eu fui o coringa da primeira apresentação.

---

[2] O Centro de Teatro do Oprimido do Rio de Janeiro (CTO-Rio) continua em atividade até hoje, em 2020. Geo Britto, um dos seus cinco membros fundadores, continua atuante no CTO.

Os cinquenta participantes se dividiram em times menores e reproduziram a primeira oficina em outras quinze comunidades diferentes — essas comunidades, por sua vez, em sua maioria, mas não totalidade, produziram suas próprias peças sobre seus próprios problemas e as discutiram em suas próprias comunidades.

O governo municipal iniciou um projeto chamado "Orçamento Participativo" — que era uma marca registrada do PT e que agora vem sendo utilizada por outros partidos políticos no poder. O governo basicamente propõe a divisão do orçamento de acordo com as diferentes regiões da cidade e segmentos por atividades, como saúde, educação, transporte etc. Cada região e cada segmento da sociedade, a quem os recursos serão destinados, se organiza em assembleias e decide como o dinheiro deve ser gasto: quais são as prioridades.

Aqui os dois processos se fundiram: todas as sessões públicas, durante as quais a população era convidada a opinar e votar, sempre iniciavam com a apresentação de uma peça de Teatro Fórum sobre os problemas em questão, convidando todos os participantes a buscarem soluções. Depois da peça e do Fórum, a assembleia transcorria normalmente, estimulada pela apresentação teatral inicial. Neste aspecto, a experiência divergiu da do Rio de Janeiro, onde os textos das leis eram produzidos pelo Fórum.

Ao final deste processo, o governo recolhia todas as sugestões e indicações, e produzia um Orçamento Municipal — por lei, o Orçamento anual deve ser entregue à Câmara Municipal até o último dia de setembro.

E assim foi, no último 30 de setembro, às 18h, conforme estabelecido em lei, o CTO-Rio organizou, junto com a população de Santo André, um desfile de escola de samba, no qual todos os segmentos da sociedade que contribuíram com o Orçamento estavam representados em alas. O Orçamento, apresentado como um livro na forma de um adereço teatral, foi levado em um altar ao som de uma bateria.

O grupo cruzou a cidade anunciando o primeiro Orçamento feito com participação popular, convidando toda a população a seguir para a prefeitura, onde o prefeito esperava para receber o Livro do Orçamento e de lá cruzar a praça para adentrar a Câmara de Vereadores e entregá-lo ao Presidente da Casa.

É verdade que esse processo não foi inteira ou majoritariamente teatral; é verdade que alguns elementos importantes do Teatro Legislativo não foram utilizados — como a Mala Direta Interativa —, mas também é verdade que já iniciamos essa nova fase da experiência de democratização da política através do teatro: Teatro Legislativo Sem Legislador.

Podemos fazer mais, e melhor, ano que vem!

Da próxima vez, onde será? Quando?

Certamente, no Brasil, onde acreditamos intensamente nesse método e onde estamos trabalhando intensamente para que aconteça. Mas isso não deveria ser uma experiência unicamente brasileira. Deveria se espalhar por outros países. Queremos democracia: e o teatro pode ajudar nesse processo — porque não?

Quando iniciei o movimento do Teatro do Oprimido, muitos costumavam dizer: "Sim, é muito bom para a América Latina, mas em outros países não funcionará...".

Hoje o Teatro do Oprimido é praticado por toda a Europa, América do Norte, África... em maio, mais de 45 países estiverem presentes (com espetáculos, vídeos ou outras formas de manifestação) no 8º Festival Internacional de Teatro do Oprimido, organizado em Toronto pela Mixed Company. Pelo menos doze livros já foram escritos por outras pessoas sobre suas experiências com o Teatro do Oprimido na política, psicoterapia, educação, no serviço social... Teatro do Oprimido não é brasileiro, não é latino-americano — é um processo que pode ser utilizado — e desenvolvido ainda mais! — por todas as sociedades que desfrutem de um mínimo de liberdade.

Antes do final deste ano de 1997, tentarei colocar em prática ainda duas experiências fora do Brasil. A primeira em Munique durante uma oficina sendo organizada, no final de outubro, pela Associação Paulo Freire. E a segunda, no início de dezembro, com o meu próprio Centro de Teatro do Oprimido de Paris.

Nesta segunda, que será patrocinada pelo governo francês, quinze crianças em situação de risco[3] participarão de uma oficina de três

---

[3] Crianças que sofriam com situações de violência doméstica, abuso sexual, abuso de drogas etc.

meses e trabalharão com outro grupo de vinte adultos, para juntos tentarem propor projetos de lei utilizando Teatro Fórum e outras técnicas teatrais.

Talvez, caro Richard, se te interessar, eu possa escrever mais a respeito desses eventos na Alemanha e na França para alguma edição futura do *The Drama Review*.[4]

E... talvez... também algo semelhante a ser experimentado nos Estados Unidos... eu adoraria!

Meus melhores cumprimentos,

Augusto

P.S. A propósito: fui recentemente absolvido do quarto processo instaurado contra mim pelos conservadores de direita durante o meu mandato na Câmara, ainda restam cinco em apreciação. Portanto, as consequências legais (e também morais, espirituais, psicológicas, metafísicas etc.) do meu mandato ainda devem perdurar por pelo menos mais dois ou três anos... Não é fácil fazer Teatro Legislativo por essas bandas...

---

4 As duas ações transcorreram conforme indicado por Boal na carta. Respectivamente, ainda em 1997: a oficina de quatro dias de Teatro Legislativo em Munique seguida de apresentação final de uma peça de Teatro Fórum na Prefeitura (*Rathaus*); e a oficina de dois meses com crianças em situação de risco no Centro de Teatro do Oprimido de Paris, que posteriormente trabalharam com um grupo de vinte adultos na criação de cenas de Teatro Fórum sobre racismo, apresentadas para um público de centenas de ativistas no MRAP — Mouvement pour le Rassemblement et l'Amitié Entre les Peuples (Movimento pelo Encontro e Amizade entre os Povos).

Anexo II

Leis propostas e promulgadas durante o mandato de Augusto Boal (e uma que não foi)[5]

1) Lei nº 2384/95

"Dispõe sobre o atendimento geriátrico nos hospitais da Rede Pública Municipal, na forma que menciona, e dá outras providências."

Esta foi a primeira lei que aprovamos, antes disso hospitais municipais não dispunham de geriatras.

2) Lei nº 2384/95b

"Estabelece que hospitais da Rede Pública Municipal disponham de um número de leitos destinados a atendimento geriátrico."

Antes, idosos eram levados de ambulância aos hospitais sem a possibilidade de um leito.

3) Lei nº 1174/95

"Estabelece garantias especiais para o idoso quando da internação nos hospitais da Rede Pública Municipal."

Autoriza acompanhante para idoso internado.

4) Emendas à Lei Orgânica nºs 33, 35, 36, 37, 38 e 42/95

Sobre saúde mental, que restringem os tratamentos violentos.

Incluindo tratamento de choque, detenção em celas de segurança máxima, qualquer tipo de abuso físico ou psicológico etc. (na realidade eram seis projetos de lei separados que tratavam do mesmo tema, com pequenas variações).

---

[5] Informações atualizadas pela edição inglesa de *Teatro Legislativo* (1998).

5) Lei nº 35/95

"Prevê o programa de trabalho da Secretaria de Obras e Urbanização para alteamento das calçadas no entorno de aparelhos telefônicos e caixas coletoras dos correios nas AP1 e AP2."

Para que cegos possam detectá-las.

6) Lei nº 2403, de 16/04/1996

"Estabelece condições para a instalação de lixeiras elevadas nos logradouros públicos."

Determina o alteamento da calçada no entorno da base das lixeiras públicas.

7) Lei nº 2449, de 27/6/1996

"Dá o nome de Timor Livre a uma unidade da Rede de Ensino Público Municipal."

8) Lei nº 2528/96

"Declara o dia 7 de dezembro como Dia Municipal de Solidariedade à Luta do Povo de Timor Leste."

9) Lei nº 1308/95

"Dispõe sobre o fornecimento de sacos plásticos para os feirantes do Município do Rio de Janeiro."

A intenção é acabar com o incômodo causado por detritos podres, fonte de tanta reclamação por parte de residentes locais. Os feirantes afirmam que tal fornecimento resolveria o problema.

10) Lei nº 2493/96

"Considera de utilidade pública a Casa das Palmeiras, clínica de reabilitação psiquiátrica."

Isto implica certos privilégios legais, tais como isenção de impostos, entre outros.

11) Lei nº 1119/95

"Determina sanções às práticas discriminatórias que menciona e dá outras providências."

Motéis devem cobrar a mesma tarifa para casais independente de suas orientações sexuais. — Autor: Comissão de Defesa dos Direitos Humanos.

Alguns motéis costumam cobrar 50% a mais para casais homossexuais de homens e 100% a mais para casais homossexuais de mulheres: um preconceito (contra homossexuais) dentro de outro (contra as mulheres).

12) Lei nº 1485/96

"Dispõe sobre a instalação de creches nas escolas da rede oficial do município do Rio de Janeiro para filhos de servidores públicos municipais e dá outras providências."

Isso deveria ser senso comum e ainda assim, hoje em dia, depois de a lei ter sido promulgada, não foi colocada em prática nas escolas, apesar da facilidade de sua implementação — as escolas já dispõem de espaço e pessoal.

13) Emenda à Lei Orgânica nº 43/95

"Acrescenta parágrafo ao artigo 5º da Lei Orgânica do Município do Rio de Janeiro", para permitir a promulgação do Projeto de Lei nº 1245/95, que "Cria o Programa Municipal de Proteção a Vítimas e Testemunhas de Infrações Penais e dá outras providências." — Autor: Comissão de Defesa dos Direitos Humanos.

A lei mais importante: esta lei cria a obrigação do Município em proteger testemunhas de acordo com a Lei 1245/95, além de fornecer os meios para esta proteção; entre outras providências, o Município deve fornecer acomodação longe da zona de perigo, novo trabalho, nova identidade provisória durante períodos de perigo; fazer acordos com outras cidades para a transferência de testemunha(s) sob ameaça; proteção do endereço da(s) testemunha(s) etc. Esta lei, a primeira deste tipo no Brasil, foi subsequentemente utilizada por Câmaras de outros municípios e está sendo considerada na composição de uma lei nacional no que tange proteção a testemunhas.

Além das leis apresentadas pelo próprio mandato, participei também de projetos de lei coletivos, sem contar os outros aproximadamente trinta projetos que não chegaram a ser aprovados ou votados antes do final do meu mandato.[6]

No Brasil leis não se aplicam sozinhas; mesmo que promulgadas, não necessariamente são colocadas em prática — as pessoas ou instituições interessadas devem manter a pressão para que as leis relevantes sejam obedecidas. A lei é apenas um instrumento a ser utilizado pelo oprimido para ajudá-lo a aplicar pressão.

No mais, as leis em nossa cidade e em nosso país são voláteis, e frequentemente revertidas. Algumas têm vida longa; outras morrem ainda jovens.

Minha única lei

Alguns amigos sugeriram que eu deveria tentar compor uma lei própria, de minha própria cabeça, ao invés de passar leis oriundas apenas do desejo das pessoas. Se eu assim não o fizesse, eles diziam, talvez as pessoas pudessem pensar que o meu método democrático de legislar era devido à minha própria incapacidade de pensar boas leis e não por conta do meu genuíno desejo de ajudar as pessoas a promulgarem leis por elas desejadas.

Então, voltei para casa e me lembrei que na Suécia os sinais verdes das faixas de pedestre são acompanhados de um aviso sonoro particular cada vez que acendem, e os vermelhos acompanhados de um aviso sonoro diferente. Desta maneira os cegos sabem quando é o momento seguro de atravessar a rua. Eu queria obrigar a prefeitura do Rio de Janeiro a fazer o mesmo para proteger seus cidadãos cegos! Fiquei muito satisfeito de ter tido essa lembrança e escrevi o texto da lei sozinho, recusando a ajuda dos meus assessores (incluindo os meus advogados e um especialista em legislação) a fim de demonstrar que eu era um legislador realmente capaz. Assim que terminei, fui pessoalmente entregar o projeto à Comissão de Justiça.

Tempos depois, quando os cegos de um dos nossos grupos de teatro souberam da "minha lei", vieram correndo ao meu gabinete.

---

[6] Ver abaixo, ao fim do Anexo II, o histórico dos outros projetos de lei apresentados até o final do terceiro ano do mandato de Augusto Boal, conforme a primeira edição de *Teatro Legislativo* (1996).

— Boal, você quer nos ver mortos? — disseram, furiosos comigo.

— Por quê? É uma lei maravilhosa; na Suécia salvou muitas vidas. Cegos como vocês escutam o aviso sonoro e cruzam as ruas em perfeita segurança! Funciona maravilhosamente bem!

Fiquei perplexo com a reação inesperada deles:

— Na Suécia eles são suecos! — me disseram.

— E daí? — perguntei atônito.

Ao que responderam furiosos:

— Motoristas suecos param no sinal vermelho! Aqui, não!

Desci correndo os três lances de escada do meu gabinete até chegar, sem ar, na Comissão de Justiça, justo a tempo de retirar o meu projeto de lei.

Sou um legislador que nunca criou uma lei!!!

HISTÓRICO DE OUTROS PROJETOS DE LEI E EMENDAS APRESENTADAS PELO MANDATO DE AUGUSTO BOAL ATÉ O FINAL DE 1995[7]

a) *Projetos do mandato na ordem do dia*[8]

a1) Projetos de Emenda à Lei Orgânica sobre o voto e sessão secretos(as). — Autores: Augusto Boal, Adilson Pires, Antônio Pitanga, Chico Alencar, Jorge Bittar e Jurema Batista:

75) Projeto de Emenda à Lei Orgânica nº 5/93
"Suprime do parágrafo quarto do artigo 79 da Lei Orgânica do Município a expressão 'em escrutínio secreto'."
Votação do veto.

76) Projeto de Emenda à Lei Orgânica nº 6/93

---

[7] Esse histórico é parte da listagem original contida na primeira edição do livro (1996), excluindo apenas aquelas que já aparecem na lista de leis promulgadas.

[8] O primeiro número se refere à posição na pauta em 02/05/1996.

"Altera a redação do parágrafo primeiro do artigo 66 da Lei Orgânica do Município."
Eleição de comissão representativa de vereadores para atuar durante o recesso.

77) Projeto de Emenda à Lei Orgânica nº 7/93
"Altera a redação do artigo 61 da Lei Orgânica do Município."
Sessão Secreta da Câmara Municipal do Rio de Janeiro.

78) Projeto de Emenda à Lei Orgânica nº 8/93
"Suprime do parágrafo segundo do artigo 49 da Lei Orgânica do Município a expressão 'secreto'."
Votação da perda de mandato de vereador.

79) Projeto de Emenda à Lei Orgânica nº 9/93
"Suprime do inciso XXIX do artigo 45 da Lei Orgânica do Município a expressão 'por voto secreto'."
Votação da indicação do Conselheiro do Tribunal de Contas do Município.

80) Projeto de Emenda a Lei Orgânica nº 10/93
"Suprime do inciso VI do artigo 45 da Lei Orgânica do Município a expressão 'secreto'."
Votação da perda de mandato de vereador.

131) Projeto de Lei nº 821/94
"Suprime o artigo 26 da Lei nº 691, de 21 de dezembro de 1980, do Código Tributário Municipal e dá outras providências."
Retira privilégios tributários das empresas de saúde.

237) Projeto de Decreto Legislativo nº 146/95
"Concede o título de Cidadão Honorário ao Senador Abdias do Nascimento."

a2) Projetos contra o "Trem da Alegria" e a efetivação do chefe dos fiscais de feiras. — Autores: Augusto Boal, Adilson Pires, Antônio

Pitanga, Chico Alencar, Edson Santos, Jorge Bittar, Jurema Batista, Guilherme Haeser, Fernando William, Rogéria Bolsonaro, Saturnino Braga, Leonel Trotta e Pedro Porfírio:

238) Projeto de Decreto Legislativo n° 149/95
"Revoga o Decreto n° 14228 de 27/09/1995, que inclui servidores no Anexo Único do Decreto n° 7690, de 03/07/1988."
"Trem da Alegria" dos fiscais de feiras.

239) Projeto de Decreto Legislativo n° 150/95
"Revoga o Decreto 'P' n° 1154 de 27 de setembro de 1995."
Efetivação do chefe dos fiscais de feiras.

256) Projeto de Resolução n° 34/95
"Suprime dispositivo do Regimento Interno que menciona."
Abole a obrigatoriedade do uso de paletó e gravata no plenário.

b) *Projetos em tramitação*[9]

1) Projeto de Lei Complementar n° 38/95
"Altera dispositivos que menciona na Lei n° 207 de 19 de dezembro de 1980, que institui o Código de Administração Financeira e Contabilidade Pública do Município do Rio de Janeiro."
Proíbe o repasse de verba pública para a saúde privada. — Localização: Comissão de Administração (19/12/1995).

2) Projeto de Lei Complementar n° 44/95
"Inclui dispositivos que menciona na Lei n° 207 de 19 de dezembro de 1980, que institui o Código de Administração Financeira e Contabilidade Pública do Município do Rio de Janeiro."
Determina a fixação nas escolas e unidades de saúde das verbas a eles destinadas, os gastos etc. — Localização: Comissão de Administração (25/04/1996).

---

[9] Situação em fins de 1995, final do terceiro ano do mandato de Boal.

3) Projeto de Lei nº 847/94

"Dispõe sobre a proibição dos estabelecimentos de efetuarem transferência e/ou modificação no horário de trabalho de mulheres grávidas e dá outras providências."

Localização: Parecer de Inconstitucionalidade da Comissão de Justiça e Redação. — Relator: Jorge Pereira. — Publicado no DCM em 31/05/1995.

4) Projeto de Lei nº 1092/95

"Dispõe sobre o afastamento de funcionários na forma que menciona e dá outras providências."

Afasta agentes da Guarda Municipal que estiverem respondendo a processo criminal. — Autor: Comissão de Defesa dos Direitos Humanos. — Localização: Recebeu parecer de inconstitucionalidade da Comissão de Justiça e Redação.

Anexo III

Histórico dos núcleos de Teatro do Oprimido

Grupos com os quais trabalhamos até 1995, mas que não chegaram a ser núcleos:

1) *Escola Estadual Prefeito Mendes de Moraes* (Ilha do Governador, Zona Norte) — Trabalho feito com estudantes secundaristas que queriam teatralizar os problemas que enfrentavam no dia a dia de sua vida estudantil.

2) *Hospital Cardoso Fontes* (Jacarepaguá, Zona Oeste) — Profissionais do hospital organizaram um núcleo para discutirem, de forma lúdica e didática, os graves problemas da educação.

3) *Rio das Pedras* (Zona Oeste) — Diaristas, marceneiros, donas de casa e operários da comunidade queriam discutir a questão do saneamento básico na região.

4) *PT de Rua da Praça Saens Peña* (Zona Norte) — Esse grupo tinha o objetivo de levar as propostas do PT para a rua de forma alternativa, por isso resolveu fazer uma oficina de Teatro do Oprimido.

5) *SULACAP* (Zona Oeste) — Artistas da comunidade promoveram dois Festivais de Teatro do Oprimido no bairro e iniciaram uma oficina no local.

6) *Rocinha* (Zona Sul) — Com a ajuda do Centro Comunitário da Rocinha organizamos um núcleo de Teatro do Oprimido formado por adolescentes da comunidade que iniciou uma peça sobre a gravidez na adolescência.

7) *Crianças do Chapéu Mangueira* (Leme, Zona Sul) — Crianças da comunidade fizeram oficina de Teatro do Oprimido, além de elaborarem trabalho com fantoches.

8) *Candelária* (Mangueira, Zona Norte) — Adolescentes da comunidade montaram uma peça sobre a Operação Rio (ocupação de favelas pelo Exército).

9) *São Martinho* (Centro) — Meninos de rua que frequentavam o projeto "O Mundo da Rua", que funcionava no Maracanã, formaram um núcleo.

Núcleos antigos (que não existiam mais em 1995):

1) *Artigo 288* (Vila Kennedy, Zona Oeste) — Núcleo formado por artistas moradores da Vila Kennedy retratava a questão da violência policial na região.

2) *Caxias* (outro município) — Integrantes do MUB (Movimento de Bairros) formavam o núcleo que discutia os problemas que envolviam o depósito de lixo conhecido como Lixão de Caxias.

3) *São João de Meriti* (outro município) — Composto por funcionários e por animadores culturais de um CIEP da região, esse núcleo teatralizou as dificuldades que os moradores enfrentavam depois das chuvas.

4) *Vidigal* (Zona Sul) — Moradores da favela constituíram um núcleo que trabalhou, através do Teatro do Oprimido, os problemas enfrentados pela população favelada no que diz respeito à moradia.

5) *SEPE* — Durante três anos o Núcleo de Teatro do Oprimido do Sindicato Estadual dos Profissionais de Ensino utilizou as técnicas do Teatro do Oprimido para colocar a educação em discussão.

6) *Morro da Saudade* (Botafogo, Zona Sul) — Um grupo de moradoras da favela formou o núcleo Mulheres em Ação, que levou para praças dos mais diversos pontos da cidade uma peça que tratava dos problemas enfrentados pelas mulheres dentro da comunidade. A crescente violência dentro da comunidade inviabilizou a continuidade do trabalho.

7) *Meninos e Meninas de Rua* (Centro) — Com o apoio do Movimento Nacional de Meninos e Meninas de Rua e também da Casa e Cia., formamos um núcleo de adolescentes (oriundos das ruas e de comunidades carentes) que teatralizou a vida de um de seus integrantes. Depois da chacina da Candelária não conseguimos dar continuidade ao trabalho.

8) *Caju* (Centro) — Integrantes da comunidade retratavam os problemas que as chuvas e a falta de mobilização dos moradores traziam para a comunidade.

9) *Proteção Animal* — Integrantes de diversos grupos que lutam pela proteção dos animais utilizaram as técnicas de Teatro do Oprimido como forma de luta. Montaram uma peça sobre a permanência de animais domésticos em área residencial.

10) *Universidade Rural* (Itaguaí, outro município) — Estudantes da universidade criaram uma peça sobre a opressão da mulher. Dificuldades de acesso e longos períodos de greve dificultaram o trabalho.

11) *Afro-Católicos* (Baixada Fluminense, Grande Rio) — Integrantes do movimento que pretende introduzir a cultura afro no catolicismo formou um Núcleo de Teatro do Oprimido para divulgar melhor suas ideias.

12) *PT Niterói* (outro município) — Militantes do PT de Niterói fizeram uma peça sobre saúde (cólera especificamente).

13) *Organização da Juventude pela Liberdade (OJL)* (Centro) — Militantes organizaram um núcleo de Teatro do Oprimido que discutia a questão do serviço militar obrigatório e a falta de democracia nas escolas que impedia a criação de grêmios.

14) *Maré* (Zona Norte) — Moradores de uma das favelas do Complexo da Maré, que estavam empenhados em criar projetos culturais para a comunidade, formaram um núcleo que trabalhava a questão da posse da terra dentro da favela. O aumento da violência no local determinou o fim de nosso trabalho.

15) *Terapeutas* — Um grupo de terapeutas oriundos de várias instituições de saúde da cidade formou o núcleo que fez uma peça sobre a situação dos transportes coletivos na cidade.

16) *Campo Grande* (Zona Oeste) — Animadores culturais da Lona Cultural de Campo Grande formaram um núcleo que trabalhou com duas peças: uma sobre a AIDS e outra sobre a família.

17) *Vigário Geral* (Zona Norte) — Depois da chacina de Vigário Geral, nosso mandato iniciou contatos no local através da Comissão de Defesa dos Direitos Humanos. Organizamos um núcleo formado por adolescentes que montou uma peça sobre as dificuldades enfrentadas pelos jovens dentro de uma comunidade carente.

18) *Núcleo João Cândido do PT* (Largo do Machado, Centro) — Militantes do PT resolveram fazer Teatro do Oprimido para discutir o poder de influência da mídia na população. A intenção do grupo era

utilizar as técnicas de teatro para fazer a campanha de Lula à presidência da República.

19) *Portadores de Deficiência* — Grupo formado por pessoas portadoras de deficiência (cegos e paralisados cerebrais) organizou um núcleo de teatro com o objetivo de diversificar as formas de luta do movimento. A peça falava sobre a discriminação sofrida por portadores de deficiência para estudar e trabalhar. Esse grupo foi responsável pela apresentação de dois projetos de emenda ao Orçamento Municipal e um projeto de lei.

20) *Saúde* (Realengo, Zona Oeste) — Profissionais do Hospital Estadual Albert Schweitzer organizaram núcleo que tinha o objetivo de discutir com profissionais da área os principais problemas da saúde.

21) *Colônia Juliano Moreira* (Jacarepaguá, Zona Oeste) — Moradores da Colônia, parentes de internos, formaram um núcleo para colocar a questão da privatização da colônia em discussão.

22) *Crianças do Morro da Saudade* (Botafogo, Zona Sul) — Os filhos e netos das mulheres do grupo Mulheres em Ação decidiram formar um núcleo de teatro infantil e fizeram uma peça sobre a questão do saneamento básico na região.

23) *Andaraí* (Zona Norte) — Integrantes do grupo jovem da Igreja de São José e Nossa Senhora das Dores teatralizaram as dificuldades encontradas por jovens católicos em assumir que são cristãos nos círculos que frequentam.

Núcleos de Teatro do Oprimido ativos em 1995:

1) *Grupo Galera da Penha* (Penha, Zona Norte) — Alunos da Escola Municipal Ministro Afrânio Costa trabalham a questão do passe livre de estudantes em ônibus dentro do município, reivindicando seus direitos.

2) *Grupo Renascer* (Engenho de Dentro, Zona Norte) — Integrantes do Clube da Terceira Idade que funciona no interior do Centro Psiquiátrico D. Pedro II discutem em sua peça os problemas enfrentados pelos idosos. A partir desse trabalho criamos a lei do "atendimento geriátrico obrigatório" e demos entrada ao projeto de lei que "permite acompanhante em caso de internação de idosos" em hospitais municipais.

3) *Grupo Pôr do Sol* (Borel, Usina, Zona Norte) — Grupo da Pastoral da Juventude da comunidade do Borel ligado à Igreja Católica montou uma peça sobre a discriminação sofrida por moradores de comunidades carentes no cotidiano da cidade.

4) *Grupo Galera da Levy* (Inhaúma, Zona Norte) — Estudantes da Escola Municipal Levy Neves teatralizam os problemas que enfrentam no dia a dia da educação pública. O grupo foi responsável pela organização da Câmara na Praça sobre "Armar ou não a Guarda Municipal" e encaminhou para o gabinete duas sugestões de projetos de lei: "creches nas escolas municipais" e "cessão de ônibus para atividades extraclasse das escolas municipais".

5) *INFA* (Engenho de Dentro, Zona Norte) — Integrantes do Movimento Familiar Cristão da Pastoral da Família da Igreja Católica fizeram uma peça sobre planejamento familiar e preparam outra sobre "Fraternidade e política".

6) *Grupo Beleza do Chapéu* (Chapéu Mangueira, Leme, Zona Sul) — Grupo comunitário que já fez uma peça sobre Posto de Saúde Comunitário e agora tem outra peça sobre o lixo e suas implicações na comunidade. Esta segunda gerou dois requerimentos de informações para a COMLURB.

7) *Pavuna* (Pavuna, Zona Norte) — Adolescentes, ligados à Associação de Moradores, discutem em sua peça a falta de vontade política das autoridades em levar o metrô ao bairro.

8) *Grupo As Princesas de D. Pedro II* (Engenho de Dentro, Zona Norte) — Grupo formado por mulheres que já foram usuárias do Centro Psiquiátrico D. Pedro II e hoje são acompanhadas por profissionais da área de saúde mental da instituição. Possuem uma peça que fala sobre a opressão da mulher psicótica.

9) *Grupo da Casa das Palmeiras* (Botafogo, Zona Sul) — Grupo formado por usuários da Casa das Palmeiras, instituição dirigida pela Dra. Nise da Silveira, fez peça sobre a opressão vivida pelos usuários do sistema psiquiátrico. Membros do grupo são militantes do movimento antimanicomial. Como fruto desse trabalho fizemos seis emendas à Lei Orgânica do Município.

10) *Mundo da Lama* — Mundo da Lama é uma ONG que se dedica à educação ambiental e à preservação de manguezais. Em busca

de uma nova linguagem para discussão de temas ambientais, montou uma peça sobre preservação dos manguezais.

11) *GHOTA* — Grupo Homossexual de Teatro Amador, ligado ao Atobá, que teatraliza cenas de preconceito e discriminação. A partir desse trabalho, apresentamos o projeto de lei que propõe a punição de estabelecimentos comerciais que discriminarem os homossexuais.

12) *Grupo Tá Limpo no Palco* (Tijuca, Zona Norte) — Empregadas domésticas, alunas do Curso Supletivo do Colégio Santa Teresa de Jesus, formaram o grupo que põe em discussão os problemas enfrentados pelos trabalhadores domésticos.

13) *CENUN* — O Coletivo Estadual de Negros Universitários organizou um núcleo de Teatro do Oprimido a fim de levar a discussão do racismo para os mais diversos pontos da cidade.

14) *Grupo Curumim da Júlio Otoni* (Santa Teresa, Centro) — Adolescentes da comunidade teatralizaram os conflitos familiares que vivenciam em decorrência dos bailes funk. Agora eles possuem uma peça sobre as drogas na adolescência e a discriminação sofrida pelos moradores das favelas em decorrência da presença do tráfico nessas comunidades.

15) *Grupo de Brás de Pina* (Brás de Pina, Zona Norte) — Católicos que integram vários movimentos dentro da Igreja (Pastoral da Juventude e da Favela) formaram um núcleo que se dedica a teatralizar anualmente os temas da Campanha da Fraternidade. O grupo utiliza as técnicas de Teatro do Oprimido para aprofundar as discussões dentro das paróquias da cidade: seus temas são a vida em sociedade. Além das técnicas tradicionais do Teatro do Oprimido, o grupo — que trabalha intensamente e é um dos mais criativos ligados ao nosso mandato — utilizou uma variante do Teatro Fórum: apresentou-se a peça e a plateia, dividida em pequenos grupos, devia discutir e, em seguida, improvisar uma cena que apresentasse uma solução ao problema exposto. Este grupo, além do trabalho que realiza diretamente com as comunidades, já orientou a criação de outros grupos também ligados à Igreja Católica.

16) *Grupo do Rio Comprido* (Rio Comprido, Zona Norte) — Integrantes do grupo jovem da Igreja Nossa Senhora das Dores teatralizam os conflitos familiares vividos pelos adolescentes.

17) *Grupo Mulheraça* (Vila da Penha, Zona Norte) — Integrantes do movimento de mulheres utilizam o Teatro do Oprimido para colocar em discussão os problemas enfrentados pelas mulheres nos dias atuais (dupla jornada de trabalho, divisão das tarefas domésticas etc.).

18) *Grupo Camponês de Cultura Sol da Manhã* (Seropédica, outro município) — Militantes do Movimento dos Trabalhadores Sem Terra formam o núcleo que teatraliza as questões agrárias, a fim de divulgar a causa da reforma agrária. O núcleo é responsável pelo projeto de lei que obriga o Município a distribuir gratuitamente sacos de lixo para os feirantes.

19) *MORHAN* (Nova Iguaçu, outro município) — Integrantes do Movimento de Reintegração dos Hansenianos usam a linguagem teatral para popularizar a discussão da hanseníase.

* * *

Neste momento [1996], ao encerrarmos esta "edição *beta*" deste livro, muitos outros contatos estão sendo feitos com diversas comunidades. É possível que, antes do fim do nosso primeiro Mandato, outros grupos estejam já em funcionamento.

A esperança é a primeira que nasce!

CORAGEM DE SER FELIZ!!!

Eu e minha candidatura a vereador somos a-típicos: quero fazer política, mas não quero mudar de profissão — sou um homem de teatro! Para mim, isto sempre foi possível e agora é necessário: teatro é política e política é teatro.

No Brasil, estamos correndo sério risco: 30% dos eleitores ameaçam votar nulo ou não votar — ameaçam renunciar à cidadania. Pensando sancionar os mentirosos como Collor e Zélia — que prometiam quintuplicar o salário mínimo, acabar com a inflação e não tocar na poupança — os eleitores, abstendo-se, favorecem precisamente esses políticos que pretendem castigar.

Já não acreditam em ninguém — temos que mostrar porque devem acreditar em nós: somos diferentes, sinceros. Temos que convencê-los de que votar em branco é votar no pior. Esses 30% são os desencantados do Collor, não são os esperançados do Lula.

Como devolver a esperança? Ou como criá-la? Ao eleitor sempre se diz que ele possui uma arma poderosa: o voto! Poder paradoxal: no momento mesmo de exercê-lo, no ato de votar, esse poder desaparece. Como preservá-lo, entre uma eleição e outra?

Nos anos 60, eu e outros diretores teatrais, no Brasil e no mundo, politizamos o teatro. Éramos, os mensageiros da verdade, portadores da boa palavra. Dizíamos aos oprimidos o que deveriam fazer para se libertarem de todas as opressões... mesmo quando não éramos oprimidos como eles.

Desiludido, criei o Teatro do Oprimido, hoje intensamente praticado em todo mundo, na Europa como na África, em Nova York como em Calcutá. Nele, não fazemos catequese, não nos proclamamos sabedores de todas as respostas: fazemos perguntas. Nossos "Espect-Atores" devem buscar respostas.

Faliu a retórica política e faliu o teatro dogmatizante. Mas não faliram nem a política nem o teatro. Minha proposta consiste nessa união, rica para o teatro e para a política: proponho um teatro democrático onde o espectador se transforma em Protagonista, descobre e experimenta soluções possíveis — em cena, teatralmente: e essa é uma atividade política! O espectador se transforma em Protagonista e atua; o eleitor em legislador e propõe a lei. Durante a campanha e durante todo o mandato. Campanha e mandato explosivamente teatrais: teatro da rua para o plenário e do plenário para a rua.

Nos anos 60 politizou-se o teatro; hoje, nos 90, chegou o momento de teatralizar a política. Fazer o bom teatro, e não essa canastrice vulgar que inunda palácios, câmaras e assembléias.

Teatro do Oprimido a céu aberto em cena aberta: eu e meus assessores, na campanha eleitoral e na Câmara dos Vereadores, continuaremos fazendo teatro popular, democraticamente elaborando leis nas ruas e nas praças. Democracia e transparência. Isto é coisa nova em teatro e em política. Uma nova tentativa. Que certamente dará certo!

Estou feliz por ter tomado esta decisão de me candidatar pelo PT, mas reconheço que precisei de muita coragem. **Coragem de ser feliz**

Augusto BOAL

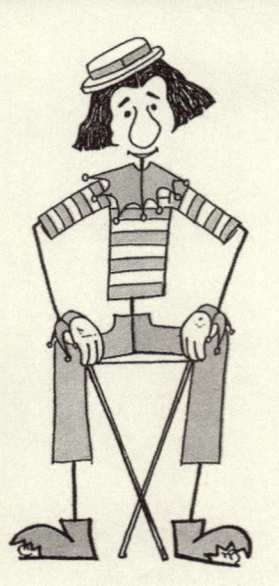

LIGUE BOAL
262-6434

VEREADOR Nº 13669

CONTATOS:
571-9605
393-5228
463-2807

Parte II
Aqui ninguém é burro!
Graças e desgraças da vida carioca

Planejamento Gráfico: Nádia Turle

Apresentação[1]

Fiquei indignado! Tinha certeza de que alguma coisa grave estava acontecendo. Contra toda razão, a maioria de vereadores tinha acabado de votar uma lei isentando companhias privadas do pagamento de impostos devidos. Não era justo. Não era honesto! Em geral, sou educado e trato a todos com cortesia. Essa tarde foi exceção: estava enfurecido. Pedi a palavra e, na tribuna, rugi: "Vossas Excelências que votaram essa indignidade são todos ladrões ou são burros!!!". Voltei para minha bancada, envergonhado. Perguntei aos meus companheiros mais experientes o que devia fazer para remediar. Pedir desculpas? Aguentar firme? Deixar pra lá? Logo depois, alguns vereadores foram ao microfone protestar. Um deles, muito tranquilo, disse: "Sua Excelência, o nobre vereador Augusto Boal, exagerou. Ele disse que aqueles que votaram a favor da isenção são todos ladrões ou são burros. Sua Excelência sabe muito bem que, aqui, ninguém é burro". Foi um lapso. O vereador em questão é tido por todos como honesto, correto. Teria sido, então, fina ironia? Fosse o que fosse, foi boa sugestão para o título deste livro.

Livro feito de desabafos, assim chamados "pronunciamentos". Escolhi aqueles que transcendiam o fato ou feito que os provocou. São

---

[1] Os textos encontrados nesta Parte II são pronunciamentos originalmente proferidos por Augusto Boal, em sua maioria na Câmara Municipal do Rio de Janeiro, no exercício de seu mandato como vereador da cidade, de janeiro de 1993 a dezembro de 1996. Os oito primeiros foram publicados sob o título *Aqui ninguém é burro! Graças e desgraças da vida carioca* em 1996 pela editora Revan. "Sofisma e silogismo, solipsismo e solilóquio", "A visita dos números frios" e "Cultura: projeto de governo ou projeto de sociedade?", localizados postumamente no arquivo do Instituto Augusto Boal, são inéditos. Em alguns casos foi possível datar os referidos pronunciamentos ou a sua redação.

todos sobre o Rio de Janeiro, sua gente, seus dirigentes. Procurei limpá-los de todas as formalidades camerísticas, todos "minhas senhoras e meus senhores, nobre isso ou aquilo". Falando da Câmara, espero estar falando do Rio de Janeiro. Do Rio, do Brasil. Do Brasil, desta engraçada condição humana.

Rio de Janeiro, maio de 1996

Aqui ninguém é burro!

1.

A macabra Fazenda Modelo[2]

O que de mais admirável existe na condição de vereador é, a meu ver, que ela nos exige e nos obriga à curiosidade permanente. A curiosidade é parte essencial da nossa profissão, do nosso ofício. Temos que ser curiosos, é nossa obrigação! — temos que querer conhecer, ver com nossos olhos, tocar com nossas mãos, pensar com nossas cabeças e sentir com nossos corações.

E foi por isso que a bancada do PT no dia 16 de março — por coincidência data do meu aniversário, e mais uma vez agradeço tantos votos que recebi dos meus colegas, felicidade que espero desfrutar — a bancada do PT decidiu visitar a Fazenda Modelo, em Campo Grande; belo presente: só me faltou o bolo. Decidimos visitá-la porque queríamos ver de perto, ver nós mesmos, esse lugar para onde são transportados, deportados, mendigos sem teto, famílias sem abrigo, gente desalojada.

Meus amigos, eu nunca fui pobre, nunca fui miserável. Mas já vi a miséria, já conheci a pobreza, se bem que de longe — graças a Deus. E aprendi a distinguir uma coisa da outra. Embora os miseráveis sejam sempre pobres, pode-se ser pobre sem ser miserável.

Cito um exemplo, longe daqui. O Alto Volta, país africano abaixo do deserto do Saara, no Sahel, mudou de nome e, de alguns anos para cá, chama-se Burkina Faso que, na língua do país, significa homem íntegro. Eu lá estive. Burkina é um país paupérrimo. Para dar uma ideia, basta dizer que o orçamento da Ópera de Paris é pouco maior do que o desse país, que é de bom tamanho. A Ópera tem seus músicos, cantores e bailarinos; o país, suas Forças Armadas, sua ad-

---

[2] Texto de pronunciamento originalmente proferido por Augusto Boal em agosto de 1994.

ministração. Ela, alguns milhares de funcionários; ele, oito milhões de habitantes. Ambos, o mesmo orçamento, ou quase.

Pobreza maior é difícil encontrar. A terra é árida, a água escassa, pobre o subsolo. Mas os burkinabeses fazem jus ao nome: são homens e mulheres íntegros. Têm um projeto de vida, sabem o que querem, constroem o futuro. Nesse país sem recursos, faz-se anualmente o mais importante festival de cinema africano. O povo cria artesanato e arte, vende seus produtos. Os ministérios — principalmente os da Educação, da Cultura e o da Saúde — trabalham incessantes, produzindo planos e obras que ajudam a população a viver, comer, feliz e contente, e não apenas vegetar — planos imitados até por outros países de melhores condições climáticas e geográficas.

Burkina é um país pobre, mas não miserável. País que pensa o amanhã — tem projeto. Em Burkina o povo tem olhos acesos, que brilham. Tive inveja.

Estive também na Bolívia e vi gente dormindo no chão, na rua, no pó, vi vendedores de alimentos vendendo moscas na comida, vendendo vermes. Tive nojo. Os miseráveis tinham os olhos apagados, tristes, conformados, olhos que olhavam a morte — seu único futuro. Vi miséria. As grandes civilizações indígenas, outrora poderosas, foram derrotadas, ensanguentadas, estão exangues, ex-sangue — sem sangue. Vi gente miserável, sem projeto, sem amanhã.

O pobre não tem recursos, mas tem vontade: inventa. O miserável é aquele que, paciente, espera a morte: não cria.

A bancada do PT esteve na Fazenda Modelo, em Campo Grande, e não vimos uma fazenda pobre: nós a vimos miserável. Ali, os porcos — e os há muitos e gordos, prolíficos e bem dispostos — os porcos são mais respeitados e mais bem tratados na sua realidade porcina, do que os homens na sua condição humana. Naquela fazenda chamada Modelo — chamada por ironia — cada porca e sua cria têm o seu espaço reservado, privativo, separado do resto da porcaria.

As famílias humanas, pobres coitadas, são como sardinhas enlatadas num mesmo galpão insalubre, quase sem luz e sem vento, vimos seis, sete famílias compartilhando o mesmo espaço devassado, a mesma latrina unissex, as mesmas pulgas, percevejos, carrapatos, o mesmo chão sem colchão, camas quebradas servindo de biombos frágeis, em mal-sucedida tentativa de privacidade. Vimos marido e mulher deitados no mesmo cobertor, com duas filhas.

Ali, o ser humano se desintegra — seu espaço existe! Já não são marido e mulher se têm as filhas no meio; se têm o vizinho ao lado, que tudo vê, tudo comenta; se as frases de carinho, que talvez um dissesse ao outro, ressoariam em todos os ouvidos; se um gesto de ternura, que por acaso ou descuido, quisesse um fazer ao outro, seria visto por todos os olhos, sempre presentes, abertos. Ninguém tem seu território, seu espaço, um ninho — o território que existe, sujo e podre, úmido, não pertence a ninguém: as portas não são fechadas e janelas não foram feitas.

Ali, o ser humano se desintegra, o tempo não existe! O hoje e o amanhã são como ontem. Terça-feira é domingo, e sábado é meia-noite, três da tarde é madrugada, mesmo que nenhum galo restaure a verdade e cante. Ali, o presente é odiado, ninguém crê no futuro, os homens só têm passado — esquecido! — e nada vislumbram adiante, nem realidades, sequer promessas, mesmo mentirosas, nas quais, é certo, não acreditariam. Sabem que estão condenados. Sabemos.

Ali, o ser humano se esfumaça, se esvai, desiste, desencarna, desaparece. Ali, as almas moribundas agonizam escondidas atrás de olhos tristes, desmaiados. Ninguém é o que foi, ninguém pensa o que será. Ninguém é pai, nem mãe, filho ou filha, marido ou mulher — ali são apenas números, um número: quinhentos e noventa e oito desvalidos. São aqueles que antes eram apenas pobres, sem dinheiro, sem bens materiais. Na Fazenda, perderam também o espaço e o tempo, perderam até o nome.

Mas nós, vereadores, estamos condenados à curiosidade! É nossa sina e dever! Sejamos curiosos. E perguntemos por quê? Por que tanta insensibilidade? Porque levá-los para essa fazenda que não tem verba sequer para comprar esparadrapo e Melhoral — pois até disso os prisioneiros se queixaram, como se queixam da ausência de um professor primário para tanta criança abandonada, ao léu. Por que retirá-los das ruas, onde são apenas paupérrimos, para jogá-los no poço da Fazenda Modelo, onde se tornam miseráveis? Embaixo da ponte, sofrem. Na fazenda, sofrem mais. Por que removê-los? Sejamos curiosos, nobres vereadores. Por quê?

Não é difícil perceber que os mendigos são removidos não por eles — para que sejam mais felizes, protegidos —, mas por nós. Nós os removemos para esse campo de concentração da mesma forma como — ao que se dizia — aquele outro os afogava no rio da Guarda. Nós os removemos para não vê-los. São deportados para que nossa sensibilidade seja poupada — e nossa culpa esquecida.

São removidos para longe — longe de nós, mas deles mesmos sempre tão perto, perto da própria miséria! — para que não vejamos a verdade. Mas nós, vereadores, estamos condenados; temos a obrigação de ver: ofício. Temos que ver e vimos a miséria humana que se esconde em Campo Grande, amontoada, doente. Temos que ver e, estou certo, veremos, que alguma coisa temos que fazer, com urgência, pressa, denodo. Nós aqui, nesta tribuna, temos que protestar, revelar, esclarecer, condenar o crime, o crime silencioso que estamos todos cometendo em Campo Grande — silencioso porque ali não se fuzilam os corpos, com estrépito: ali estrangulam-se as almas, sem ruído!

Alguma coisa temos que fazer. É certo que a coisa grande, coisa maior, é antiga e demorada. Desde as capitanias hereditárias, que se transformaram em hereditários latifúndios, a terra brasileira é posse de pouca gente, pisada por poucos pés: dezoito famílias no Nordeste — assim denunciou o IBASE[3] — possuem áreas maiores do que três países europeus, entre os quais Portugal. Enquanto essa terra não for dividida, enquanto não for cultivada, mil rios da Guarda, mil Fazendas Modelos não serão suficientes para estancar o êxodo da seca e a fuga da fome. Inútil afogar mendigos, inútil deportá-los. Eles serão sempre mais, milhares e milhões.

Mas alguma coisa temos que fazer! Hoje, agora, já! Peço à Secretária do Bem-Estar Social, peço ao prefeito que visitem com urgência o local do crime, e o mandante: o Orçamento Municipal, que não contempla verbas para aquele corredor da morte, aquele quase necrotério, cemitério, aquele depósito de corpos humanos já quase inanimados, des-animados, sem ânimo, sem anima, sem alma.

---

[3] Instituto Brasileiro de Análises Sociais e Econômicas, fundado por Herbert de Souza (Betinho), Carlos Afonso e Marcos Arruda em 1981.

2.

A memória e a casa das torturas[4]

Por mais esforço que eu fizesse, e confesso que para isso não faço nenhum esforço, jamais conseguiria fazer de conta que não existo. Jamais conseguiria passar pelo mundo desapercebido ou me tomar invisível. Pode até parecer ameaçador o que vou dizer, mas quem olhar na minha direção sempre verá um homem. Um homem que existe.

Eu sou. Mas o que é ser? Sou o que faço, sou o que quero, sou o meu desejo. Como qualquer de nós: somos o que desejamos, hoje, no presente. Mas, se desejamos, somos nosso futuro, somos o que queremos vir a ser. E isto nos distingue dos animais: somos capazes de inventar o futuro e não apenas de esperar por ele. Esse desejo de vir a ser é a mais bela criação da natureza. Uma árvore, uma pedra, um animal, não são capazes de desejar ser o que não são, de transformar em ato o que é mera potência.

Assim, minha identidade se faz daquilo que sou e daquilo que desejo ser. Mas faz-se também daquilo que já fui: sou quem fui — faz-se do meu passado.

---

[4] A casa à qual Boal se refere é a antiga sede do DOI-Codi/RJ (Destacamento de Operações de Informação — Centro de Operações de Defesa Interna), órgão de inteligência e repressão localizado no interior do 1º Batalhão da Polícia do Exército, responsável por capturar e encarcerar militantes e opositores da ditadura militar (1964-1985). Considerado um dos principais centros de tortura do Rio de Janeiro nesta época, o prédio fica localizado na rua Barão de Mesquita, entre os bairros cariocas da Tijuca e de Vila Isabel. Por isso provavelmente ora é referido ao longo do texto como casa da Tijuca, ora como casa de Vila Isabel. O pronunciamento foi feito durante a sessão que decidiria sobre a demolição do batalhão, visando o interesse da prefeitura em vender seu terreno. Conta Boal, na edição inglesa de *Teatro Legislativo*, que seus colegas vereadores depois lhe revelaram que este seu discurso ajudou a angariar votos contra o veto do Prefeito, fazendo com que o prédio não fosse demolido.

Tempos atrás, o jornal *O Globo* quis contar aos seus leitores as minhas origens, a minha infância. Fui padeiro, fabriquei muito pão, muita gente comeu o pão que fiz com minhas mãos. *O Globo* me levou à padaria do meu pai, na Penha, onde vez por outra eu forneava pão e vez por vez servia no balcão, e tirou a minha foto. Quando me vi diante daquele forno, amigo durante bons dez anos da minha vida, uma bela parte dessa vida voltou à tona da memória — recordar é viver, dizia a canção. Recordei, revivi, vivi.

Mas nem só de amenas lembranças panificadoras sou eu feito. Às vezes me lembro que fui guerrilheiro. Isso também faz parte de mim. É meu passado, fui, sou. Hoje penso que foi um erro. Erro de gente honrada, como eu decente.

Sempre fui legalista e me orgulho de hoje pertencer a esta Casa onde se fazem as leis que prometo respeitar. Por legalista, nunca aceitei a ditadura. Se a combati, combati a subversão. Subversivos foram aqueles que subverteram a lei, e derrubaram um regime plenamente legal. Foram eles os que iniciaram a onda de sequestros, invasões de lares — ensinaram aos malfeitores, que hoje proliferam. Eu, por exemplo, nunca fui preso; fui sequestrado pela polícia paulistana. Eu, que apenas defendia a lei. A lei violada.

Fui preso em São Paulo e fui, como todos, torturado. Mas, como acontece nas grandes tragédias shakesperianas, as cenas mais dolorosas se justapõem, às vezes, às cenas de ridícula farsa. Foi o que comigo aconteceu. Uma cena de tortura é uma cena de tragédia desumana. Mas a infinita bestialidade daqueles sete orangotangos que me torturaram — a sua incomensurável boçalidade — criou absurdo diálogo de surdos.

Entre os sete mastodontes, havia um que tudo procurava justificar com argumentos burocráticos. Enquanto me dava choques elétricos no pau-de-arara, onde eu estava nu, pendurado de cabeça para baixo, dizia assim:

— Você vai me desculpar, viu? Mas eu estou torturando você porque está no meu horário, viu? Não tenho nada contra você, não. Até admiro muito as suas peças, Não vi nenhuma, mas gosto de todas, viu? Sabe como é, viu? Aqui a gente faz o que mandam a gente fazer, viu? Agora, viu? o mundo dá tantas voltas, pode até ser que um dia vocês fiquem por cima e a gente por baixo, viu? Aí nesse caso, viu?, não vai esquecer que eu torturei você, sim, mas foi por casualidade, viu? Torturei você porque estava no meu horário.

Esse era um dos débeis mentais que me castigavam. Havia outros, de todos os tipos, raças e *pedigrees*. O chefe da equipe, por exemplo, não sabia porque estava eu ali, pois a equipe que torturava não era a mesma que sequestrava. Eles eram especializados: cada um sabia fazer as suas artes. Uns construíam paus-de-arara, outros pagavam a dívida externa — todos mancomunados contra uma só vítima: o povo brasileiro.

Foi então que, quando a dor era por demais intensa, pretendi criar uma pausa no tormento e perguntei: "Vocês querem que eu confesse o quê?". Eu queria pausa e estava decidido a jamais confessar o que quer fosse, como jamais confessei! — porque eu e os rinocerontes falávamos línguas diferentes. Mas queria ganhar tempo e perguntei: "Vocês querem que eu confesse o quê?".

O dinossauro não soube responder de imediato. Não sabia porque me torturava — apenas estava no seu horário. Mas tinha recebido da equipe de sequestradores uma lista de acusações, escritas num pedaço de papel. Leu o papel e a primeira acusação dizia: "Boal, quando viaja ao estrangeiro, difama o Brasil!". Logo eu que não me canso de louvar as belezas naturais da Baía de Guanabara! "Difamo como?", perguntei, nu, pendurado no pau-de-arara. Lendo, o brutamontes respondeu: "Difama porque, quando você viaja, você diz lá no estrangeiro que aqui no Brasil existe tortura".

O carrasco não percebia que ele estava fazendo justamente isso, estava me torturando. A situação era tão irreal, funambulesca, que eu ri. Quando me viu rindo, primeiro, não pôde acreditar — ninguém ri pendurado num pau-de-arara! —, depois indignou-se, apertou a manivela aumentando a carga elétrica e perguntou porque eu estava rindo. Respondi que a sua ação presente justificava as minhas afirmações passadas: no Brasil se torturava, metódica e cruelmente, e a prova era eu ali, naquele momento, pendurado. Ele, num dos poucos momentos de lucidez em sua vida, pensou, pensou intensamente, e acabou concordando:

— Você tem razão. Eu estou torturando você. Mas, como você é um artista, como você é bem conhecido, como você de vez em quando aparece até na televisão, eu estou torturando você, sim, mas com todo o respeito.

Esse episódio da minha vida é parte de mim. Eu gostaria de voltar àquela cela, onde meu único companheiro era um rato, pequeno camundongo, mais assustado que eu, gostaria de rever aqueles instrumentos de tortura, precários mas eficazes. Revisitar aquela casa. Gostaria de rever o meu passado, ressenti-lo, reviver. Mas o edifício, onde episódios como esse aconteceram, foi destruído. Em seu lugar, em São Paulo, construíram um supermercado. Destruíram a memória. E sem a memória é impossível a imaginação — sem lembrar não se imagina. Sem o passado, o futuro não existiria e viveríamos como animais, ruminando o presente como vacas. Peço que não sejamos vacas. Em São Paulo, porque foi destruída a memória das atrocidades passadas, 111 presos foram cruel e premeditadamente trucidados no Carandiru. Num belo domingo à tarde, voltaram os horrores da ditadura.

Faço um apelo aos meus colegas que, como eu hoje, fabricam leis, como ontem fabriquei o pão. Apelo para que permitam que eu continue existindo, para que uma parte de mim mesmo sobreviva à minha morte. A casa de Vila Isabel guarda lembranças de centenas de homens e de mulheres, guarda muitas histórias, guarda a História. História viva. Muitos daqueles homens e daquelas mulheres estiveram e ainda estão hoje nestas galerias, como estou eu nesta tribuna. Esses que aqui estão, eles e eu, nós nos lembramos, e o passado vive na nossa memória, que é parte do nosso ser.

Não destruam a casa da Tijuca. Peço e apelo.

Apelo principalmente àqueles que não pensam como eu, a vocês que não são do meu partido, apelo principalmente àqueles que pensam o contrário do que penso, apelo e peço: permitam que eu exista.

Talvez não compartilhemos as mesmas ideias, não pensemos os mesmos pensamentos, por isso mesmo, peço por mim, por nós e peço também por vocês. Para que vocês continuem sendo quem são, é preciso que sejamos nós quem somos. Para que vocês sejam vocês é preciso que eu seja eu.

Permitam que eu exista. E, para que eu exista, nosso passado que é feito de pedra deve permanecer de pé. Não destruam a casa da Tijuca, não destruam nosso passado, não me destruam. Votem não ao veto do prefeito.

Permitam que essa parte de mim, de cada um de nós, sobreviva, permitam que eu viva. E eu lhes direi "muito obrigado".

Muito obrigado.

3.

Crime hediondo esconde a hediondez de um crime[5]

A cidade, o país, o mundo estarrecido ouviu e leu o relato do crime mais nefando entre todos os nefandos crimes já praticados, impunemente, neste país. Monstros, pagos pelo contribuinte, homens que deveriam ser exemplo de coragem, deram a mais infame demonstração de covardia e, no silêncio da noite, depois de se certificarem de que as crianças indefesas dormiam — eram crianças, eram indefesas e dormiam! —, crucificaram sete mártires de doze a quinze anos.

Foi um crime hediondo que nos fez, por um momento, esquecer a hediondez de um crime primeiro, anterior, uma das causas daquele efeito: os meninos, que foram assassinados enquanto dormiam na rua, estavam dormindo na rua.

Os assassinatos foram cometidos, como em Acari, Nova Jerusalém, Mandala, Carandiru, Canapi e infinitas outras vezes em múltiplos locais, por criminosos fardados.[6] Quem são os responsáveis pela seleção desses energúmenos? Quem são os chefes que não perceberam a periculosidade desses cães de fila?

Não somos irresponsáveis para culpar o poder executivo por essas execuções. O poder executivo não é nem o criminoso nem o man-

---

[5] Pronunciamento proferido em reação à atroz chacina da Candelária, ocorrida na noite de 23 de julho de 1993, em frente à Igreja da Candelária, centro do Rio de Janeiro. No total, oito jovens que dormiam no local — seis deles menores de idade — foram brutalmente assassinados por milicianos.

[6] Exemplos de outras chacinas ocorridas na primeira metade dos anos 1990 no Brasil: chacina da favela de Acari, Rio de Janeiro (26 de julho de 1990); chacina da favela Nova Jerusalém, Duque de Caxias, Baixada Fluminense (novembro de 1991); massacre na Casa de Detenção de São Paulo, conhecida como Carandiru (2 de outubro de 1992); massacre na favela da Mandala, Rio de Janeiro (20 de dezembro de 1992); massacre na cidade de Canapi, Alagoas (1992).

Aqui ninguém é burro!

dante. Respeitemos a sua inocência neste crime, mas não no primeiro pois a hecatombe poderia ter sido evitada. Estado e município fazem gastos consideráveis com o embelezamento da cidade, o que seria motivo de aplauso se verbas não estivessem sendo desviadas do que deveria ser a nossa primeira prioridade nacional: o atendimento à criança pobre, aos famintos. O governo federal continua pagando juros de uma dívida externa contraída pela ditadura e que não cessa de crescer. Os bancos estrangeiros estão felizes com a nossa pontualidade. E as crianças ali estavam vulneráveis, dormindo ao léu, na porta da Igreja, famosa como símbolo de fé e como cenário de belos casamentos.

A lição foi dada e, esperemos, aprendida. Enquanto a última criança de rua não estiver abrigada, protegida e a salvo da sanha e fúria nazistas, enquanto não tiverem todas assegurado o direito constitucional à educação, à saúde, a um teto, nenhum de nós tem o direito de dormir. Nossos olhos devem permanecer abertos e as mãos trabalhando.

E, mesmo assim, não pagaremos nós, nem pagará o governo, a culpa de tanta miséria desumana. Uma criança sozinha, na porta da Candelária, revela a hedionhez de um crime! Nenhum de nós é inocente.

4.

Brasil de sinal trocado[7]

Se Deus não existe, tudo é permitido!

Raskólnikov, o protagonista de *Crime e castigo*, romance policial de Fiódor Dostoiévski, o grande escritor russo, pensa, dialetiza, contrapõe argumentos e chega à conclusão de que Deus não existe.

Se não existe Deus, como saber o bem e o mal? Como distingui--los? Se Deus não existe, como inventar a moral? E para que serve a moral, se Deus não existe? Se o que existe — e hoje, pelo menos isto, sabemos a ciência certa! — são bilhões de galáxias vagando sem rumo, cavalgando bilhões de anos-luz nesta parte minúscula deste infinito e infinitesimal universo, que talvez seja o menor de outros trilhões de universos vagando sem rumo, rumo a buracos negros que absorvem gigantescas estrelas transformadas em cabeças de alfinetes. Se é isto o que existe, então porque deveremos nós nos preocuparmos com uma solitária velhinha octogenária, mulher que já viveu a maior parte de sua vida e vive agora esperando a morte?

Se Deus não existe, tudo é permitido. E Raskólnikov assassina a velha senhora, rouba seus poucos haveres. Não pelo roubo de pouca monta, mas pelo prazer do crime, tudo é permitido. Até a morte, a tortura. O prazer da dor.

O Brasil de hoje não pensa como Raskólnikov, não raciocina, não argumenta, porém age da mesma maneira, com a mesma crueldade desumana. Brutalizado pela miséria, pela indigência moral e estomacal,

---

[7] No arquivo do Instituto Augusto Boal o datiloscrito deste texto encontra-se datado de 31 de agosto de 1993, com a observação "Pronunciamento do vereador Augusto Boal, PT, sem previsão". O texto também foi parcialmente publicado em *Boca no Trombone* (ano I, nº 1, maio/junho de 1995), jornal de divulgação das ações do mandato de Boal.

Aqui ninguém é burro!

pela repressão, pela disparatada disparidade belindiana, não pensa, não raciocina, não argumenta: mata!

O Brasil de hoje é um país como os outros, só que com o sinal trocado. O doente vai ao hospital e se contamina; o aluno vai à escola e desaprende; quem vai à Justiça, suborna; com medo da polícia, chamem o ladrão.

Faz mais de um ano o povo saiu às ruas, denunciou o maior de todos os ladrões entre tantos ladrões que já ocuparam a presidência do nosso país; denunciou sua esposa, aquela que chegou até a desviar o dinheiro da LBA (Legião Brasileira de Assistência) destinado à compra do leite das criancinhas — literalmente! Não faço literatura! Denunciou seu gerente, o pai da mentira e gênio do mal, que roubou mais milhões de dólares, em dois dinâmicos anos celerados, do que vários presidentes em completos mandatos de quatro ou cinco anos.[8]

Faz mais de um ano que as denúncias foram feitas nas ruas, acolhidas pela Câmara Federal, referendadas pelo Senado; denúncias comprovadas e re-provadas! E os pandilheiros continuam em liberdade.

Esta liberdade é um crime tão hediondo como os crimes cometidos pelos réus. Esta liberdade é infame e infamante, criminosa e geradora de outros crimes. Crimes cotidianos, vulgares, crimes banalizados e, agora, crimes-chacinas. A liberdade da trinca maldita amaldiçoa o Brasil com a maldição de Raskólnikov: se a Justiça não existe, tudo é permitido.

Pode ter sido coincidência, porém coincidiu: os três recentes genocídios — Candelária, Roraima e Vigário Geral[9] — aconteceram depois da decretação da prisão contra o maldito foragido. A polícia sabia

---

[8] Aqui Boal se refere às manifestações populares — cujo símbolo maior foram estudantes secundaristas conhecidos como "cara-pintadas" (pois pintavam o rosto com tinta verde e amarela) — que pediam o impeachment do então presidente Fernando Collor de Mello. Collor veio, de fato, a se tornar réu por crime de responsabilidade, mas renunciou ao cargo horas antes do início do processo, em 29 de dezembro de 1992. Boal também faz menção à então esposa do ex-presidente, Rosane Collor de Mello, e ao tesoureiro de sua campanha, Paulo César Farias — a "trinca maldita", como denomina mais à frente no texto.

[9] Referência a chacina da Candelária, mencionada no texto anterior (23 de julho de 1993); ao massacre de Haximu, chacina de índios yanomami por garimpeiros,

onde estava; a polícia já havia permitido sua primeira fuga. E tão seguro o criminoso estava de sua impunidade que voltou, já deve ter saído de novo, talvez voltado. Livre trânsito.

Pode ter sido coincidência, mas foi simbólica. E, pela primeira vez, a liberdade é o símbolo do mal.

Mas, se a Justiça não existe, se Deus não atende com a necessária presteza aos reclamos da sociedade — não atendeu sequer a mulher que lia o livro santo e, mesmo assim, foi morta, abraçada à Bíblia! —, o que poderemos nós fazer, o que invocar, quem convocar para que termine esta cadeia de genocídios, esta mortandade de inocentes? Como trazer um mínimo de luz a estas bestas uniformizadas, monstruosas na vingança covarde, que castiga o inocente e inocenta criminosos? Como estancar o sangue derramado? Como cicatrizar as feridas? Como dizer energicamente "basta!" se temos as vozes roucas e cansadas?

Ontem, aqui nesta Casa e no Brasil inteiro, falou-se em intervenção. Pensou-se em pedir a intervenção federal, vantagens e perigo: a intervenção federal seria um cheque em branco. Podemos reclamá-la, mas não a poderemos controlar. E quem interviria? A Polícia Federal, que deixa a trinca maldita locomover-se em paz? O Exército, nada fiável, que tão nefastas memórias nos traz quando pensamos nas décadas de chumbo? Mas pode-se pedir a intervenção federal civil, através do seu Ministério Público.

Pensou-se no Ministério Público do Estado, espécie de autointervenção. Este, pensou-se, seria um cheque sem fundos. Seria honrado? Talvez sim, este ministério não depende do governo.

Pensando tantos pensamentos, e sendo tão bons conselheiros a noite e o travesseiro, hoje penso ser necessário pedir todas as intervenções: a estadual, a federal, a intervenção divina e a cidadã. Pois vi ontem na televisão o cardeal Dom Eugênio, tão indignado como nós irados, afirmar a indignidade do hediondo crime. E eu me lembrei da bela demonstração de fé promovida por Sua Eminência quando aqui chegou a imagem da Virgem de Fátima. Pela avenida Rio Branco circularam dezenas de milhares de fiéis proclamando sua crença em Deus.

---

em Rondônia (meados de 1993); e à chacina de Vigário Geral, no Rio de Janeiro (29 de agosto de 1993).

Aqui ninguém é burro!

Peço, conclamo o nosso cardeal a fazer realizar idêntica marcha na praça Catolé do Rocha, em Vigário Geral, vigário como ele e, como ele, depositário das nossas esperanças.

Peço a intervenção federal, estadual e divina, mas peço também a intervenção dos artistas, dos homens e das mulheres da cultura. Neste momento, os artistas intervêm contra a fome, preparam-se para sete dias de espetáculos "Fome Não, Fome Nunca Mais!".[10] Convoco todos os artistas, aqueles que têm o poder de lotar Maracanãs, a que intervenham com um majestoso espetáculo na mesma praça Catolé do Rocha, que ouçam os gritos e o desespero que aí se solidificaram no ar, aí ainda se ouvem, pedem justiça, e aí digam: "Genocídio Nunca Mais".

Peço a Deus que tenha piedade de nós. Amém.

---

[10] Referência à Semana da Arte Contra a Fome, realizada em setembro de 1993, um dos diversos eventos que ocorreram naquele ano quando da criação da "Ação da Cidadania" — movimento social fundado pelo sociólogo Herbert de Souza (Betinho) contra a fome, a miséria e pela vida no Brasil, contando com grande mobilização da classe cultural, incluindo a participação e apoio do próprio Boal através de seu mandato. A iniciativa se mantém ativa até hoje (2020).

5.

"Direitos Humanos" são humanos[11]

Quem hoje tenha a oportunidade de assistir ao canal Discovery verá as sangrentas lutas pela sobrevivência que travam animais, no fundo do mar e no cimo das montanhas, na aridez africana e nas zonas glaciais. Programas belos para serem vistos no conforto do lar; cruéis, vividos por seus protagonistas.

Animais estão programados para sobreviver. Custe o que custar. Nenhum princípio moral distancia a onça da gazela, apenas a velocidade das patas. Nada impede que o lobo devore o cordeirinho, porque "se não foste tu, foi teu pai".[12]

A civilização só se tornou possível graças à invenção da Ética. Na lei da selva vige a força bruta. Animais possuem tendências de conduta, porém geneticamente programadas. Só o ser humano inventa como se deve comportar, determina deveres e direitos, só o ser humano foi capaz de elaborar aquilo que se chama genericamente de "Direitos Hu-

[11] Texto editado a partir do pronunciamento de Augusto Boal, em setembro de 1995, durante o lançamento oficial do "Programa de Proteção às Vítimas e Testemunhas de Crimes", no plenário da Câmara. Na época Boal era presidente da Comissão de Defesa dos Direitos Humanos do município do Rio de Janeiro e havia apresentado o primeiro projeto de lei do país que visava a criação de um programa de proteção às vítimas e às testemunhas de crimes. O projeto, que foi aprovado pela Câmara, sofreu um veto do Prefeito e como lei foi promulgada apenas em 1997, já após o final do mandato de Boal. Esta lei, então inédita no Brasil, serviu de inspiração para a atual Lei Federal de Proteção às Vítimas e Testemunhas. Conforme consta em um dos boletins do seu mandato, na época, a Comissão de Direitos Humanos enviou o programa para todas as Casas Legislativas do país, além de tê-lo apresentado no II Fórum das Comissões Legislativas de Direitos Humanos, a fim de que fosse incluído no Plano Nacional de Direitos Humanos, que naquele momento estava sendo elaborado pelo Ministério da Justiça.

[12] Referência à fábula de La Fontaine, "O lobo e o cordeiro".

manos". Direitos de todos, pelo simples fato de pertencer à espécie humana, e não a esta ou àquela nacionalidade, raça, grupo, classe, casta ou partido.

Direitos Humanos são direitos fundamentais que protegem todo e qualquer cidadão contra o arbítrio dos poderosos e condutas do Estado que violem normas internacionais.

Entre os crimes contra os Direitos Humanos estão a execução extrajudicial ou sumária, sequestros, desaparecimentos, detenção arbitrária e tortura, a escravidão e o trabalho escravo, o exílio, a discriminação étnica, religiosa, racial ou sexual, o cerceamento do direito a um processo livre, à liberdade de expressão, de associação, de movimentos, de reuniões.

O advento da humanidade dá-se pela invenção da Ética: o indivíduo julgado pelas normas da sociedade. Em eras remotas, valia a vontade subjetiva do rei, o mais forte, não os esquálidos reis de hoje em dia. A vontade real, o poder do rei, era a realidade da lei.

Foi Hamurabi da Babilônia, lá pelo ano 1750 a.C., o primeiro rei a transferir para o juízo da sociedade as normas de conduta que deveriam ser as do cidadão. Até então era tão lógico supor que a vontade do rei fosse justa em si e por si que, para instituir o Código de Hamurabi, teve o rei que invocar um deus, Shamah, na sua religião, o deus da Justiça. A Lei Cidadã se destacava assim da pessoa de Hamurabi pela intervenção de Shamah, o Justo, o Deus da Razão.

Esse é o primeiro Código Penal conhecido na História. Escrito em pedra, está no Museu do Louvre para que se veja que já naquela época existia a preocupação civilizatória do Direito.

Outros códigos vieram. Cada vez mais ratificaram a prevalência de uma instância superior, social, que reja a conduta de cada indivíduo dentro da sociedade.

Alguns dos "códigos" recentes ficaram famosos, como a Constituição dos Estados Unidos, de 1789, quando Thomas Jefferson, seu principal autor, defendia o "Direito à Felicidade", e sobretudo a Declaração Universal dos Direitos do Homem e do Cidadão promulgada dois anos depois do início da Revolução Francesa, em 1791. Esses códigos atribuem a Justiça ao Estado, prevenindo, ao mesmo tempo, que é necessário limitar o poder do Estado, feito de indivíduos.

Mas como limitar o seu poder se ao Estado cabe aplicar a Lei que o limita? Primeiro, confrontando um Estado aos demais Estados. Segundo, tripartindo o Estado.

Desde o século passado já se falava no direito de "intervenção humanitária", atribuindo a outros Estados o dever de intervir naquele que violasse os Direitos Humanos. E, recentemente, com a Guerra do Golfo, instituiu-se, no seio da ONU, o "Dever de Ingerência", a ser aplicado no caso de atrocidades cometidas pelo Estado contra os seus próprios cidadãos. (Esse dever só foi usado quando se tratou de um país rico em petróleo tentando anexar outro, ainda mais rico, e jamais foi cogitado durante os regimes sanguinários que asfixiaram tantos países da América Latina. Ou em Timor Livre, hoje, asfixiado pela Indonésia sob os olhares gulosos da Austrália.).

A Declaração Universal dos Direitos Humanos, promulgada pela Assembleia Geral da ONU em 1948, estatui que "Os homens nascem e permanecem iguais em direito. O objetivo de toda associação política é a preservação dos naturais e imprescritíveis Direitos Humanos, inclusive a liberdade de propriedade, de segurança e de resistência à opressão".

Através da luta entre a barbárie e a civilização, pode a Humanidade até certo ponto progredir. A barbárie, como alguns governantes, preconiza a lei da selva, a do mais forte. A civilização, ao contrário, procura criar padrões de comportamento e, como nos ensinou a Revolução Francesa, preconiza o Estado tripartido, o Executivo, o Legislativo e o Judiciário. A Revolução Francesa veio reiterar o que já sabíamos: o executor não pode ser ao mesmo tempo aquele que legisla e julga, como acontece com os animais na floresta e no fundo do mar, como acontece no Discovery Channel.

Quem se insurge contra os Direitos Humanos insurge-se contra a civilização e revela seu lado selvático. Os trogloditas não tinham moral e seu direito era medido pelo peso da maça que portavam. É o que deseja quem ataca o chefe de polícia, Hélio Luz,[13] com o argumento imoral de que se trata de um homem que respeita os Direitos Humanos.

---

[13] Chefe da Polícia Civil do Estado do Rio de Janeiro entre junho de 1995 e setembro de 1997.

Aqui ninguém é burro!

Nenhum de nós pede clemência para criminosos, sequestradores, traficantes. Pedimos lei, justiça. Civilizados, sabemos que aquele homem de uniforme que porta uma arma é o braço armado da Justiça, mas não o juiz. E aqueles que preconizam para os assassinos, assassinatos, sequestros para os sequestradores, sem a mediação do Poder Judiciário — olho por olho, dente por dente, autoaplicada pena de Talião —, esses se colocam no mesmo patamar moral daqueles a quem querem acusar, cometem o mesmo crime que pretendem castigar.

Quem fala contra os Direitos Humanos fala contra a humanização do homem. Declarar que tais direitos devem proteger apenas esta ou aquela categoria de gente é crime contra a Humanidade. Querem nos dividir em castas, relegando a maioria à condição de párias e guardando para si os benefícios brâmanes.

A divisão dos poderes foi a maior conquista humana dos últimos séculos; não podemos ouvir calados as sandices que preconizam castigos antes da sentença e sentença executada por uma das partes em confronto.

Porém, para que os Direitos Humanos se exerçam na sua plenitude, devemos observar que, na prática do crime, existe uma tríade sempre presente. Todo crime tem criminoso, pois que o ato criminoso não se autoativa, necessita de um agente; todo crime se exerce contra uma vítima; sem objeto, a intenção criminosa ainda não é crime; e todo crime é testemunhado, de perto ou de longe, antes, durante ou depois de cometido: alguém sempre alguma coisa sabe.

Nos crimes violentos, a vítima é silenciada pela morte e a testemunha pelo medo. Mesmo em casos não fatais, com frequência, a vítima que é a principal testemunha silencia pelo medo, tornando-se duplamente vítima.

Na tríade do crime — criminoso, vítima, testemunha — para que se castigue o primeiro é necessário proteger a última; a testemunha é a restauradora da verdade e é preciso que a verdade resplandeça antes que Justiça se faça.

Para que isto aconteça, a testemunha não pode temer ser vítima de um novo crime; sua proteção cabe ao Estado porque, protegendo a testemunha, estaremos defendendo os Direitos Humanos, a civilização contra a selva.

Devemos buscar a verdade em todos os níveis, em todas as épocas, em todas as dúvidas. O saber humaniza: precisamos saber. Conhecer não apenas os crimes recentes, mas os antigos. Não apenas os comuns, mas os políticos.

Nestes tempos de descalabro, em que os valores morais se compram e vendem no grande mercado globalizado, alguns proclamam o desrespeito à lei, desejando cada qual fazer a sua. Outros, livrando-se de crimes passados, invocam a anistia para travesti-la em lei do esquecimento.

A anistia impede que se puna, mas não que se descubra a verdade; apesar da mesma raiz grega, a Lei da Anistia não é a Lei da Amnésia. É preciso descobrir mandantes e mandados — eis que testemunhas existem! — e não aceitar como válida a desculpa de que alguns criminosos cumpriam ordens. Qual o torturador que cumpriria a ordem de torturar a própria mãe?

A sua, não a dos outros.

O futuro se inventa com a contemplação do passado. Os que hoje proclamam a inobservância da lei desejam a lobotomização da memória. É triste que muitos dos que se põem ao lado do autoritarismo, perseguidores hoje, tenham sido os perseguidos de ontem.

Nós aqui viemos proteger a verdade, que estará sempre ameaçada enquanto a testemunha estiver em perigo. O crime se prolonga no tempo e no espaço, enquanto o criminoso permanecer ameaçador.

A ameaça é prólogo do crime consumado. Se feita à testemunha, é o prolongamento do crime. A proteção, seu antídoto. Hoje, aqui viemos propor um Programa de Proteção à Testemunha, propor a reabilitação da verdade. Temos a certeza de que juntos, sem que nos separem divergências ideológicas, que podem existir, ou partidárias, que certamente existem, juntos, a favor da civilização e contra a barbárie, havemos de iniciar um vasto movimento que ofereça um pouco de terra firme contra as turbulências morais da nova ordem internacional.

E o que nós queremos é tão pouco! Queremos a verdade. Só isso. Muito obrigado.

Aqui ninguém é burro!

6.

Paulo Freire, o mestre[14]

Na Babilônia, muitos séculos antes de Jesus Cristo, um homem observou uma maçã caída de uma macieira que rolava por um declive na ribanceira e viu o que todos apenas olhavam: a maçã rodava tocando o solo pela circunferência. Só uma parte da sua superfície tocava o chão. O homem se deu conta daquilo que ninguém antes percebera: para rodar, a maçã não necessitava ser esférica, bastaria ser circular. E inventou a roda.

As rodas que vemos rodando pelo mundo, pelos trilhos, pelas velozes pistas, pelos mercados, em casa, na rua, foram inventadas por um gênio, um homem que viu o que todos apenas olhavam.

Uma outra maçã, séculos mais tarde, caiu na cabeça de Newton. Qualquer um de nós teria dado um grito, feito uma imprecação, dito um impropério, amaldiçoado o reino vegetal. Newton, ao contrário, viu o óbvio: "a matéria atrai a matéria na razão direta das massas e inversa do quadrado das distâncias". É lógico, límpido e cristalino. Porque, se assim não fosse, a maçã não teria jamais caído na cabeça de Newton; seriam a Terra e Newton que teriam caído na maçã. Isso, hoje, é fácil de entender. Mas foi preciso um gênio para ver o que todos apenas olhavam.

Arquimedes, tomando banho de banheira, percebeu que sua perna tendia a flutuar. Coisa estranha! E, num lampejo, "*Eureka!*" — des-

---

[14] Texto escrito a partir do pronunciamento de Boal por ocasião da entrega da Medalha de Mérito Pedro Ernesto a Paulo Freire, em evento histórico e solene de homenagem ao educador na Câmara Municipal do Rio de Janeiro em agosto de 1994. O requerimento para a concessão da medalha foi de autoria do próprio vereador Augusto Boal. Esse mesmo texto foi reeditado por Boal por ocasião da morte de Paulo Freire, em 1997, com alguns adendos e sob o título "Paulo Freire, meu último pai". A edição inglesa de *Teatro Legislativo* adota a última versão do texto.

cobriu o óbvio: "um corpo sólido mergulhado em um líquido recebe um empuxo de baixo para cima igual ao peso do volume de líquido deslocado". Nada mais elementar. Só que, antes, ninguém tinha traduzido, em teoria, a prática das pernas flutuantes. Todos os usuários de todas as banheiras, piscinas e lagoas viam pernas flutuando e achavam muito natural, mas só Arquimedes deduziu a lei que regia tais fenômenos.

Assim são os gênios, descobrem ou inventam o óbvio que ninguém vê. Assim aconteceu com Paulo Freire: descobriu que o "vovô absolutamente não viu o ovo", nem a "vovó viu a ave", mas, ao contrário — com certeza certa! —, o pedreiro viu a pedra, a cozinheira o feijão, o lavrador a enxada, a soja e o trigo. E o operário e o camponês não viam o salário, as férias, o direito à escolaridade dos filhos, à saúde. O trabalhador não via a hora de descansar. O faminto, a hora de comer. O povo, a hora da redenção.

E, assim, desenhando em letras e palavras a dor que o pobre sentia na carne — mas sem esquecer os desenhos do sonho e da esperança! —, Paulo Freire inventou um método, o seu, o nosso, o método que ensina ao analfabeto que ele é perfeitamente alfabetizado nas linguagens da vida, do trabalho, do sofrimento, da luta, e só lhe falta aprender a traduzir em traços, no papel, aquilo que já sabe, no seu cotidiano. Maiêutico, socrático, Paulo Freire ajuda o cidadão a descobrir, por si, o que traz dentro de si.

E, neste processo, aprendem o professor e o aluno: "A um camponês ensinei como se escreve a palavra arado; e ele me ensinou como usá-lo!" — disse um professor rural. Só é possível ensinar alguma coisa a alguém que a nós alguma coisa ensina. O ensino é um processo transitivo, diz o nosso mestre, um diálogo, como deviam ser diálogos todas as relações humanas: homens e mulheres, negros e brancos, classes e classes, países e países. Mas sabemos que esses diálogos, se não forem carinhosamente cuidados ou energicamente exigidos, bem cedo se transformam em monólogos, onde apenas um dos "interlocutores" tem direito à palavra: um sexo, uma classe, uma raça, um conjunto de países. E os outros são reduzidos ao silêncio, à obediência: são os oprimidos. E esse é o conceito paulo-freiriano de opressão: o diálogo que se transforma em monólogo.

O rei Afonso VI da Espanha teria dito certa vez: "Se Deus tivesse pedido a minha opinião antes de criar o mundo, eu teria aconselhado alguma coisa bem mais simples". Paulo Freire, de certa forma, descomplicou o ensino. Embora Deus nada lhe tenha perguntado — isto ao que consta oficialmente, mas no íntimo estou convencido de que perguntou sim! —, ele criou alguma coisa mais simples, mais humana do que as complicadas formas autoritárias de ensino que obstaculizavam o aprendizado.

Com Paulo Freire aprendemos a aprender.

No seu método, além de se aprender a ler e a escrever, aprende-se mais: aprende-se a conhecer e a respeitar a alteridade, o outro, o diferente. Meu semelhante a mim se assemelha, mas não sou eu; a mim se assemelha, com ele me pareço. Dialogando, aprendemos, ganhamos os dois, o professor e o aluno, pois que alunos somos todos, e professores. Existo porque existem. Para que se escreva em uma página branca é necessário um lápis negro; para que se escreva num quadro negro é necessário que o giz tenha outra cor. Para que eu seja, é preciso que sejam.

Para que eu exista é preciso que Paulo Freire exista.

O ato de aprender a ler é aprender a pensar, e pensar é uma forma de ação. Assim, apesar de vovôs e vovós das antigas cartilhas serem dignos de todo o respeito, apesar de aves e ovos serem dignos de todo o cuidado, o camponês precisa saber como se escreve o nome do instrumento com que lavra a terra; o pedreiro, com que se constrói a casa; a cozinheira, com que nomes condimenta a feijoada e quais desejaria.

7.

O suicídio do vento[15]

Conta a lenda, a tradição ou folclore — e eu não tenho a mínima certeza de que esta história que vou contar seja verdadeira ou não, se foi deveras acontecida ou fruto da imaginação — mas tenho certeza certa de que a imaginação existe, portanto a imaginação é real! — conta este conto que nenhum pássaro no mundo existe, nenhuma ave no universo, que cante tão belo como o mais belo canto do uirapuru.

Na floresta amazônica onde vive, quando se põe a cantar, todos os outros pássaros silenciam. Primeiro espantados, depois admirativos e logo tietes apaixonados. Mas não só os pássaros. Os animais, desde os mais fugidios e intimidados até os mais selvagens e intimidantes, todos, todos os animais amazônicos silenciam: a onça-pintada e a jacutinga, cobra, jacaré — e, se os houvesse, elefantes! —, até serpentes com ou sem chocalhos caudais, até mesmo as humildes minhocas que vivem embaixo da terra e que são cegas mas não são surdas, sobem à superfície e, em silêncio extasiado, escutam o maravilhoso recital do uirapuru.

Diz a lenda que até o vento, o próprio vento, comete um desatino: o vento se suicida, porque para e, imóvel, escuta — silente espectador. E até a pororoca que, como sabemos, é a luta corporal e sem quartel entre o rio e o mar, a pororoca que em dias normais estronda a dezenas de quilômetros em todas as direções, até a pororoca barulhenta e desordeira se cala, porque as águas revolucionárias do Amazonas assinam breve pacto de não-beligerância com as águas conser-

---

[15] De tempos em tempos no Brasil acontecem grandes discussões sobre o significado da cultura e o lugar que a cultura ocuparia no advento de um governo de coalizão popular. Este artigo foi escrito para um desses debates. [Nota do autor para a edição inglesa de *Teatro Legislativo*]

Aqui ninguém é burro!

vadoras do oceano, e a foz revolta e revoltada se transforma em plácido lago. E as águas escutam a voz do uirapuru. Até as folhas têm medo de cair das árvores; homens e animais, medo de piscar os olhos — ruídos imperdoáveis durante o show uirapurino.

Conta a lenda que é tão belo o canto e o cantar daquele pássaro que deixam atrás — anos-luz! — a beleza do canto de Maria Callas e Pavarotti, Elis Regina e Maysa, para só citar algumas vozes distantes no tempo ou no espaço.

E quando canta o uirapuru? Canta desde o preciso e precioso momento em que a fêmea termina de construir seu ninho e até o instante em que põe o primeiro ovo. Esse curto tempo dura dez ou quinze minutos: minutos de esplêndida música. Ovo posto, o pássaro se cala e só voltará a cantar no próximo ano, no próximo ninho.

Os animais carnívoros retomam sua rotina sangrenta, o vento retoma seu impulso, as serpentes silvam, búfalos mugem, porcos grunhem, rãs coaxam, burros zurram, galinhas cacarejam e todos se envergonham do ruído cacofônico de suas vozes: ai, que saudades do uirapuru!

Mas, felizmente, no próximo ano ele voltará a cantar o mesmo canto, as mesmas notas musicais, o mesmo ritmo, a mesma melodia, a mesma obra-prima musical. Obra-prima da natureza: o canto do uirapuru.

Mas, de todas as obras-primas da natureza, essa, tão grande e tão bela, não é a maior. A maior somos nós, somos nós homens e mulheres que somos capazes do sonho.

Os pássaros, por mais belo que seja o canto, cantam sempre a mesma canção, sem novidade, sem invenção. Os castores, por mais geniais suas arquiteturas, constroem sempre os mesmos diques. A abelha, por mais nobre que seja sua realeza, produz sempre o mesmo mel.

Nós, humanos, somos capazes de inventar. Aves cantam mas não são compositoras; nós, cantamos e compomos, produzimos cultura. Esta é a maior criação na natureza: a cultura. E somos nós que a produzimos. E, ao produzi-la, ao criá-la, recriamos a natureza que nos criou. Fazer cultura é inventar o mundo para que responda às nossas necessidades, aos nossos desejos, ao nosso sonho.

Sem sonho não há cultura, porque é o sonho que a antevê, prepara, acaricia. Mas cuidado: existe sonho e existe pesadelo. E aqui as coisas se embrulham, porque o sonho pode ser real, vir a ser, e a realidade virar sonho.

Cultura não é o supérfluo, o penduricalho. É o fazer. A maneira de fazer. E as maneiras de se fazer o mesmo não são as mesmas, porque não sonhamos todos o mesmo sonho, não somos todos da mesma cor, não nascemos na mesma terra, não crescemos no mesmo bairro, cidade ou estado, nem comemos todos da mesma tigela. Por isso a cultura é vária. Cultura é tudo o que é, a verdade e a mentira.

Como sabemos — sabemos todos! —, existem duas formas de se mentir: uma, é mentindo mesmo, dizendo-se mentiras lavadas e deslavadas. Outra, mais insidiosa, é manipulando-se a verdade.

Hoje, por exemplo, assistimos a uma verdadeira mentira propalada pela mídia, uma verdade mentirosa. Diz-se que a população consultada opinou majoritária em favor do Plano Real. É verdade que a maioria disse sim; é mentira que tenha apoiado o Plano. A verdade de que a mídia mente é que o povo não conhece esse Plano, para aprová-lo ou não. Sabe que a inflação caiu e aplaude, mas não conhece as irracionais razões que mantêm uma paridade irreal e simbólica do real e do dólar, sustentada ao preço, entre outros, da retenção de verbas da saúde e dos salários. O povo aprova o relançamento da remarcação de preços, mas não aprova esses preços; aprova a moeda forte, mas preferiria que essa moeda assim robusta visitasse o seu próprio bolso com maior frequência, e não apenas a Bolsa.

Este sonho mau também é cultura. Vivemos a cultura da mentira, do engodo, do falso, do sucedâneo, *ersatz*. Cultura propagada pela mídia. Mídia que dividiu o povo brasileiro em duas metades: metade, o corpo do povo vive com os pés na terra; metade, o seu espírito além das nuvens num céu imaginário. Em sua casa não tem água quente, mas nas telas de televisão há piscinas de águas mornas. Na sua mesa não há nem pão nem feijão, mas nas telas come com olhos famintos, esbugalhados, lautos banquetes, variados.

Foi essa mídia que ontem nos derrotou e que hoje afia suas armas brancas. Afiemos, ao menos, nossas unhas.

Não é nosso desejo destruir a mídia; não é nossa opção a terra arrasada. Mas pensamos que devemos democratizá-la. Reformar o agro e reformar o vídeo, a terra e a imagem dessa terra. Devemos regionalizá-la, dividir a terra e a tela. Devemos torná-la acessível à boca e à voz produtora do povo e não apenas aos seus olhos e ouvidos consumidores.

Este é o nosso primeiro desejo, democratizar o que existe — a TV, cinema, vídeo, teatro, música e dança, as artes, belas ou não, a ciência. E democratizar significa ainda hoje o que já na Grécia significava: *Demo — Povo*.

Mas temos que criar o que não existe; os meios de desenvolver aquilo que intensamente deseja existir, aquilo que desejamos que venha a ser: a cultura popular. Por isso acreditamos que um Plano Cultural do Governo Lula — Governo Popular! — deverá ter bem no centro das suas preocupações, ter como coração, um centro gerador de centros, núcleo gerador de núcleos, que não cometa erros do passado, que não seja centralizador, autoritário e normativo, mas democraticamente ajude a formação de outros órgãos, batizados com o nome que lhes queiramos dar — Unidades, Centros de Arte e Cultura, Casas de Cultura, Barracões etc. —, mas que tenham a finalidade democrática de permitir o diálogo entre as regiões do país, entre países, entre as artes, entre todas as várias atividades culturais nas suas versões brasileiras, sendo cultura considerada como a primeira, a principal *Vocação Humana*. Cultura como arte e como erudição, como corpo e como espírito e, acima de tudo, cultura como invenção do futuro.

Hoje, no presente, pensando nosso passado, temos o dever de inventar o futuro. Esta será a tarefa destes centros, unidades ou núcleos: inventar o futuro e não esperar por ele.

8.

As leis do mercado e a do leão

No recente Encontro Nacional,[16] realizado no Rio de Janeiro, foi proposto o tema da Identidade Cultural — o mais complexo e abrangente desse Encontro porque, em primeiro lugar, nos questionava sobre a nossa própria identidade: quem somos? Em seguida, exigia que identificássemos o objeto das nossas preocupações, do nosso estudo: a cultura — o que fazemos? Finalmente, tornava necessário identificar o destino e o destinatário daquilo que produzimos: para quem fazemos? Devíamos identificar os produtores culturais, a produção e o produto.

Num sentido amplo, somos todos produtores culturais porque aquilo que primeiro cultivamos, o primeiro objeto do nosso cultivo é a vida, a nossa própria vida. Cultivamos a vida biológica, a vida afetiva, a vida social, o trabalho e o lazer, a guerra e a paz. Todos produzimos cultura: gente de uma mesma rua ou cidade, região, religião, etnia ou país. A vida, para que exista e persevere, exige. É nas respostas que damos às exigências da vida que nasce a cultura. Cultura é o "fazer", o "como" fazer, o "para que" e o "para quem" se faz.

Cultivamos tudo aquilo de que necessitamos: preenchemos carências. A natureza é cruel. A fim de vivermos, devemos transformá-la, satisfazendo nossas necessidades. Inventamos a roda para viajarmos mais longe do que nossas pernas; fazemos a ponte para cruzarmos o rio; construímos casa que nos abrigue e roupa que nos proteja do sol e da chuva. Cultura são todas as atividades que satisfazem necessida-

---

[16] Na edição inglesa de *Teatro Legislativo*, existe apenas um adendo a este texto, indicando que ele teria sido apresentado em um encontro de intelectuais com foco na cultura, acontecido em 1995, embora tenha sido possivelmente escrito antes, já que contém referências a eventos e situações do início da década de 1990.

Aqui ninguém é burro!

des, sejam quais forem, mesmo supérfluas. É o "como fazer" aquilo que se faz.

Somos todos produtores culturais mas, mesmo exercendo a mesma atividade, não produzimos o mesmo produto.

Para cobrir a mesa é necessária uma toalha. Qualquer costureirinha é capaz de cortar um pano: eis a toalha. Uma rendeira do Ceará, no entanto, também faz toalhas, mas vai além. Preenche a mesma carência, mas o produto que fabrica é mais, é arte. A rendeira responde não apenas às necessidades práticas objetivas, mas também às suas próprias necessidades estéticas. Sua toalha serve para cobrir a mesa e serve para os olhos. Seu valor é maior. Tão grande que pode até ser impossível usá-la como toalha que protege a mesa: é necessário proteger a toalha. Tão grande que talvez a própria rendeira não possa comprar aquilo que fabricou. Essa costureira e essa rendeira exercem a mesma atividade cultural — o fabrico de toalhas — porém a cearense excede a simples necessidade.

Paul Bocuse e eu exercemos a mesma atividade cultural; eu, aos sábados em minha casa; ele, a vida inteira em seus restaurantes: fazemos comida. A que faço serve para mim mesmo, minha família e meus amigos, satisfaz nossa fome; a dele, obra de arte, torna-se mercadoria valiosa. Comer um prato de Bocuse é mais do que simplesmente comer.

E o teatro? Todos fazemos teatro a vida inteira. A linguagem humana é a linguagem teatral, que é a soma de todas as linguagens possíveis. Porém alguns de nós escrevem textos ou sobem em cena, e nisso excedem o simples uso cotidiano da atividade teatral. É um valor a mais.

Os produtores culturais não produzem apenas para si mesmos. Ao produzir para os outros, seu produto pode tornar-se mercadoria. Porém o artista, um produtor como qualquer outro, cria além do necessário imediato, cria o gozo. E o gozo pode tornar-se necessário e pode também se transformar em mercadoria.

Aqui reside o perigo mortal. Porque, quando um artista produz arte, responde à sua necessidade, à sua maneira de ver, observar, sentir, reagir, pensar. Quando essa arte se transforma em mercadoria, introduz-se um elemento novo: a demanda externa prioritária. A arte, transformada em mercadoria, enfrenta o desafio das prateleiras, os rituais do leilão; o artista responde não mais a si mesmo, mas à demanda do mercado que, como se sabe, não é espontânea, é induzida pela propaganda.

Nos anos 1960, realizou-se em São Paulo uma Exposição de Arte Indígena. Um dos expositores confessou: "No nosso povoado fazemos estas mesmas estatuetas, porém sem essas cores vivas e fortes que pintamos para o mercado paulista! Em São Paulo, os compradores preferem assim: estatuetas muito coloridas!". Qual passou a ser a identidade daquele índio que era artista e virou artesão? Aquela era ainda arte indígena? Ou indígena-para-o-homem-branco?

É comum encontrarem-se atores que se lamentam pelo trabalho que são obrigados a fazer, quase sempre de extrema superficialidade, nas novelas de televisão. Ou por serem obrigados a interpretarem comédias digestivas, porque é isso que o mercado consome. Mercados determinantes, artistas determinados. Mercado sujeito, artista objeto, antiartista.

Existem, felizmente, contraexemplos. O mais famoso é Van Gogh: durante toda a sua vida vendeu apenas um quadro, embora tenha pintado centenas. Viveu e morreu miserável, socorrido pelo irmão Theo. Hoje, seus quadros vendem-se até por 70 milhões de dólares ou mais, não para serem oferecidos ao gozo do público e sim para a intimidade reclusa da sede de um grande banco em Tóquio, onde facilita transações financeiras.

Enquanto vivo, Van Gogh preferiu ser artista e ignorar o mercado. Ser dono de sua voz, ao invés de ser a voz do seu dono. Agora morto, já nada pode. Triunfa o mercado! Viva o dólar!

O confronto entre artista e comprador torna-se, com frequência, luta de morte; inevitável, porque todo artista é, essencialmente, um subversivo. Ele revela, cria o novo, o que não existia, o que não tem parâmetros. Ao contrário do artesão que reproduz, *ad infinitum*, o mesmo modelo. Mestre Vitalino era um artista; aqueles que o imitam são apenas excelentes artesãos.

É difícil ver o novo! O mercado julga com os critérios de que dispõe, vê o novo com os olhos cansados que viam o velho. E não entende. Malentende.

Aceitando-se o mercado, aceitam-se suas leis. E as leis do mercado, as leis da oferta e da procura, são as leis dos mercadores, assim como a lei da selva é a lei do leão.

Na selva vivem também outros animais, cujos interesses e necessidades não são contemplados pela lei leonina. Infelizmente, na selva é impossível instituir uma lei moral que ajude a desfazer a injustiça. Na sociedade humana vivem também outros seres cuja principal preocupação não é o dinheiro nem o lucro; vivem professores, jardineiros, cientistas, bailarinos, pesquisadores, poetas e sonhadores.

Seria ridículo imaginar que todas as atividades sociais devessem ser lucrativas, como mandam as leis mercantis. O Corpo de Bombeiros, por exemplo, é muito lucrativo nos meses estivais, em noites de São João cheias de balões, é quando salvam incomensuráveis patrimônios. No inverno, porém, os bombeiros hibernam. Para que fossem sempre lucrativos, deveriam criar uma Brigada Especial de Bombeiros Piromaníacos que saísse por aí ateando fogo em tudo, para que atrás deles viessem seus colegas mais aquáticos cumprindo sua nobre missão de apagar fogo e fogaréu. Só assim o dinheiro investido pelo Estado teria plena justificativa em termos de mercado.

Em Viena, em fins de 1989, descobriu-se uma trinca de enfermeiras que sistematicamente assassinavam os velhos doentes; em juízo, alegaram que queriam ver o hospital florescente e que os velhos já nada produziam e muito consumiam. Davam prejuízo ao Estado, agora que estavam velhos. Melhor matá-los.

Quando se entra nessa competição, cai-se no abismo, na sedução do canto da sereia. Atualmente estamos presenciando a uma briga de foice pelo mercado-Ibope da novela das oito, das dez, das dez e meia, e meia-noite. Antes, todas as estações de TV eram extremamente moralistas e acusavam as esquerdas de todas as imoralidades. Recentemente, uma delas começou mostrando a imagem de uma jovem mulher nua tomando banho de cachoeira: sucesso! A oferta do corpo revelado provocou a demanda de milhões de ávidos telespectadores. O outro canal respondeu mostrando mulher e homem nus e, como não há dois sem três, acrescentou-se cama e — *ipso facto* — o ato sexual. Delirante sucesso! O primeiro canal respondeu com homem e mulher, sempre nus, fazendo o amor dentro d'água, em plena natureza borbulhante: jogada de mestre!

O êxito pantaneiro deve-se a muitas razões, uma das quais a de despertar sentimentos religiosos inconscientes. Pois onde já se viu homem e mulher nus fazendo o amor num paraíso terrestre, circunvoado por anjos ameaçadores? Exatamente: na Bíblia, na história inocente — inocente? — de Adão e Eva. Eva que, de certa forma, simbolicamente, se transmuda em onça, digo, serpente, como Juma em serpente, digo, onça.[17] Enfim, animais perigosos. Cenas que fazem explodir o próprio inconsciente, pois fazer o amor nas águas tépidas de um rio ou de uma piscina de motel à beira da estrada não deixa de ser fazer o amor dentro do útero materno.

Contra toda essa simbologia, a outra estação respondeu com sexo explícito: Sônia Braga no lotação, Sônia Braga atrás do matagal, por toda parte Sônia Braga, vivam seios e coxas, viva Sônia Braga!

E agora? Aonde vamos, nessa corrida desenfreada pelo Ibope? Todas as formas de atividade sexual já foram mostradas em todos os cenários exóticos ou cosmopolitas. Certamente falta agora o grande clímax: uma cena de amor entre animais do mesmo sexo mas de raças diferentes: picante lesbianismo entre uma jacaré-fêmea e uma onça-pintada, às vezes dentro d'água para atender aos hábitos da jacaré, outras vezes em cima de uma árvore, para alegria da onça. Que árvore? Ora, pois, uma seringueira, pois nada melhor do que ambientar nossa novela num ambiente exótico, que promova o turismo às belezas naturais da nossa Pátria, mas que apresente inegável conteúdo social e político: a Xapuri de Chico Mendes, no Território do Acre. Ah, isto sim, após o clímax sexual, a onça insatisfeita, vendo passar Osmarino,[18] murmuraria em voz *off*, o que significa que a onça está pensando: "Preciso mudar de vida e encontrar um macho como esse, e não uma bosta como tu!". A jacaré, sorridente, não percebe a indireta e restaura-se a moralidade!

Se essa corrida pelo mercado continuar, brevemente todas as escolas de arte dramática do Brasil inteiro serão obrigadas a introduzir

---

[17] Referência à personagem Juma Marruá, interpretada pela atriz Cristiana Oliveira na novela *Pantanal*, de 1990, exibida na TV Manchete, e que supostamente se transformava em onça-pintada.

[18] Referência a Osmarino Amâncio Rodrigues, líder seringueiro do Acre.

Aqui ninguém é burro!

cursos especiais de Kama Sutra em seus currículos, lado a lado com Impostação de Voz, Shakespeare etc., ou talvez dentro da cátedra mais ampla de Expressão Corporal, por medida de economia.

Como vemos — como nem os cegos podem deixar de ver! —, a economia do mercado, em arte, é corrompida e corruptora! Conduz à mediocridade, à valorização do óbvio, à mais pura cretinice.

Pensando assim, foi com espanto e horror que li nas páginas do *Jornal do Brasil*, dia 8 de agosto, uma entrevista do atual secretário da cultura do governo federal e de um assistente seu.[19] Nela se declara que o governo abrirá uma carteira de crédito para o financiamento de projetos artísticos e que "Vamos tornar o negócio profissional: quem decidirá se um projeto é bom são os banqueiros; é uma questão empresarial". Fala-se também em "transformar arte em bilheteria" e que "o governo delegará ao próprio sistema financeiro a fiscalização dos projetos artísticos". Lei da selva! Todo o poder aos rinocerontes!

É impossível sentir menos do que repugnância diante dessas declarações que pretendem impor aos artistas os critérios dos banqueiros, que valorizam o produto artístico pelo crivo de cruzados e cruzeiros, quando sabemos que a função do Estado, no campo da arte e da cultura, é precisamente a de se contrapor às leis dos mercadores e favorecer o florescimento de todas as formas culturais, independentemente da sua cotação na Bolsa. Na selva não se pode instituir uma Lei Moral. Mas nós onde estamos: em todo o Brasil ou pendurados nos galhos das árvores amazônicas? Por que só o leão tem vez?

Como produtores de arte e de cultura temos o dever de alertar a todos contra essa monstruosa política genocida e anticultural que levará a nova carteira de crédito oficial a financiar apenas projetos que não necessitam de financiamento, como os de Xuxa, Angélica, Silvio Santos e Faustão. São esses os projetos rentáveis. É isso o que dá lucro. Mas será isso cultura?

---

[19] Boal refere-se a Sérgio Paulo Rouanet, então Secretário de Cultura do Governo Federal e responsável pela criação de lei brasileira de incentivos fiscais à cultura, conhecida desde então como Lei Rouanet.

9.

Sofisma e silogismo, solipsismo e solilóquio

Vou aproveitar hoje este espaço aberto, espécie de Speaker's Corner,[20] quando o plenário está praticamente vazio — e assim não corro o risco de fatigar senão algumas poucas vítimas da minha oratória, às quais peço perdão antecipado — vou aproveitar para restaurar algumas verdades simples chamuscadas pela recente controvérsia provocada por declarações insensatas — ou impensadas, ou ambas! — de alguns jornalistas paulistas e do capitão Jair Bolsonaro, quando, semanas atrás, teceram comentários nostálgicos sobre os odiosos tempos da ditadura cívico-militar que assolou o país, que dizimou nossa economia, que aviltou nossa personalidade nacional, que esfomeou mais da metade da nossa população, que elevou a inflação a níveis jamais vistos, jamais imaginados sequer por Júlio Verne — que era um verdadeiro especialista em imaginações —, que mais do que decuplicou a nossa dívida externa e que, bem entendido, enriqueceu estratosfericamente uma minúscula parcela da nossa triste população, elevando à categoria de homens mais ricos da terra nada menos do que cinco brasileiros — entre os quais o senhores Marinho, Camargo, Votorantim, Cecílio não sei das quantas e outro, não me lembro qual — segundo testemu-

---

[20] Em tradução livre do inglês, "Canto dos Oradores". Área ao ar livre, originalmente no Hyde Park de Londres, designada para a livre manifestação de qualquer pessoa sobre qualquer tema, contanto que o conteúdo seja lícito. O "canto" serviu de local de encontro para importantes reuniões e protestos políticos no século XIX, tornando-se um espaço símbolo da liberdade de expressão levando-o a ganhar *status* legal de "speakers' corner" em 1872, com a Lei de Regulamentação dos Parques. Por sua natureza democrática, é permitido ao orador discursar livremente, ainda que público ouvinte não seja uma garantia. Talvez, por isso, a analogia de Boal com o plenário esvaziado.

　　　　　　　　　　　　Aqui ninguém é burro!

nho das ricas revistas dos ricos, *Forbes*, *Fortune* e quejandas, além de produzir centenas de outras fortunas menores — mas não tanto — fortunas cívico-militares.

Disse o Capitão que o nosso Congresso está desmoralizado e que, como única solução aos desmandos congressuais, não vê senão a volta ao passado, veloz marcha à ré em direção a uma ditadura por tempo determinado...

Quando os famigerados golpistas de 1964 surrupiaram o poder, também eles se desculparam por tempo determinado, apenas o suficiente para restaurar a democracia — e cinicamente o disseram, sem perceber que foram eles mesmos os que interromperam o processo democrático. Quanto ao limite temporal, dizer que isto ou aquilo é temporário nada mais é do que reconhecer a inexorabilidade do tempo: tudo é temporário, tudo é limitado. Até mesmo o Império Marinho, um dia, terá seu fim. Até mesmo a fome e a angústia do povo brasileiro, e a corrupção das elites brasileiras, terão seu fim. Um dia... quando?

Encantado com as declarações do Capitão, saltou o jornal *O Estado de S. Paulo* em sua defesa — Estado da Família Mesquita que, ideologicamente, é aparentada à Família Marinho, que professa a mesma ideologia da Família do *Cidadão Kane*, a obra-prima de Orson Welles.

O *Estadão* usou um sofisma vulgar para justificar as intenções e a moral castrenses. O que é sofismar? É um raciocinar que parte de premissas verdadeiras e delas extrai uma conclusão falsa, embora, formalmente, lógica.

O exemplo mais conhecido de sofisma é aquele expresso pelo filósofo grego Empédocles, que negava a existência do movimento. Para ele, nada se movia, nunca, e os nossos sentidos nos traíam quando nos faziam ver moverem-se coisas imóveis.

Dizia ele: uma coisa não pode se mover onde está porque, se aí está, essa é a prova concludente de que não se move. Premissa verdadeira, concordamos todos. Segunda premissa: uma coisa não se pode mover onde ela não está porque, aí não estando, evidentemente não se poderá mover onde não está. Lógico — mais uma vez, concordamos. Conclusão: se uma coisa não pode se mover no lugar onde está, e menos ainda onde não está, então essa coisa não se pode mover em lugar nenhum e o movimento não existe, a não ser na nossa imaginação, traída pelos nossos sentidos mentirosos.

O sofisma é a mentira com cara de verdade, o absurdo com fisionomia de lógica irrefutável.

O que Empédocles escamoteia é que o movimento não se dá nem no lugar onde está a coisa, nem no lugar onde não está: dá-se no trânsito, de onde estava para onde estará. Dá-se no tempo e no espaço, e não se imobiliza no instante.

Um dos articulistas estadenses anônimos, em defesa do Capitão, argumentou com o seguinte sofisma capenga: 1) a opinião pública condena a maioria dos Legislativos nacionais por sua ineficiência, desonestidade e cupidez — o que é verdade; 2) no Peru, as Forças Armadas derrubaram um legislativo ineficiente, desonesto e cúpido, e que não contava com a admiração popular; as Forças Armadas têm o poder — mas não o direito! — de derrubar qualquer poder não armado, pois são as únicas a possuírem armas para isso — o que também é verdade; 3) logo, as Forças Armadas brasileiras devem derrubar o Congresso Nacional e reinstalarem-se no Planalto — o que é absolutamente falso.

Esse sofisma primário baseia-se no falso pressuposto de que, se o Congresso é imoral e incompetente, as Forças Armadas são necessariamente competentes e moralizantes, o que, na realidade dos fatos, na evidência da nossa sociedade e no noticiário dos nossos jornais, não é, nem jamais foi, verdade. A corrupção existe em toda parte e em toda parte deve ser combatida; Inocêncio usou dinheiro do Estado para furar poços em suas fazendas milionárias, mas não foi menos inocente o militar que superfaturou até mesmo o papel higiênico dos seus quartéis.[21] Nossos militares nunca estiveram — e infelizmente não estão — ao abrigo e acima de justificadas suspeitas.

---

[21] Referência a Inocêncio de Oliveira, deputado federal durante dez legislaturas (1975-2015) e presidente da Câmara dos Deputados no biênio 1993-1995, tendo passado, ao longo de sua carreira política, pela Aliança Renovadora Nacional (ARENA), Partido Democrático Social (PDS), ambos de sustentação à ditadura civil-militar (1964-

Aqui ninguém é burro!

Assim são os sofismas, e assim se procura dar credibilidade ao inaceitável, tornar bela a hediondez. Já o silogismo parte de premissas verdadeiras e conclui uma verdade, unívoca.

Peço que silogismem comigo, perdoando-me ao mesmo tempo minha irrefreável vocação neologística. Raciocinem comigo e Vossas Excelências dirão se tenho razão, se tem razão a verdade. Primeira premissa: a Democracia é o sistema de governo em que todos elegem livremente os seus representantes, errando ou acertando em liberdade, sofrendo as consequências ou recebendo as recompensas morais e políticas de suas escolhas. Segunda premissa: toda ditadura é fascista, isto é, expressa a vontade de uma minoria, um *fascio*, um feixe, um punhado de indivíduos, que delibera em nome de todos, mas sempre levando em conta os interesses desse reduzido *fascio*, feixe, punhado, gangue, quadrilha. Conclusão lógica e irrefutável: só a Democracia, mesmo parcialmente corrompida, pode levar em conta os interesses mais gerais da população.

Os saudosos das ditaduras passadas, os invejosos das ditaduras vizinhas, as cassandras equivocadas de comprováveis hecatombes, na verdade, abraçam a doutrina do solipsismo. O que é isso? Solipsismo: o que será essa palavra tão esdrúxula quanto a palavra esdrúxula? É simplesmente uma doutrina segundo a qual só existe, na realidade, aquilo que é perceptível pela consciência do observador: só existe o que eu vejo, o que eu sinto, o que eu penso. Em última análise: só existo eu. Assim é o pensamento ditatorial: só existe o *fascio*, só ele pensa, só ele conta.

Houve um tempo em que os ditadores foram benvindos por uma parte da população que, embora minoritária, estava bem armada e em posições de mando. Hoje, depois do desastre econômico e ecológico, político e moral de vinte anos de arbítrio e estupidez, apenas um punhado de pessoas, um feixe, um *fascio*, ainda sonha com esse pesadelo.

E já que falamos de solipsismo, sofisma e silogismo, falemos também em solilóquio, ou monólogo, dizendo que hoje, felizmente, os *fas-*

1985), e posteriormente pelo Partido da Frente Liberal (PFL) e pelo Partido da República (PR).

ci, feixes, punhados, estão condenados à solidão, ao solilóquio, ao monólogo, pois o povo inteiro, em coro, rejeita poderes ditatoriais, como rejeitou em recente plebiscito os poderes imperiais que um pequeno *fascio* queria reintroduzir em nosso país.[22]

Muito obrigado.

Rio de Janeiro, 12 de março de 1993

---

[22] Referência ao plebiscito previsto na Constituição Federal de 1988 e realizado em 21 de abril de 1993. Pelo plebiscito, os eleitores brasileiros decidiram qual a forma (monarquia ou república) e qual o sistema de governo (parlamentarismo ou presidencialismo) a serem adotados no país. A república foi preferida por 86,6% dos eleitores, enquanto a monarquia foi escolhida por 13,4%. O presidencialismo obteve 69,2% dos votos, tendo o parlamentarismo obtido 30,8%.

10.

A visita dos números frios

Senhora Secretária, senhoras e senhores,

Na semana passada, afirmei que, em seus atos políticos, o prefeito revela grande admiração pelo filósofo grego Pitágoras. O mesmo raciocínio que me levou a essa conclusão também se aplica a Vossa suave Excelência.

Pitágoras, como sabemos, foi o primeiro filósofo que separou o número da coisa numerada: conseguiu pensá-lo como abstração — um avanço extraordinário para o pensamento. Porém, nele, embora separado da concretude, o número com ela mantinha estreita relação. Para o prefeito e para V. Exa. — que vão além — os números existem em si e para si. Vs. Exas. reificam o número.

Mas será possível? Os números, como os símbolos, são referentes a algo que não eles próprios. O símbolo, ao contrário do sinal, é alguma coisa que existe no lugar de outra. É diferente daquilo que simboliza. A bandeira é símbolo da pátria, mas não é a pátria, embora com ela guarde relação. E assim se diz que o verde simboliza a mata; o amarelo, riquezas; o azul, o céu azul; e "Ordem e Progresso", Augusto Comte e o positivismo. O símbolo alguma coisa tem a ver com a coisa simbolizada. Para maior clareza: o "sinal" da cruz é "símbolo" do sacrifício de Jesus.

Existe uma linguagem simbólica e outra sinalética: esta é dominada também pelos animais porque, nela, a mensagem não se separa do mensageiro: um cão, ganindo, pode expressar sua dor, mas não será capaz de entender o significado da dor, nem o da palavra dor: a dor é sua voz. Esta é a linguagem sinalética. Já a nossa humana linguagem simbólica confere autonomia à mensagem: não precisamos ganir ao falar de dor. Um macaco pode enviar aos seus filhotes um grito de perigo ao ver uma árvore, mas será incapaz de compreender a noção de perigo, ou mesmo a de árvore: com o seu grito, fala desta árvore e deste momento, e só. Nós, humanos, podemos falar de perigos, dores e árvores simbolicamente.

Portanto, a simbolização permite o raciocínio — que bom, não é mesmo?! Mas, da mesma forma que certos religiosos pregam bondade e caridade, amor ao próximo e a Deus, vida eterna e salvação da alma e, no suarento dia a dia, não mexem palha para salvar da fome criança de rua — falam da infinita vastidão do Paraíso, mas trancam as portas de suas igrejas com ferros e cadeados —, também assim muitos economistas falam de números como religião abstrata, sem que façam referência, ou levem em conta, os seres humanos vivos e concretos, o sofrimento, a angústia da população.

Por essa razão, Excelência, este encontro será inútil, inócuo, se reduzido a um debate técnico e econômico. A discussão sobre as finanças da cidade, antes de ser sobre finanças, deve ser sobre a cidade; antes de ser econômica, deve ser ética e política. Depois, sim, felizes e contentes, poderemos falar de alíquotas e coeficientes.

Quero exemplificar. E, para clareza do exemplo, quero buscá-lo fora da competência direta de V. Exa., na esfera federal. Um deputado propôs aumento do salário mínimo para 100 dólares. É muito pouco para se manter alguém vivo no Brasil, um mês inteiro; 77, como hoje, é impensável: a cesta básica está a 107.[23] Mesmo assim, houve no governo — no atual e no próximo — quem declarasse que salário de 100 dólares é inviável, o que para mim equivale a afirmar ser inviável a vida, e mais inviável ainda manter-se a dignidade e o respeito à condição humana.

Por que inviável? Porque, a partir de cálculos de arrecadação, esses economistas concluíram que a Previdência iria à falência se pagas-

---

[23] Em 1994 foi instituído o Plano Real que, entre várias medidas econômicas, alterou a moeda nacional do breve Cruzeiro Real (um mal-sucedido e temporário paliativo ao hiper-inflacionado Cruzeiro) para o Real. A transição ocorreu a partir de 1º de julho, e através de um controle cambial artificial fez a cotação do dólar chegar neste mesmo ano a R$ 1,00 e permanecer nesta equivalência de um para um até 1999. Em setembro de 1994 o salário mínimo estava fixado em R$ 70,00 e, de fato, foi elevado ao piso de R$ 100,00, em 1995, conforme Augusto Boal indica ser a sugestão de deputados federais à época.

se aos aposentados esse piso. Baseados em cálculos precisos e corretos, matematicamente inquestionáveis, para salvar a vida e a saúde dos números, condenam aposentados à morte lenta, ao desespero e à fome.

Este raciocínio abstrato e frio, gélido, glacial, ártico, é feito em economês, linguagem em que os números são o sujeito da história, e não os seres humanos, reduzidos a pálidos apêndices.

Diz o governo federal — o atual e o próximo! — que 100 dólares é impossível, mas é bem possível a manchete do *Jornal do Brasil* de 25 de outubro que diz: "O Brasil é um paraíso fiscal para os ricos". É bem possível que, em universo de 35 mil pessoas com patrimônio superior a 1 milhão de dólares, 5 mil não tenham apresentado declaração de renda, e 7 mil tenham se declarado isentas, entre as quais um milionário que declarou patrimônio superior a 700 milhões de dólares... E assim por diante. *Jornal do Brasil* de 25 de outubro próximo passado.

O dinheiro existe: há que buscá-lo.

Este diálogo só terá sentido se nos fizermos antes uma indagação ética: é justo que um professor ganhe, em nosso município, salário tão baixo como 90 reais? Alguns cães de guarda na Barra da Tijuca consomem mais do que isso, com a sua alimentação carnívora. Ou que um professor aposentado depois de 35 anos de trabalho, ganhe pouco mais de 200? Os seguranças de um cantor de rock ou dupla sertaneja ganham mais. Um médico, que inicia carreira, 180? Um funcionário de hospital, 90? Sem tíquete, sem vale-transporte. É justo? É razoável? É humano? É cristão? Resposta evidente: claro que não.

Se não é justo — consequência lógica — não é aceitável, não pode ser tolerado, sob pena de aceitarmos a tortura que, como V. Exa. sabe, é proibida pela Declaração Universal dos Direitos da Pessoa Humana, da qual nosso país é signatário. Não é permitido torturar, e esses salários são formas pouco sutis — eu diria mesmo, escabrosas, escatológicas — de tortura física e moral.

Devemos, pois, partir deste princípio, simples, razoável: temos que assegurar — razão ética! — salários humanizados aos funcionários da Prefeitura, principalmente nas áreas da educação e da saúde. Não são necessários salários suntuosos para este ou aquele funcionário privilegiado, mas o piso salarial, sim, deve ser humanizado. Só depois desta decisão ética, passamos à segunda etapa, que é de natureza política:

como fazer para que seja possível salário decente? Onde buscar fontes de renda para pagá-lo? Que acordos devem ser feitos, com quais partidos políticos, quais segmentos da sociedade civil, quais organizações, com o Estado e a União, para que surjam esses fundos, e de onde devem surgir.

Ouvimos aqui, na semana passada, que as Organizações Globo são as maiores devedoras de impostos à Prefeitura. Se é verdade, é dever do governo resolver essa situação o mais rápido possível. E, como a Globo, outras há. Como, por exemplo, a Golden Cross... cito assim, ao sabor do vento... E haverá outros impostos, outros meios. O dinheiro existe: há que buscá-lo.

É necessário eliminar o abismo cada vez mais intransponível entre a extrema riqueza e a extremada miséria que se cava em nosso país e, ainda mais, em nossa cidade — este abismo já é reconhecido internacionalmente como símbolo do Rio de Janeiro, mais do que o Pão de Açúcar e o Corcovado, igualmente abismais. E, no entanto — sabemos todos! —, o dinheiro existe: é preciso buscá-lo onde se encontra, para distribuí-lo onde desesperadamente escasseia.

Senhora, faz pouco tempo houve um prefeito que teve a coragem de revelar que a Prefeitura estava falida, morta; houve um prefeito que revelou que o rei estava nu — é preciso muita coragem para se dizer a verdade, sobretudo as mais simples. Houve um prefeito que a teve! Mas nós não estamos habituados a ouvir a verdade: a política é a arte de escondê-la, é a dissimulada arte do faz-de-conta — nela, o silêncio é a palavra e a palavra silencia. Houve um prefeito que a disse! Saturno, na Grécia, era o Deus do tempo. Ao tempo deu-se tempo, e vieram depois outros prefeitos que esconderam a nudez crua da verdade com o manto diáfano da fantasia aritmética, vestiram o cadáver insepulto com números ornamentais e arranjos florais, maquiaram o rosto cadavérico com grades, promessas e ciclovias. Mas a morta continuou sem respirar, seu coração sem bater, artérias estagnadas, como o Rio estrangulado, os olhos exorbitados — o morto, morto de medo; o Rio de Janeiro que é hoje — a cidade, o estado — Bósnia-Herzegovina sitiada.

Hoje, fazemos o velório de uma cidade; o letal cortejo fúnebre passa por escolas e hospitais — e, por onde passa, desola, devasta e mata. E, como nas ladainhas da morte, já não se ouve a letra que protesta e clama, apenas a melodia que, suave, suave, embala: diz um "a", ave maria, diz um "mã", mãe dos mistérios, diz um "ó", orai por nós, diz um "zê", zelai o mundo. As incelenças já não dizem um "é", esperança nossa, nem um "vê", diga a verdade, diz um "cê", tenha coragem.

Senhora, o problema do Rio de Janeiro é um problema ético e político e, só depois, longe depois, econômico e financeiro.

Fosse V. Exa. capaz de resolvê-los — e sempre devemos esperar que o venha a ser! — depois de resolvidos estes dois problemas, o ético e o político, V. Exa. apenas viria a esta Casa colher nossos aplausos, pois não nutrimos a menor dúvida sobre a vossa competência. Competência, no que diz respeito aos números frios. Resta demonstrar igual sensibilidade política, e meritórias opções éticas.

Senhora, o dinheiro existe: há que buscá-lo. Senhora Secretária, seja benvinda à nossa Casa.

Muito obrigado.

Rio de Janeiro, 27 de outubro de 1994

11.

Cultura: projeto de governo ou projeto de sociedade?[24]

Um projeto cultural de Governo deve traduzir o desejo da sociedade que se pretende governar; este desejo, porém, não se manifesta de forma explícita, nem singular. Portanto, é necessário descobrir e sistematizar todas as manifestações culturais dos vários segmentos sociais, compreendê-los e promover o seu florescimento harmônico. No caso específico do Rio de Janeiro, torna-se imperioso o tratamento privilegiado que se deve dar àqueles setores da população que, pela pobreza e pela miséria, estão em vias de desumanização.

Seriam três os capítulos principais de uma política cultural democrática, cada um com seu campo específico de atuação, seu objeto e seus atores sociais: Cultura como Vocação, Cultura como Profissão e Cultura como Memória do Passado e como Invenção do Futuro.

A política de um partido popular e a sua própria razão de existir deve ser a de colocar o ser humano no centro de suas preocupações fundamentais; sua política cultural não poderá ser diferente. Por isso, ao pensar um Plano Cultural pensamos em Cultura como Política e pensamos no desenvolvimento pleno do cidadão atrofiado pela educação redutora e por um Estado autoritário. Pensamos em vias alternativas para a atividade social e política da cidadania, fatigada pelo discurso estéril e sem sabor. Pensamos em novas formas de comunicação que traduzam uma nova política humanista.

---

[24] Esta proposta foi provavelmente desenvolvida por Boal para a campanha do Partido dos Trabalhadores (PT) para a Prefeitura do Rio de Janeiro de 1992 e posteriormente adaptada e apresentada para a campanha presidencial de 1994.

Aqui ninguém é burro!

Cultura como Vocação

Cultura como Vocação é a maneira pela qual os seres humanos se relacionam entre si e com a natureza, como a transformam e como se transformam. É o confronto com a realidade hostil como caminho para a sobrevivência, como luta contra a natureza: Artes e Ciências nascem para desafiá-la e modificá-la. Não se trata de destruí-la, de abrir buracos na camada de ozônio ou devastar florestas (selvagens tropeços da civilização...), mas de, à natureza, impor a autoridade humana.

É o "como fazer" o que se faz. Comer é um ato biológico, e "como se come", cultural: com talheres ou com a mão, cru ou cozido. Amar é um ato biológico, mas as lanternas vermelhas das várias esposas do rico chinês medieval ou o noivado monogâmico e virginal são manifestações culturais. A guerra (a cavalo ou a pé, aríete ou bomba atômica) e a paz são atividades humanas que se manifestam culturalmente.

O ser humano é capaz de imaginar o longínquo, porém tem pernas curtas: inventa a roda; imagina a outra margem do rio e constrói a ponte; o caçador deseja ver-se no ato de caçar e, no teto de sua caverna, pinta-se a si mesmo flechando o bisonte, busca reconhecer-se, busca identidades: eis a obra de arte.

Essas maneiras de se fazer o que se faz são diversificadas e, por isso, existem as culturas regionais, nacionais, étnicas, religiosas, de bairro etc.

A Cultura de um povo abrange e se constitui de todas as suas atividades sociais e não se restringe apenas à produção de certos produtos comercializáveis no mercado cultural; assim sendo, todos os cidadãos e todos os grupos sociais (étnicos, regionais, profissionais, etários etc.) têm o direito e devem ser, por todos os meios, assistidos e apoiados na livre manifestação e no desenvolvimento de sua cultura específica, e no intenso intercâmbio e diálogo com todos os demais.

O teatro, no seu sentido mais arcaico e mais essencial, é o primeiro responsável pela cultura: como só os seres humanos são capazes de se auto-observarem no momento mesmo em que atuam — espectadores de si mesmos, atores — sabem onde estão, como são, conhecem o hoje e o ontem, e inventam o futuro, sem meramente esperar por ele

— a cultura passa a existir a partir da descoberta do teatro, isto é, da humanização dos pré-humanos, isto é, do ato dicotômico de ver-se em ação. Este é o sentido mais profundo do teatro: somos capazes de nos vermos vivendo. Os seres humanos, mesmo que não façam teatro, todos, sempre, são teatro.

A cultura é direcionada: para onde? Se o ser humano tenta sobreviver e cria cultura, quem sobrevive? O indivíduo ou a espécie? Sozinho, sabe impossível salvar-se. Tenta, pois, eleger afinidades: o casal, a família, o grupo social, a raça, a religião, a cidade, o país, o clube de futebol... O governo deve, imperativamente, promover o diálogo cultural entre esses grupos. Neste diálogo, todos descobrem e aprofundam o conhecimento da própria identidade — sei quem sou porque descubro os outros: sou homem porque existem mulheres, pai porque tenho filhos.

No mundo pós-comunismo, vemos que dois são os caminhos principais por onde, aos trancos e barrancos, tropeça a Humanidade: o canibalesco ultraliberalismo reagan-thatcherista, que acumula a riqueza em reduzida elite, fartamente distribuindo miséria às mancheias, e um outro sistema, titubeante e tímido, sem nome certo ou com demasiados batismos — Humanista? Solidário? Piedoso? Reformista? Social? Seja como for, um governo democrático seguirá sempre pelos caminhos da cultura plural, privilegiando o fraco, o oprimido. Isto não significa negligência pela classe média ou alta: acabando com a miséria (que, no Rio de Janeiro, desumaniza quase 20% da população) e diminuindo a pobreza (no Rio, 40% dos seus habitantes ganham menos de três microssalários), o Governo estará indiretamente resolvendo problemas como o da violência, criando novos mercados etc.

A Cultura de um país, por mais específica que seja, resulta, em sua origem, do diálogo entre os diferentes grupos sociais (étnicos, nacionais etc.) que o formaram. Deve-se portanto favorecer o intercâmbio entre eles, a nível regional, nacional e internacional, privilegiando-se países que estiveram presentes em nossa formação (Europa, África, Ásia) e aqueles que, histórica e politicamente demonstram com o Rio de Janeiro intensa afinidade (países latino-americanos e do Caribe etc.).

Aqui ninguém é burro!

Plano de Ação

Um Plano de Ação para a Prefeitura do Rio de Janeiro terá, como princípio essencial, colaborar na atual transformação do povo brasileiro de Objeto em Sujeito, de Espectador triste, resmungão e resignado em Protagonista da sua História e da sua Cultura.

O fato de ser produtor de sua própria cultura não deve impedir seu acesso à erudição, isto é, ao conhecimento e ao gozo das culturas de outros povos e outras épocas. Nunca fez mal a nenhum operário ouvir uma sinfonia de Beethoven ou assistir a uma comédia de Molière.

Temos que reconhecer também que o melhor consumidor de cultura é aquele que sabe produzi-la; o exemplo do futebol é definitivo: nas arquibancadas sentam-se, em sua grande maioria, jogadores de várzea.

Proposta matriz, diferencial de outros planos não populares

A pedra fundamental de todo o Projeto deve ser, cremos nós, a criação de estruturas simples, flexíveis e dinâmicas, chamadas CENTROS DE ARTE E CULTURA, que facilitem o acesso e promovam o desenvolvimento cultural do maior número possível de cidadãos. Esses CENTROS devem ser localizados em próprios municipais bem como em escolas, sindicatos, clubes, paróquias etc., e em todos os locais onde se possam reunir cidadãos organizados, e contando com o apoio de organizações sindicais, estudantis etc. Não devem ser criados artificialmente, mas sim devem ser desenvolvidos onde setores populares já se reúnam, convivam e dialoguem. Os CENTROS deverão dialogar entre si, através de um Centro Municipal de Arte e Cultura (CEMAC), integrado à Secretaria Municipal de Cultura, mas com suficiente autonomia para permitir sua ação mobilizadora.

Essas estruturas simples devem levar em conta a realidade econômica do Rio de Janeiro atual, reconhecendo o nosso estado transitório de pauperismo e, por isso mesmo, aceitando como bênção e não como maldição o fato de estarmos condenados à criatividade. É necessário inventar e desenvolver formas artísticas e culturais, sempre da mais alta qualidade, compatíveis com a nossa realidade, e que não sejam simples reflexos de sociedades economicamente mais desenvolvidas. Temos que lutar contra a atual palidez e desencanto do povo carioca, inventando os meios imagináveis e criando novos caminhos.

Os CENTROS DE ARTE E CULTURA serão locais de intercâmbio, de troca, de aprendizado, de estudo, de espetáculos, de aulas, de conferências, debates, e isso num cruzamento de todas as manifestações culturais do povo brasileiro: teatro, cinema, fotografia, artes plásticas, literatura, jornalismo, dança, música etc., mas também arte culinária, carpintaria, corte e costura, serigrafia, medicina caseira, lazer, alfabetização de adultos etc. Cada participante deverá partilhar com todos os demais tudo aquilo que souber fazer melhor que os outros.

O CENTRO MUNICIPAL DE ARTE E CULTURA deve ter a seu cargo o relacionamento e intercâmbio entre os diferentes CENTROS — CACs espalhados pela cidade do Rio de Janeiro, a sua coordenação geral, e o apoio artístico e cultural, principalmente através de uma equipe de Animadores Culturais Polivalentes, do fornecimento de material didático e artístico etc.

Caberia ao CEMAC a organização periódica de DIÁLOGOS NACIONAIS DE CULTURA, quando seriam convidadas Secretarias de Cultura de outros estados a realizarem na cidade do Rio de Janeiro apresentações de todas as suas formas de arte e cultura (inclusive teatro, dança, música, gastronomia, bailados etc.) em locais diversos da cidade (orla marítima, Madureira, Campo Grande, Penha, Grajaú etc.); o mesmo seria feito em relação a outros países (DIÁLOGOS INTERNACIONAIS DE CULTURA): países africanos, europeus, asiáticos e latino--americanos.

Os CACs deverão também organizar Dias Especiais, dias de festa: DIA MUNICIPAL DA MÚSICA, do TEATRO, da DANÇA etc., durante os quais serão oferecidos espetáculos gratuitamente em ruas e praças de todos os bairros do Rio de Janeiro, onde se devem encontrar profissionais e não profissionais. *Estes seriam momentos privilegiados para a troca e o contato entre artistas profissionais e não profissionais.*

Cultura como profissão
Quando se pensa em Cultura como Vocação Humana, deve-se considerar a população, em sua totalidade, não apenas como consumidora, mas essencialmente como produtora de Cultura. Os produ-

tores de cultura não são necessariamente profissionais. Uns e outros, no entanto, devem ser igualmente amparados e estimulados em suas atividades.

Embora um Governo Popular deva priorizar os setores mais oprimidos da população — e, neste sentido, a Cultura como Vocação humana torna-se prioritária —, não deve esquecer aqueles que desta vocação fizeram a sua profissão. O Rio de Janeiro pode ser extremamente ajudado pelos profissionais da cultura a se tornar de verdade a Capital Cultural do país, promovendo e justificando o turismo cultural, hoje inexistente.

O primeiro objetivo do Governo neste setor deverá ser o de democratizar toda a atividade cultural profissional do Município através de Comissões Municipais de Teatro, Dança, Ópera, Artes Plásticas, Cinema, Circo etc. Cada Comissão deverá ser constituída por profissionais da área e também por intelectuais (inclusive jornalistas especializados ou não) indicados pela Prefeitura. Essas Comissões teriam a função primordial de, ouvidas as classes interessadas, estabelecer planos de ação, distribuição e captação de verbas, estudo de legislação específica, aproveitamento de Espaços Teatrais, incentivo à produção cinematográfica, estudo de legislação de outras Prefeituras, especialmente as petistas, que muito inovaram nesse setor etc.

A tônica de todo estímulo à atividade cultural profissional será a da descentralização e a do diálogo entre profissionais e não profissionais.

Método de trabalho
Organizar, imediatamente, assembleias de produtores culturais (artistas, administradores etc.), setorizados por atividade (teatro, música, ópera etc.) com a finalidade de permitir e estimular o acesso de todos — indivíduos, grupos, instituições, sindicatos etc., envolvidos na produção e no consumo de bens culturais — à sistematização definitiva do Plano Cultural para os primeiros meses do Governo.

Cultura como memória do passado
Museus têm a desagradável tendência a se transformarem em cemitérios culturais, onde se enterra o passado — cheiram a formol; no

Rio de Janeiro, várias tentativas foram ou estão sendo feitas para que a cultura do passado nos seja mostrada viva, em sua relação com a sociedade que a produziu. O Governo Municipal deverá estimular por todos os meios essa tendência, mesmo quando se trate de órgãos estaduais ou federais.

CULTURA COMO INVENÇÃO DO FUTURO

As Brigadas Teatrais

Sabemos que uma boa parte dos problemas que a Prefeitura deverá enfrentar no futuro são hoje perfeitamente previsíveis. Propomos que sejam criadas BRIGADAS TEATRAIS com a utilização das técnicas do Teatro do Oprimido, a exemplo do que acontece em Burkina Faso, com o Atelier de Théâtre Burkinabè, ou do Centre du Théâtre de l'Opprimé da França, para intervir nos locais e junto às organizações onde os problemas deverão surgir, a fim de, democraticamente, tentar encontrar em tempo útil as soluções mais adequadas e viáveis. Será uma forma preventiva de utilização do Teatro na resolução de conflitos sociais evitáveis.

Exemplo: sabemos que na próxima temporada de chuvas, logo no início de janeiro, coincidindo com a instalação do novo governo municipal, muitas áreas habitadas nos morros cariocas correrão sério risco de desabamento. Que fazer? Espetáculos em Teatro-Fórum seriam realizados para encontrar, antes da tragédia, as soluções possíveis. Sabemos que diversas greves eclodirão como consequência da falta de negociações; sabemos que escolas e hospitais podem e devem ter o seu atendimento melhorado e que isso pode ser feito muitas vezes com o próprio material e pessoal disponível, através do debate, da troca de ideias e emoções. Em todos estes casos, as BRIGADAS TEATRAIS poderão enormemente contribuir na busca de soluções desconflitantes.

As organizações juvenis e as organizações de oprimidos

Se alguém deve, necessariamente, inventar seu futuro, são os jovens. O Governo Municipal deverá aliar-se a organizações juvenis para com elas estudar e permanentemente planejar atividades educacio-

Aqui ninguém é burro!

nais, políticas, de lazer etc. que representem os pontos de vista e satisfaçam as necessidades básicas dos jovens cariocas.

Propostas pontuais

1. Estudo imediato de planos de estímulo do gênero Lei Sarney, Rouanet[25] etc., aplicados em Prefeituras, com o objetivo de criar uma lei mais democrática; a criação de instâncias como as antigas Comissões Estaduais de Teatro, Cinema etc., que eram integradas inclusive por artistas, jornalistas, intelectuais e representantes do Governo. As empresas interessadas em se beneficiarem dessa Lei deveriam depositar suas doações em um Fundo Municipal que, democraticamente, com a intervenção direta dos produtores culturais e representantes do Governo, decidiriam sobre o seu destino; evitar-se-ia, assim, o recrudescimento da Censura Sedutora que substituiu a antiquada Censura Coercitiva. Aquela proibia, esta seduz: o artista que se conformar às normas e gostos da empresa (como, antes, aos do censor) terá os recursos necessários liberados; caso contrário, não.

a) incentivo à produção cinematográfica nacional;

b) criação e remodelação de salas de cinema;

c) bolsas de estudo, eventos, festivais, intercâmbio, promoção e divulgação etc.

2. A obrigatoriedade de cotas nos programas cinematográficos transmitidos por televisão, segundo o esquema:

a) mínimo de 30% (contados em minutos) de programação de filmes nacionais;

---

[25] A Lei nº 7505, de 1986, batizada de Lei Sarney, foi a primeira lei federal de incentivo fiscal para atividades culturais no país, instituída no ano seguinte ao desmembramento do antigo MEC em ministérios da Cultura e da Educação. Muito criticada por desvios de objetivo e irregularidades, a lei foi revogada no início do governo Fernando Collor, em março de 1990, mesmo ano em que o Ministério da Cultura é extinto e transformado em Secretaria diretamente vinculada à Presidência da República. Em 1991 o presidente Collor sanciona então a Lei Federal de Incentivo à Cultura, de nº 8313, conhecida como Lei Rouanet, que encontra-se em vigor até hoje.

b) mínimo de 30% de filmes das nações latino-americanas, do Caribe, africanas e asiáticas;

c) máximo de 20% de filmes da mesma nacionalidade, qualquer outra que ela seja;

3. Reestudo, reavaliação e, no que for necessário, reestruturação da atual Ordem dos Músicos do Brasil.

4. Dia da Música, coincidindo com alguma data importante, em que todos os grupos musicais seriam estimulados a se apresentarem em todas as praças e outros locais públicos: recitalistas individuais, conjuntos, orquestras.

5. Criação de Bailes Populares em datas especiais, em locais públicos.

6. Concertos em praça pública.

7. Adaptação de Espaços Teatrais em próprios federais com a instalação de recursos mínimos para a realização de espetáculos teatrais e outros.

O Ministério ou as Secretarias de Cultura devem cuidar e ter a seu cargo todas as atividades sociais que não sejam objeto específico dos outros Ministérios ou Secretarias (Planejamento, Defesa, Economia etc.), embora possam com eles imaginar formas de interação e diálogo, especialmente em áreas tão próximas, como Educação, Saúde, Transportes, Comunicações (especialmente rádio e televisão) etc.

Os animais não têm cultura: têm hábitos, instintos. Canário não canta como curió, porque não se observa cantando. Nem mesmo o uirapuru que, quando canta — poucos minutos por dia e só quinze dias ao ano, ao amanhecer, quando constrói o ninho — faz com que se calem todos os demais pássaros, nem mesmo ele sabe se observar cantando e canta sempre com o mesmo estilo a mesma velha canção. Pássaros, como se sabe, são cantores mas não compositores: ao cantar, obedecem à natureza, não a recriam.

Parte III
Depoimentos

COM FORÇA TOTAL EM 95

No último dia 9 de abril realizamos um grande diálogo cultural em Bangu. Organizamos mais um Mini-Festival de Teatro do Oprimido, onde nossos grupos puderam se encontrar com a população da Zona Oeste da cidade.

O grupo de Caxias realizou uma performance de Teatro Invisível para estimular a discussão sobre os bailes Funks. A iniciativa contou a entusiasta participação dos presentes.

Nesse Festival ocorreu também a estréia do grupo de Teatro do Oprimido da Comunidade Júlio Otoni de Santa Teresa. São jovens que discutem, através do Teatro, seus problemas na família e na escola.

O grupo do Assentamento "Sol da Manhã", trazendo a questão da Reforma Agrária e o núcleo de Brás de Pina, discutindo a situação dos "Excluídos", tema da Campanha da Fraternidade, foram os veteranos que, com sua experiência, dinamizaram o Festival.

Como sempre, além de levarmos várias discussões para a praça, também convidamos para o palco os artistas da região: poetas, músicos, intérpretes, bailarinos e outros. Queremos estimular o desenvolvimento das expressões culturais das comunidades e agradecer à Banda Afro-Reggae Oju Ya Omim, ao cantor lírico Raimundo Pereira, ao Corpo da Academia de Cláudia Sartori, aos poetas Sandro, Éric, Agostinho Elias, Sérgio Alves e aos músicos Marcos de Andrade e Serjão.

Também contribuímos com evento dos animadores culturais, "Tomara que o Show Vá Três dias Sem Parar", na Lona de Bangu, (dias 21, 22, e 23/4). Estivemos na praça Primeiro de Maio (Bangu), num evento em comemoração ao Dia do Trabalhador, apoiando o pessoal do PT da região. O próximo Festival será em junho. Ligue para saber maiores detalhes e participar com suas sugestões e talentos. Temos muito a fazer, contamos com você!

O Mandato do Vereador e a Comissão de Defesa dos Direitos Humanos: Liko, Cláudio, Rosemberg, Bárbara, Richard, Claudete, Olivar, Vilma, Cássia, Geo, Maura, Boal, Tatiana, Helen, Cristina, Regina, Ana Luiza e Sônia.

TODOS JUNTOS EM DEFESA DA VIDA
(Comissão de Defesa dos Direitos Humanos)

Augusto Boal assumiu a Presidência da *Comissão de Defesa dos Direitos Humanos da Câmara. Como primeira atividade de sua gestão, foi realizada uma Audiência Pública com a presença do Secretário Geral da Anistia Internacional Sr. Pierre Sané, para discutir " Direitos Humanos e Cidadania". Nesta ocasião estiveram presentes, cerca de 30 entidades não governamentais que lidam com a questão. Foi um encontro muito rico que representou um passo importante no sentido de um maior entrosamento entre os vários setores que lutam pela vida.*

No momento, estamos estabelecendo contato direto com entidades, reunindo relatórios e dossiês dos trabalhos que estão sendo realizados, para com isto podermos ganhar maior agilidade na divulgação e acompanhamento das lutas.

Novidades: O Núcleo de Teatro do Oprimido CENUN (Coletivo Estadual de Universitários Negros) está fazendo uma temporada no Teatro Cacilda Backer (Tel: 265.9933 - Rua do Catete 338) até 18/06 de quinta à sábado às 21h e, aos domingos às 20h., com o espetáculo de teatro fórum **"O PREGADOR"**.

Boletim do Mandato Político Teatral do Vereador Augusto Boal - PT-RJ. Conselho Editorial: Augusto Boal, Barbara Santos, Geo Britto, Vilma Costa e Sônia Cristina. Composição e Arte Final: Cristina Pestana. Jornalista Responsável: Irene Cristina - Reg. Mtb 12771. Contatos: Câmara Municipal do Rio de Janeiro. Praça Floriano s/nº Gabinete - 33- B . Cinelândia. Centro . CEP 20031- 050. Rio de Janeiro - RJ. Telefone/Fax: (021) 262 0616 e 292 4141 - Ramais 2013, 2014 e 2015. Com.Def.Dir.Humanos: 292.4141 - Ramais 2343 e 2344.

Geo Britto[1]

A ideia de Boal era virar vereador sem abandonar o teatro. Ou melhor, queria levar sua trupe para dentro da Câmara de Vereadores. E assim nasce o Teatro Legislativo já em campanha com o grupo do Centro de Teatro do Oprimido (CTO), nós. Não tínhamos recursos e nossa campanha contava sobretudo com as conexões preexistentes do CTO e suas práticas. Eu me juntei ao CTO em 1990. O centro, no entanto, existia no Rio de Janeiro desde 1986, e até 1992, ano da campanha, passou por diversos momentos de instabilidade, inclusive pelo fato de não ter uma sede fixa. Mas o grupo nunca abandonou seu próprio trabalho de base e com parcerias, como, por exemplo, com o sindicato dos bancários, dos professores, e prefeituras progressistas da época. Além disso, havia também a notoriedade de Boal como figura reconhecida do teatro brasileiro. Ou seja, mesmo sem financiamento, a campanha já contava com uma rede ampla de pessoas das mais diversas áreas, de sindicalistas a estudantes, professores, trabalhadores da cultura, artistas etc. Mas um fator importante, e talvez até determinante para o alcance da nossa campanha tão desprovida de recursos, foram as manifestações pelo impeachment do presidente Fernando Collor em 1992, que antecederam o período de campanha para as eleições municipais. Hoje a estetização das manifestações é um fenômeno corriqueiro, mas na época era inédito. Não havia uma organização de grupos no sentido de estetizar a rua. Em geral ia-se à rua, junto de um grupo, com bandeiras e faixas, mas sem uma imagem trabalhada. Nós do CTO fomos um dos primeiros grupos a teatralizar as manifestações,

---

[1] Depoimento a partir de entrevista feita em maio de 2020, por Fabiana Comparato, especialmente para esta edição.

para além dos grupos de estudantes que ficaram conhecidos como os cara-pintadas. Criávamos cenas e músicas sobre as questões políticas em pauta que faziam muito barulho, chamavam atenção, chegando até a ganhar espaço na mídia. O que fez também com que agregássemos novas pessoas, pois unia o prazer em fazer teatro ao sair às ruas e se manifestar. No mais, a redemocratização era recente e as expressões de desgaste com o sistema político e o processo eleitoral eram ainda muito pequenas. Na esteira da tão sonhada abertura política, pós-ditadura, votar ainda gerava entusiasmo, havia esperança no processo eleitoral. Boal não era um homem do partido, mas o Partido dos Trabalhadores (PT) representava então a força da esquerda e a campanha da então candidata à prefeitura, Benedita da Silva, cresceu muito, mesmo apesar do grande racismo que sofreu. Tínhamos tudo isso ao nosso favor.

Realizávamos também muitas atividades nas universidades, a mobilização estudantil era forte. Muitas vezes criávamos cenas e músicas para as atividades de campanha da Benedita, e, quando convidados, fazíamos visitas pontuais a determinadas comunidades. Além desse trânsito pelos diferentes territórios, que buscávamos das formas possíveis, nossa campanha não possuía eixo temático (algo que era vantagem, mas por outra ótica talvez desvantagem). Tendo a cultura um teor transversal e considerando a própria essência do Teatro do Oprimido — de debater todas as formas de opressão —, as temáticas eram múltiplas. Ao contrário do que outras campanhas faziam, invariavelmente focando em áreas de atuação específicas, como muito ouvíamos falar no "candidato da educação" ou no "candidato da saúde", as questões abordadas por nossa campanha e que seguiriam mandato adentro eram as que se revelavam nos encontros, e passavam por saúde, educação, direitos humanos, moradia, racismo, homofobia, preconceitos etc. Inclusive, em retrospecto, penso que poderíamos ter lutado mais no front das políticas públicas para a cultura. Aprofundando no debate do setor como, por exemplo, o da criação de um fundo municipal de cultura. O que não nos faltava era autoridade e capacidade de mobilização para organizar um debate nesse sentido. Mas o fato é que um único mandato, principalmente sendo este pautado pela participação direta, não teria como abarcar todos os debates.

Uma observação interessante, que talvez reflita esse caráter múltiplo da campanha não só em relação a temas, mas a formas de ganhar a cidade, foi a distribuição dos votos de Boal. Sua militância e sobretudo o trabalho de base realizado em campanha, capitaneado por sua teoria teatral do Teatro do Oprimido, se refletiu diretamente na capilaridade de seus votos, que estavam distribuídos um pouco em cada canto da cidade, e não concentrados na Zona Sul, como muitos poderiam imaginar.

Vencemos as eleições com a proposta central de um mandato que faria política através do teatro. Nosso lema era: a democratização da política através do teatro. Aqui nasce o mandato político-teatral de Augusto Boal. E é importante destacar que, quando falávamos de política, era política também no sentido formal da palavra. Ou seja, da política como ofício do mandato, na atuação do vereador. Nosso desafio era como democratizar essa gaiola de ouro, que são os espaços formais de política e seus atores. Era difícil encontrar naquela época cidadão comum que sequer havia adentrado um desses espaços, como a ALERJ (Assembleia Legislativa do Estado do Rio de Janeiro) ou a Câmara Municipal. Em outras palavras, democratizar inclusive o acesso às estruturas, abrindo para a população o que acontecia ali dentro, mesmo que nosso foco fosse para além desses espaços.

A estratégia do mandato partia da criação de núcleos temáticos ou regionais, em localidades nas quais já tínhamos ou éramos convidados a construir contato. Chegávamos com o elenco do CTO já apresentando uma cena. Uma única kombi nos levava para todos os lugares, junto com os cenários, figurinos e tudo o mais necessário para montar uma apresentação teatral mesmo onde não havia palco. Tudo era simples e leve. Divisórias de palco e "camarins" feitos de estrutura tubular rudimentar com panos e lonas. O suficiente para criarmos um espaço estético. A montagem do espaço cênico iniciava o processo de aproximação, chamando a atenção das pessoas para o que iria acontecer ali. Um espaço mágico criado em locais onde muitas vezes as pessoas sequer tinham ido ao teatro ou visto uma peça. Nossa intenção primeira era a de demonstrar como poderíamos levar as questões locais para outras esferas através da própria ferramenta teatral, potencialmente até criando leis. Mas, apesar do teatro ser libertador, sozinho não faz nada. Não faz parte do conceito do Teatro do Oprimido cair de paraquedas num espaço social, por isso a necessidade primeira de interlocução com algum grupo, associação ou movimento social ou comunitário. Chegar com o teatro em uma comunidade é como entrar na casa do outro, e há que se fazer com respeito. A ideia nunca era criar um grupo do vazio; ou seja, o Teatro Legislativo, através das práticas do Teatro do Oprimido, vinha para somar forças aos movimentos locais existentes, com o intuito de expansão. E ainda não podemos perder de vista o fato de este ser um processo atravessado pela política formal, ou seja, ter a incidência de um partido político, mesmo que não participássemos de um mandato convencional. Por um lado, essa presença política nos oferecia estrutura, mas também resistência no trabalho de base, mesmo que na época a visão em relação ao PT fosse outra, menos crítica que a de hoje. Procurávamos ultrapassar a resistência deixando absolutamente claro que ninguém do núcleo precisaria se filiar a qualquer partido político. E sempre fomos muito bem recebidos. A imagem normalmente associada aos vereadores era a de uma figura que distribuía camisetas, dentaduras, mas não a nossa. O teatro não chegava como ameaça. Inclusive, nem sempre os participantes dos núcleos eram necessariamente progressistas. Muitas vezes lidávamos com indivíduos conservadores e reacionários. Mas isso também fazia parte do processo inerente ao Teatro do Oprimido, sensibilizar através da construção de cenas as questões relatadas pela comunidade. Ou seja, o trabalho de criação dos núcleos era de aproximação, mobilização e, acima de tudo, articulação e conscientização.

Sempre buscávamos conexões possíveis para cada grupo. No caso da saúde mental, por exemplo, além da criação de cenas e debates com o núcleo, promovíamos apresentações em universidades, mas também em escolas para desestigmatizar o tema. Na época, em parceria com o Instituto Franco Basaglia e a Casa das Palmeiras,[2] pesquisamos a Lei

---

[2] O Instituto Franco Basaglia (IFB), que já não está mais em operação, foi uma instituição civil sem fins lucrativos de atuação na área da saúde mental de papel importante na reforma psiquiátrica no Brasil. A Casa das Palmeiras, outra instituição sem fins lucrativos, criada por Nise da Silveira a partir de suas práticas em 1956, ainda mantém suas atividades no atendimento de pacientes, além de ser um espaço de es-

Orgânica do Município na área de saúde mental e descobrimos que era um Frankenstein, possuía desde lobotomia até questões mais progressistas. Então nos conectamos com a luta antimanicomial e com os movimentos da reforma psiquiátrica para entender como alterar a legislação. A ideia, sobretudo, era criar conexões não só temáticas, mas de ampliação dos territórios. Por exemplo: supondo que criássemos uma peça sobre violência doméstica junto com uma determinada comunidade. A cena poderia ter sido desenvolvida através de uma experiência específica daquela favela, mas perpassava a questão de gênero de mulheres de toda a cidade. Havia ali possibilidades de conexão que são fundamentais para que uma transformação maior se dê e que não aconteceria apenas através de um núcleo pequeno. Era necessário avançar e ampliar as questões nesse sentido. Muitas vezes até rompendo os muros dos próprios movimentos, que com frequência se fechavam e não buscavam diálogo. Esse trabalho em essência era o que chamávamos de "rede de solidariedade" — apresentações conjuntas que criavam um canal de encontro entre diferentes lutas. Como, por exemplo, um grupo de negros se apresentando junto com um grupo LGBT. O que há de comum nas opressões raciais e homofóbicas? Quem é o opressor nesses casos? Muitas vezes trata-se de um opressor semelhante. Como Boal com humor colocava, muitas vezes esse opressor "saía do mesmo quartel-general". E, proporcionando esse tipo de aproximação, é possível expandir a visão acerca das muitas opressões sendo vivenciadas por grupos não próximos, mas que tinham em comum experiências de opressão. Demonstrando que não existe hierarquia de opressões, elas são multifacetadas e atuam em diferentes campos, com frequência até transversais.

A "Câmara na Praça" também era mais um instrumento que nos auxiliava a levar temáticas complexas para fora da casa legislativa e de conectá-la com a população. Para essa sensibilização dos temas, muitas vezes levávamos outros vereadores para fora da Câmara. Com frequência a "Câmara na Praça" acontecia logo ali em frente à casa

---

tudo e formação. As duas instituições foram muito importantes para a mudança de paradigma na atenção à saúde mental no país.

legislativa mesmo, na praça da Cinelândia, juntávamos vereadores e a população para debater projetos em conjunto. E chegávamos a ter um público cativo de população de rua que nos cobrava quando não tinha apresentação teatral.

Iniciamos o trabalho do Teatro Legislativo com um grupo relativamente grande de vinte, trinta pessoas que foi se afunilando até chegarmos ao grupo de seis pessoas (Bárbara Santos, Claudete Félix, Helen Sarapeck, Maura de Souza, Olivar Bendelak e eu), que permaneceu junto nessa travessia de quatro anos do mandato. Os núcleos eram formados de cidadãos, militantes, não de atores profissionais contratados. Com isso os encontros se davam em horários diversos, quando era possível para as pessoas, à noite, nos finais de semana. Um trabalho militante. Ainda havia os chamados "incêndios" que, como o nome indica, eram as situações não previstas que demandavam nossa ação imediata. Como uma rápida resposta a uma denúncia de racismo, por exemplo. E que envolvia criar rapidamente uma peça sobre o assunto e apresentá-la no local onde ocorrera o incidente, como forma de protesto. Muito no ritmo do que acontecia no CPC (Centro Popular de Cultura) dos anos 1960. Hoje essas estratégias podem não parecer mais tão novas, mas na época esse tipo de prática era rara, se não inexistente. Assim como a própria relação do mandato com as comunidades, as favelas. Diferente de hoje, na época eram poucas as organizações, inclusive não governamentais, que atuavam diretamente nos territórios e/ou principalmente utilizavam arte e cultura como instrumento de atuação.

O foco nas conexões fez com que participássemos de um mandato de vereador, talvez o único, com ação até fora do nosso próprio município. Naquela época o MST do Rio de Janeiro ainda era um pouco incipiente como organização, então criamos um núcleo no assentamento mais próximo, o Sol da Manhã, em Seropédica, grupo muito emocionante. Numa visão pragmática da política eleitoreira, não fazia sentido criar um núcleo e engendrar esforços que extrapolassem as fronteiras do município que o mandato representava. Mas não para nós, porque, além de tudo, o grupo vinha se apresentar na Zona Sul da cidade. Imaginem, naquela época, o Movimento Sem Terra fazendo uma apresentação teatral na praia de Ipanema. Tratava-se da promoção do debate político, para além do pragmatismo de resultados imediatos. Esse é um aspecto importante sobre o Teatro Legislativo, ele não se extingue em seu arcabouço jurídico, ou seja, não se limita a ser só um facilitador de leis. Como dizia Luiz Eduardo Greenhalgh, "a luta faz a lei". Ou seja, o projeto de lei apresentado, a lei promulgada, não é oriunda de uma cabeça individual, mas de um debate político amplo de luta social. Indo além, o Teatro Legislativo tampouco se encerra em fazer a lei, a experiência envolve acompanhar a execução da lei e em denunciar outras leis que não correspondem às necessidades da população. Fazer Teatro Legislativo não é só fazer leis, mas construir um processo político de debate e questionamento de injustiças através do teatro. Podendo ser, por exemplo, uma ação político-teatral denunciando uma opressão, e mobilizando parceiros e movimentos sociais para lutar nessa frente.

E para tal a comunicação com a população era um compromisso, que acontecia também através da nossa mala direta. Distribuíamos com determinada periodicidade nosso boletim, o *Boca no Trombone*, para todos interessados em recebê-lo, cujos endereços eram recolhidos durante os eventos, nos núcleos, nas apresentações, mobilizações etc. Não se tratava de um comunicado panfletário, relatando apenas os feitos do mandato, pois havia na comunicação algo de contação de história com certo humor, no melhor estilo Boal, uma "contação" dos processos e debates do mandato naquele dado momento. Éramos uma novidade mesmo dentro do partido, dentro da esquerda. E por vezes enfrentávamos resistência tanto dentro quanto fora do partido, nem sempre éramos levados a sério por conta da nossa forma e da nossa estética.

Muito do que fizemos seria, ainda hoje, de certa forma, uma inovação. Não uma novidade por completo, dado que já foi feito. Principalmente no que tange à nossa proposta de inserção estética na política. Mas, do ponto de vista da conexão com a política formal, partidária, essas técnicas ainda são subaproveitadas. Ainda hoje é um processo estimulante e que não se exauriu. Não éramos políticos de carreira, nosso objetivo primeiro não era a arrecadação de votos. Ouvir, por exemplo, Boal pronunciar na primeira campanha as palavras "vote em mim" chegava a ser difícil. Mas isso também fez com que esse mandato único não enxergasse em seu processo a sua própria possibilidade de continuidade. Acabou sendo um mandato-piloto, durante o qual as ferramentas eram ao mesmo tempo desenvolvidas e colocadas em prática. Ou seja, os instrumentos permanecem novos, porque o Teatro do Oprimido oferece essa ferramenta que é essencialmente participativa, esse chamado à participação. O mandato de Augusto Boal foi uma experiência única, mas não é a única experiência possível, muitas outras podem ser criadas. Há definitivamente muito a ser explorado e criado seguindo o caminho do Teatro Legislativo. Ainda mais nos dias de hoje, quando a luta de classes encontra-se escancarada e há uma radical disputa por corações, mentes e corpos. Acredito que a ação cultural e teatral pode ser muito valiosa neste momento em que estamos perdendo de goleada.

Geo Britto é mestre em Estudos Contemporâneos das Artes pela Universidade Federal Fluminense (UFF) e membro do Centro de Teatro do Oprimido (CTO) desde 1990. Coordenou vários projetos em diversas áreas e trabalhou com o Teatro do Oprimido em dezenas de países. Atualmente é diretor artístico da Escola de Teatro Popular (ETP), criada com Julián Boal, que trabalha com diversos movimentos sociais.

Luiz Mario Behnken[3]

A primeira vez que ouvi falar no Boal foi após a eleição presidencial de 1989 quando ele organizou o encontro-apresentação, com artistas e intelectuais, *Somos 31 milhões, e agora?*.[4] Esses 31 milhões eram o número de votos que Lula obteve no segundo turno das eleições, perdendo por uma diferença de 5 milhões para Fernando Collor. Boal queria aproveitar essa energia da campanha, que de fato foi uma das mais bonitas que já vivenciei, e transformá-la em provocação de futuro, para o Partido dos Trabalhadores (PT) continuar crescendo como partido, como esquerda, como alternativa de poder. No âmbito do estado do Rio de Janeiro, o PT teve desempenho razoável nas eleições de 1990. Mas é em 1992 que o município do Rio tem um aumento significativo de representação do PT, a bancada passa de quatro para sete vereadores, considerando que com quatro já compunha uma bancada forte, equivalendo a 10% da Câmara Municipal. Eu já trabalhava na Câmara desde 1985 por ser um militante do PT. Fiz um concurso para ser funcionário, passei e fui compor o gabinete da liderança do partido. Nesta época o trabalho de base era uma forte característica do PT. Em 1992 a direção municipal do PT-Rio percebeu que seria interessante trabalhar na preparação dos então candidatos, para que os eleitos não chegassem tão crus à Câmara. Como até 1989 só havia um vereador, com o acréscimo de mais três o partido sentiu a dificuldade

---

[3] Depoimento a partir de entrevista feita em maio de 2020, por Fabiana Comparato, especialmente para esta edição.

[4] Espetáculo-debate *Somos 31 milhões, e agora?*, realizado no Teatro Cacilda Becker no dia 16 de janeiro de 1990 sob a direção de Augusto Boal, com apoio do DCE-UERJ, da Fábrica de Teatro Popular e do Centro de Teatro do Oprimido do Rio de Janeiro (CTO-Rio).

dos que chegavam pela primeira vez ao posto de parlamentar, e com isso a bancada e a direção municipal decidiram pela organização de um curso preparatório, ministrado pelos assessores, como eu, e os próprios vereadores. De cara, já me impressionou a presença e a disciplina de Boal no "cursinho", apesar de eu já ter a referência dele como o organizador dos *31 milhões*. Boal foi eleito e em 1993 tomou posse e iniciou seu mandato. As reuniões de bancada eram sempre às terças-feiras, às dez da manhã. Ele estava em todas, e só quem chegava às dez da manhã eram eu e ele. Daí surge a nossa amizade, que foi além da relação profissional.

Boal era um observador. E transformava sua observação em palavras de forma primorosa. Além de um teatrólogo, era de fato um grande escritor. Uma vez eleito, seus discursos na Câmara nunca eram de improviso, eram sempre preparados, trabalhados com antecedência. E isso começou a chamar a atenção. No início ele nem tinha público, mesmo assim gostava de ir à tribuna discursar. Nesta época eu ainda não trabalhava diretamente no seu mandato, era da liderança, e meu contato com Boal era apenas semanal, mas já era evidente que ele tinha muito prazer em preparar o discurso e se pronunciar. No horário em que ele discursava era comum que as pessoas fossem para lá apenas por obrigação, para fazer algum discurso que atendia à demanda específica de um grupo, por exemplo. O plenário ficava vazio, ninguém prestava atenção — na realidade, raramente se prestava atenção nesse tipo de fala. Mas comecei a perceber que havia um interesse por parte dos próprios funcionários da casa. As pessoas saíam dos gabinetes para escutar Boal. Ele começou a ocupar um espaço pouco explorado por conta da qualidade de seus discursos, que conjugavam o erudito com o cotidiano, uma tragédia grega a um incidente em Cascadura na semana anterior. Discursos coerentes e bonitos. O pessoal da revisão e da taquigrafia, que eram redatores, por quem todos os discursos passavam, adoravam os de Boal. Primeiro porque eram muito bem escritos, necessitavam de pouquíssima revisão; segundo, não precisavam ser taquigrafados porque Boal já os entregava por escrito. E aos poucos ele foi também se retroalimentando disso, à medida que as pessoas se interessavam, ele se animava e frequentava mais o plenário. Exercer o mandato para Boal passava também por isso. E ao longo do tempo os discursos passaram a ser uma parte importante de seu exercício como vereador. A mente criativa de Boal era muito impressionante.

Olhando com distanciamento, aquele era um momento em que a política ainda se voltava para o seu público, com um caráter menos profissionalizante. A Constituição começava a engrenar e o espírito era de diálogo com a população. E o PT ainda estimulava fortemente um trabalho de base, embora não fosse exclusividade da esquerda, com a direita também percebendo esse movimento e buscando suas formas de fazer o mesmo. Hoje em dia, em 2020, as pessoas nem sabem mais o que representa uma democracia interna. Mas o PT surge com essa proposta muito forte de democracia interna, que significa que qualquer militante teria o mesmo peso que qualquer dirigente ou parlamentar nas deliberações partidárias. Um formato de democracia diferente do centralismo democrático dos antigos partidos comunistas. O primeiro slogan do PT é "Terra, Trabalho e Liberdade" — terra para a reforma agrária; trabalho para os operários; e liberdade em contraponto à ditadura. E esse contraponto, essa liberdade, tinha que permear também sua estrutura interna. Por isso as intermináveis discussões a cada deliberação, colocadas em votação pelas bases, que eram os núcleos partidários, organizados por localidade de residência, categorias ou local de trabalho. Eu fui do núcleo do Méier, bairro do Rio de Janeiro, e depois passei para o núcleo dos economistas. O programa de governo de Lula para as eleições de 1989, por exemplo, foi discutido pelos núcleos. Do núcleo do Rio a proposta seguia para o de São Paulo e depois poderia chegar à instância nacional para a deliberação final. Tudo era discutido dessa forma e avançava por voto interno. Era com esse espírito que um mero assessor da Câmara Municipal como eu poderia chegar com audácia e discutir de igual para igual qualquer tema com qualquer vereador do partido. Mas o tempo foi mudando essas coisas.

Quando eu estava no gabinete da liderança, como economista, minha especialidade era tratar das questões de orçamento público, negociando propostas de emendas que saíam pela bancada, e não dos gabinetes de cada vereador. No âmbito local, o gabinete da liderança tinha no início uma proposta muito grande de "gabinete paralelo", em analogia ao parlamento britânico, onde a oposição criava um ministério paralelo. Essa proposta do PT sai, inclusive, do *Somos 31 milhões, e agora?*. Então, arremedo de um gabinete paralelo, o gabinete da liderança pensa nessa assessoria especial, para a qual houve até um concurso interno. Eu, no caso, era a pessoa paralela do orçamento. Mas a proposta foi rapidamente desestruturada, não funcionou. As pessoas foram aos poucos saindo. Lembro que até essa época não havia tanto distanciamento entre militantes e representantes. O PT ainda era muito horizontal. Mas, sobretudo a partir das eleições de 1994, tem início uma gradativa hierarquização e institucionalização do partido. As pautas que eu tentava propor internamente passaram a ser questionadas por eu ser apenas um assessor e não um parlamentar. As divergências começaram a ficar gritantes. A liderança tinha uma proposta de conciliação da qual eu não partilhava. Então, pelas afinidades com o projeto de Boal, me juntei ao seu gabinete.

Boal estava formulando o Teatro Legislativo e suas ferramentas, e assim cria mais um de seus instrumentos, a "Célula Metabolizadora". No Teatro Legislativo, o público oferecia propostas de leis que eram colocadas em debate, mas era necessário entender a validade legislativa de cada ideia. E a instância responsável por essa validação era a Célula Metabolizadora, composta pela pessoa da tramitação legislativa — que era eu —, a pessoa da questão jurídica — que era a Sônia Boal — e a pessoa do teatro — que era a Bárbara Santos. Nós três, juntos, fazíamos essa "degustação", recebíamos as demandas de vários lugares e estudávamos a viabilidade das propostas. A Célula se reunia mais de uma vez por semana, analisando cada proposta que nos chegava. Havia semanas que recebíamos dezenas de propostas de variados grupos e buscávamos um alinhamento possível. Mas, sobretudo, tínhamos a preocupação de responder também as propostas que não eram aceitas, explicando a razão, o que poderia demorar tanto quanto desenvolver um projeto de lei. Como, por exemplo, explicar que questões de segurança pública não cabem ao município, ou quando as situações apresentadas não eram por si só suficientes para gerar um projeto. E ainda assim procurávamos atender com outros dispositivos. Foi um processo muito rico, sobretudo pela mobilização dos grupos.

Mas, enquanto o mandato de Boal refinava suas ferramentas participativas, a democracia interna do partido encontrava-se cada vez mais comprometida à medida que os militantes deixaram de ter o mesmo peso nas decisões internas. Foi se tornando evidente que os mecanismos de democracia e participação só faziam sentido quando eram a favor dos dirigentes. Não eram mais os núcleos que ditavam as políticas, mas sim os parlamentares que passavam para os núcleos como deveriam atuar. A hierarquia foi invertida. Então, a tentativa de juntar núcleos de Teatro Legislativo com os núcleos do PT não foi possível. Houve uma dissonância, enquanto o mandato de Boal crescia e queria propor junções, os núcleos do PT no Rio de Janeiro perdiam sua vitalidade e sua importância. Não havia mais tanto interesse da parte dos núcleos do partido nesse tipo de proposta, estavam cada vez mais identificados e dominados por determinadas correntes partidárias e parlamentares. E não sendo Boal um parlamentar que representava uma das correntes principais, ou diretamente ligado a um determinado núcleo partidário, não viam razão para incentivar essa ferramenta interessante e participativa de fazer política que era o Teatro Legislativo.

O mandato de Boal era respeitado dentro do partido. Mas Boal nunca foi de correntes partidárias, que estavam sempre em disputa interna. Boal transitava bem, mas não se colocava como figura central, o que ficou muito claro quando foi atacado pelo jornal *O Dia*. Boal e o Teatro Legislativo estavam numa ascensão muito grande até que surgiu uma denúncia de que um de seus grupos de Teatro do Oprimido havia recebido dinheiro da prefeitura, por conta de uma apresentação. E, a partir daí, tentaram até falar em cassação de seu mandato. Quem capitaneou isso foi a direita parlamentar, com muita repercussão por parte do jornal *O Dia*. O ataque durou semanas e abateu muito Boal. Nunca saberemos o porquê disso, mas Boal avaliava que o gatilho poderia ter sido um discurso violento que fez contra isenções a um segmento de seguros de saúde. Ele estava à frente da luta para que não houvesse repasses ou subsídios de qualquer recurso para empresas de saúde. Assim que ele tomou essa posição, começou essa história de que o mandato teria recebido dinheiro.

Na segunda campanha, tentamos com toda a garra, mas Boal acabou não conseguindo se reeleger. 1996 já era o momento de descenso tanto da democracia interna do PT quanto de suas propostas mais progressistas. E o resgate do Teatro Legislativo enquanto instrumento de política acaba sendo prejudicado por essas duas questões, a queda da ideia de um partido que surge das bases, e o projeto de Boal de trabalho participativo e dialógico que sofre com os ataques do jornal *O Dia*. O PT aprofunda sua falta de diálogo com as bases, almeja cada vez mais ser um partido que busca poder pura e simplesmente pela via eleitoral, negociando em função disso. Depois que Boal perdeu a eleição para o segundo mandato, por mais que um parlamentar achasse a ideia do Teatro Legislativo interessante e realmente a tentasse utilizar, ela era absorvida de uma forma secundária, não de forma total.

O PT chega ao poder federal em 2003, mas o distanciamento com as bases prossegue. Aplica seus programas sociais, mas investe em criar consumidores, não mais cidadãos, não estimula a vida política. E a desmobilização da esquerda se aprofunda. De repente, explode outra forma de mobilização em 2013, demonstrando claramente a dificuldade da esquerda em dialogar com esses novos atores sociais. O distanciamento da esquerda com as bases é nítido. Surge um ator social que estava esquecido no armário, a direita mobilizada, que se apresenta mais fortemente em 2014 e 2015. A direita passa a ir à rua, enquanto a esquerda continua perdendo sua capacidade de mobilização. Diante dessa nossa paralisia, da esquerda, o Teatro Legislativo seria uma ótima ferramenta de mobilização. Tem todas as características para tal. Assim como o orçamento participativo, outro instrumento de esquerda que também foi deixado de lado ao longo do caminho. Quem sabe algum dia apareça alguém com essas características, que tenha essa capacidade que Boal teve. Na política tudo é possível. A esquerda tem os instrumentos para resgatar o diálogo com as bases. O Teatro Legislativo é uma ferramenta e tanto.

Luiz Mario Behnken é economista e mestre em Administração Pública. Trabalhou na Câmara Municipal do Rio de Janeiro até 2018 e foi assessor de Boal durante o mandato. É fundador e coordenador do Fórum Popular do Orçamento do Rio de Janeiro desde 1995.

Isso não é um vereador: TONYC faz Teatro Legislativo

Sulu LeoNimm

> Dedicado a Aaron Wallace e Tatiana Walton, dois atores que participaram de apresentações de Teatro Legislativo no TONYC e faleceram em 2019 e 2020.

Quem somos, quem sou, quem é você?

O Teatro do Oprimido da Cidade de Nova York (TONYC) foi fundado em 2001 e possui grupos de Teatro Fórum baseados em organizações comunitárias e de serviço social na cidade de Nova York. E desde 2013 temos feito experiências com técnicas de Teatro Legislativo. Sou Coringa do TONYC desde sua fundação, e atuei em diferentes papéis nos nossos projetos de Teatro Legislativo. Fui Coringa, desenvolvi agendas e roteiros de facilitação com meus colegas do TONYC, aproximei líderes comunitários para coordenar legisladores e assessores, e gerenciei a logística da produção de eventos.

Ofereço aqui uma visão geral do trabalho com o intuito de compartilhar nossas estruturas e resultados e — no espírito de "crie seu próprio estilo ao seu próprio risco" — na esperança de que você, leitor e facilitador, considere as prioridades e contextos de seus próprios projetos em contraste com os do TONYC. Com frequência considero como as condições de nosso trabalho diferem das de Augusto Boal. E, sinceramente, isso faz com que eu levante minha mão algumas vezes para dizer: "mas não somos vereadores!". E não somos. O importante é pensarmos quem somos nesta cidade ao fazermos este trabalho.

Também os incentivo a considerar seu relacionamento pessoal com o processo legislativo. Como espect-atores, conseguem pensar em alguma lei que poderia melhorar seu acesso a algo do qual necessitem? Quem mais você conhece, cuja qualidade de vida também seria beneficiada por essa lei? Você sabe quem pode fazer isso acontecer? Você conversa com seus amigos e familiares sobre formas de promover mudanças?

Se lhe ocorrem respostas rápidas, como aprendeu o que sabe sobre mudanças legislativas? Se respondeu "não sei", por que acha que isso é assim?

Meu desejo é que o Teatro Legislativo abale nossas crenças sobre quem são aqueles intitulados a fazer as leis e as regras. Espero que nossos eventos tenham a capacidade de desafiar as expectativas das pessoas sobre quem possui conhecimento o suficiente para participar dos processos e a quem confiamos para tomar as decisões. E, dado que essa fusão entre uma prática teatral pessoal e interesses políticos se dá através da facilitação de coringas, acredito que devemos aprimorar, acima de tudo, nosso entendimento de como as pessoas e as comunidades navegam nas relações de confiança e poder.

Experiências do TONYC com Teatro Legislativo

Nota: para saber mais sobre os eventos descritos abaixo existem fontes disponíveis em inglês. Em 2017, o TONYC publicou um *Relatório de Teatro Legislativo* que descreve as peças apresentadas, as questões tratadas e lista todos os participantes de cada um dos eventos de Teatro Legislativo do TONYC até aquele ano. Para gravações completas dos eventos após 2017, visitem a página do TONYC. Ver links no final do texto.

Nosso modelo de Festival de Teatro Legislativo (2013-2017)

Nos quatro primeiros anos de experimentação com Teatro Legislativo, o TONYC realizou festivais anuais. Como ponto de partida, nossa equipe de seis coringas leu *Teatro Legislativo* e mapeou as possíveis formas de se facilitar um programa de *performance* com Teatro Fórum, discussões e votações. Decidimos por organizar um evento em formato de festival com duração de vários dias, a fim de atrair um grande público, e que incluía, além de três a quatro peças de Teatro Fórum, outros eventos sociais e educativos. Nosso objetivo era estimular no público a criação de ideias de políticas que um representante do conselho municipal,[5] ou do governo estadual ou federal, pudesse considerar em seu próprio trabalho. Os parágrafos a seguir descrevem alguns recursos importantes da perspectiva dos facilitadores.

O coração dos festivais eram as apresentações dos nossos atores. Ao planejarmos quais peças levar a um festival, procurávamos as que tratavam de obstáculos estruturais como burocracia, aplicação de leis e acesso a recursos, problemas que poderiam envolver uma estratégia legislativa. Ao longo dos anos, os temas incluíram juventude LGBTQ em situação de rua, assédio policial, encarceramento em massa e instabilidade habitacional. Trouxemos vários grupos para o palco como uma oportunidade de reunir uma comunidade e fazer ressoar para o nosso público que as questões levantadas impactavam um número significativo de nova-iorquinos.

Os segmentos de Teatro Legislativo de cada festival compunham uma agenda com duração de cerca de duas horas e contavam com a apresentação de duas peças de Teatro Fórum. Abríamos com uma introdução dos papéis de cada um e com a "ordem dos eventos". Cada grupo encenava sua peça de Teatro Fórum e improvisava intervenções com os espect-atores. Após cada intervenção, os coringas perguntavam ao público quais políticas poderiam apoiar as ideias apresentadas no palco e, na sequência de cada peça de Teatro Fórum, os coringas convidavam todos a escreverem de uma a duas propostas de políticas que poderiam tratar o problema. As propostas eram coletadas e levadas a uma "mesa de *advocacy*",[6] onde uma equipe de especialistas as classificava, procurando por semelhanças entre as ideias e aquelas "fora da caixa". Uma vez concluídas as duas apresentações de Teatro Fórum, um resumo das políticas propostas era revisado pelos legisladores presentes para que estes pudessem considerar em quais poderiam continuar trabalhando após o evento. Os legisladores eram então convidados a anunciarem no palco as propostas por eles selecionadas, com os

---

[5] City Council Member. City Council é o corpo legislativo de uma cidade, o que no Brasil corresponderia a uma Câmara Municipal.

[6] *Advocacy* é um termo inglês ainda sem tradução literal para o português, muito utilizado no terceiro setor para designar ações de apoio público ou desenvolvimento de recomendações em favor de uma causa ou de uma política específica.

coringas facilitando a discussão com o público. Como um último passo, o público votava "verde" para aprovar a proposta ou "vermelho" para bloqueá-la. As pessoas com cartões vermelhos eram convidadas a compartilhar suas preocupações, e os legisladores podiam sugerir emendas antes de uma votação final.

Havia muitas formas de participação nesse processo. Equipes de coringas agiam como facilitadores, sendo dois como MCs,[7] que conduziam todo o arco do evento e coordenavam a definição das propostas finais e a votação. Cada trupe de Teatro Fórum também era acompanhada por um par de coringas que facilitavam as intervenções dos espect-atores. Como forma de oferecer conhecimento especializado reuníamos um grupo de "consultores de políticas" ou *policy rangers* (em analogia ao programa de televisão *Power Rangers*). Essa equipe era formada por advogados, *advocates* profissionais e líderes comunitários. Pessoas com as quais contávamos por conhecerem a fundo as legislações e os legisladores, mas também por serem figuras-chave no trabalho cotidiano de pressionar políticos por mudanças legislativas, de criação de novos projetos de lei e de educação do público. Quando possível, ensaiavam e discutiam a peça com os atores. Durante o evento, eles ficavam à disposição para organizar as propostas do público e defender aquelas que poderiam ser selecionadas pelos legisladores. O grupo de legisladores normalmente era formado por membros do conselho municipal, senadores estaduais e chefes de departamentos de órgãos municipais ou federais. Os voluntários coletavam os documentos, contavam votos e passavam os microfones, enquanto os *policy rangers* e legisladores discutiam, e os dançarinos, cantores ou poetas subiam ao palco. Para manter todos coordenados, contávamos com um produtor de palco, com um operador técnico e com um coordenador de voluntários.

Por último, mas não menos importante, havia o público, que variava de 125 a 250 pessoas. Contávamos com algumas estratégias para encontrar esse nosso público, cientes de que teatro, em Nova York, é uma atividade elitista e de nicho. Queríamos pessoas na plateia que

---

[7] Mestres de cerimônias.

tivessem vivenciado o que os nossos atores demonstravam no palco. Queríamos pessoas que pudessem transformar as ideias em ação em suas próprias vidas pessoais e/ou profissionais. Construímos relacionamentos com movimentos, organizações sem fins lucrativos e escolas. Convidávamos os grupos a compartilhar seus trabalhos com o nosso público nas nossas sessões pré-show chamadas de "feira de *advocacy*", em mesas espalhadas do lado de fora do espaço de apresentação. Outra preocupação era o local do evento, que deveria ser familiar ou acessível ao nosso público. Com isso, os festivais de Teatro Legislativo aconteceram em teatros, academias comunitárias, auditórios universitários, no Brooklyn Borough Hall (equivalente à subprefeitura), museus e galerias de arte. Montávamos o evento de forma que, a partir do momento em que nossos espect-atores entrassem no local, eles sentissem que o evento acolhia sua participação e contava com o seu engajamento. Havia comida e bebida grátis e, por vezes, atividades como jogos e arte interativa.

Cada festival incluía eventos adicionais para ampliar as oportunidades para as pessoas aprenderem, praticarem e colaborarem. Agendávamos oficinas de Teatro do Oprimido, de orçamento participativo e de ferramentas de organização comunitária. As recepções e os almoços proporcionavam espaço para as pessoas socializarem. Estações de escrita de cartas e de mídias sociais ajudavam as pessoas a elaborarem formas de entrar em contato com os seus representantes de governo.

Com os Festivais de Teatro Legislativo nossa equipe ambicionava gerar ideias que se transformassem em leis e conduzir sessões de Teatro Legislativo dentro das câmaras municipais. O mais próximo que chegamos do processo legislativo foi quando nossos eventos influenciaram os membros do Conselho Municipal em alguns projetos de lei já existentes, no processo de definição de suas emendas antes que seguissem para votação. Isso incluiu a Lei de Segurança na Comunidade (*Community Safety Act*) — um conjunto de procedimentos de proteção contra o assédio policial —, o limite de autorizações outorgadas a vendedores ambulantes, e a introdução do IDNYC, uma carteira de identidade municipal. No ano em que discutimos documentos de identidade municipais, uma das cenas retratou como a polícia instantaneamente tratou uma jovem mulher trans que sofria violência por parte de seu parceiro como uma suspeita criminal assim que ela apresentou seu documento de identidade e seu marcador de gênero não correspondia ao gênero que eles viam. O público propôs acesso a um documento de identidade que refletisse com precisão o gênero das pessoas, sem a necessidade de documentação comprobatória, ou que não incluísse classificação de gênero. O membro do conselho presente se engajou em um extenso debate com o nosso público sobre as possibilidades apresentadas e as absorveu no desenvolvimento do projeto de lei. O atual aplicativo de identidade IDNYC permite que as pessoas selecionem seu gênero (sem documentação comprobatória) ou optem por não incluí-lo no cartão.

Outro resultado dos festivais foi a nossa maior aproximação daquelas pessoas e organizações que atuaram como nossos "consultores de políticas". Em resposta ao primeiro Festival de Teatro Legislativo, o diretor de uma agência federal quis colaborar diretamente com organizações que apoiavam jovens de rua LGBTQ e nos pediu para reunir nossas organizações parceiras e outros prestadores de serviços. Assim formou-se um Grupo de Trabalho de Interagências Federal, que continua a se reunir algumas vezes por ano. Em 2017, um de nossos eventos foi coorganizado pelo Departamento de Cultura, como uma contribuição da comunidade para o plano cultural da cidade de Nova York. Nossas colaborações com as lideranças comunitárias levaram o TONYC a ingressar oficialmente em suas coalizões de campanha.

Variações do nosso modelo de festival (2017-2019)
Após o Festival de 2017, os nossos eventos de Teatro Legislativo passaram de um modelo de festival para apresentações avulsas de peças por trupe. Refletimos como o modelo do festival colocava tantas pessoas e histórias no palco, acabando sempre por acelerar os processos. Tivemos retornos de que não dedicávamos tempo o suficiente para debater as propostas de políticas apresentadas, que as pessoas não entendiam com clareza como as ideias eram selecionadas, e que os atores não tinham oportunidade de contribuir para além de realizarem suas cenas. Estávamos interessados em ter mais tempo para discussões e mais transparência, especialmente no que dizia respeito à nossa vontade de interromper dinâmicas de poder.

O evento de Teatro Legislativo que ocorreu no segundo semestre de 2017 contou com uma peça chamada *Complexo de apartamentos* sobre gentrificação e discriminação contra inquilinos. A coordenadora criativa de *advocacy* do TONYC, Rebecca Kelly-Golfman, redesenhou e expandiu o processo de geração de ideias, a fim de melhor estruturar a contribuição dos atores nas propostas de políticas, além de permitir que todos pudessem ter uma experiência mais colaborativa na seleção das ideias. Antes da apresentação, os atores identificaram três áreas em torno das quais gostariam que os espect-atores se concentrassem em relação às ideias para políticas. Após uma série de intervenções de Teatro Fórum, o público foi dividido em três grupos com base nessas áreas. Cada grupo trabalhou com uma equipe de facilitadores e atores para desenvolver uma ideia de política a ser levada de volta à sessão. As propostas foram apresentadas a uma equipe de *policy rangers* (semelhante às dos nossos festivais, com pessoas cujos trabalhos estavam ligados às lideranças comunitárias, *advocacy* legal e ao Conselho Municipal), para que compartilhassem a maneira pela qual seus respectivos trabalhos se alinhavam às propostas em questão — o que os interessava, o que os preocupava, e quais medidas objetivas seriam necessárias para que se concretizassem. Após essa avaliação, os coringas MCs convidaram os espect-atores a votarem as propostas. Após a apresentação, o TONYC acompanhou os *policy rangers* para obter avaliações mais detalhadas acerca das propostas e de sua viabilidade. E, na sequência do evento, uma das propostas, relacionada a cupons de moradia, chamou a atenção do gabinete de um membro do Conselho Municipal, que se propôs a investigar a proposta, realizando reuniões com atores da trupe, membros do TONYC e de um grupo de *advocacy*.

No ano seguinte, experimentamos o uso de ferramentas de Teatro Fórum para melhorar um conjunto de propostas de políticas. Os eventos de Teatro Legislativo de 2018 contaram com apresentações de uma trupe de Teatro Fórum composta por jovens que encenou sua peça em "Fóruns de Propostas" em três comunidades diferentes. Em cada evento o público gerava ideias de políticas relacionadas a situações de discriminação por raça e por identidade de gênero que ocorriam durante entrevistas de emprego ou em interações cotidianas de compras no comércio. Os atores da trupe revisaram todas as ideias e escolheram duas particularmente interessantes. Essas propostas foram o foco de um "Fórum de Emendas" final. A consultora criativa de *advocacy* do TONYC, Brittany Williams, coordenou uma equipe de *policy rangers* composta por onze representantes de órgãos municipais, organizações sem fins lucrativos e movimentos comunitários de base. Depois de encenarem a peça original de Teatro Fórum, os atores apresentaram as duas propostas selecionadas. Os coringas pediram ao público que trabalhassem em grupos; primeiro para discutirem quaisquer possíveis efeitos colaterais indesejados ou negativos das propostas, e então para criarem uma breve cena demonstrando os problemas em potencial. Os membros da plateia compartilharam suas cenas, e solicitamos aos *policy rangers* emendas relacionadas às preocupações manifestadas. Após a deliberação dos *policy rangers*, as propostas de emendas foram colocadas em um sistema de votação digital e os espect-atores registraram seus votos via telefone ou em *tablets* disponíveis.

Nossa mais recente variação, o Teatro Legislativo Varinha Mágica, surgiu da inventividade de dois coringas, Mike Gonzalez e Spark LeoNimm, quando não havia tempo para ensaiar um novo processo com o envolvimento necessário. A peça apresentada, *A natureza do crime* (*The Nature of the Crime*), tratava da experiência de liberdade condicional como uma continuação do processo punitivo. Depois de apresentar a peça e discutir propostas de políticas, os coringas convidaram os membros da plateia a subir ao palco com os atores, propor suas ideias e depois com o "toque da varinha mágica" torná-las reais no universo da peça teatral. Como em qualquer uma de nossas *performances* de Teatro Fórum, o espect-ator assumia o papel de protagonista, enquanto os atores procuravam maneiras de problematizar a ideia. Depois de terminada a cena, os coringas pediam ao público e aos atores que tomassem nota das oportunidades e dos desafios apresentados pela ideia e abriam a conversa para sugestões de como melhorar a ideia original com base na cena testada. Neste modelo específico, destaco as seguintes oportunidades como as mais empolgantes: a imediata visualização dos impactos de uma ideia, que o que aprendemos de uma intervenção constrói nosso entendimento para outras ideias e, o mais importante, que todo processo de avaliação está ancorado em como uma ideia pode mudar a realidade das pessoas que estão de fato enfrentando o problema em suas vidas cotidianas.

Pareceu muito ambicioso almejar mudanças de leis usando o Teatro Legislativo, mas é um processo que pode ser aplicado a qualquer espaço que possua um conjunto de regras que desejamos alterar, e que muitos desses espaços podem ser capazes de responder mais rapidamente às ideias quando essas resultam de um processo de Teatro Legislativo. O TONYC colaborou em diversas ocasiões com outras instituições e grupos. Tivemos um projeto em um *campus* universitário onde os alunos queriam que a administração mudasse sua resposta aos relatos de agressões sexuais ocorridas lá. O resultado principal foi o desenvolvimento de um plano que previa treinamento para todos os novos alunos, ainda em seus primeiros dias no *campus*, sobre as regras e políticas de comportamento na universidade. Já em uma conferência internacional de organizações de artes que trabalhavam com populações de rua, nossos coringas usaram o Teatro Legislativo para tratar de questões relacionadas à justa remuneração dos artistas. As propostas levaram uma das organizações sem fins lucrativos que coordenava o evento a desenvolver suas próprias diretrizes internas para garantir que os participantes do programa recebessem remuneração e que pelo menos 50% de sua equipe fosse composto de pessoas com experiência de situação de rua. Também fizemos sessões para os funcionários de um órgão municipal que havia estabelecido um conjunto de valores norteadores para os seus funcionários, mas que ainda necessitava desenvolver práticas concretas que assegurassem um ambiente de trabalho de acordo com os valores estabelecidos.

Descrevendo de forma ampla a jornada do TONYC com o Teatro Legislativo, iniciamos com a intenção de envolver muitas pessoas na elaboração de políticas, mas, a cada evento, nos deparamos com maneiras de aperfeiçoar o envolvimento das pessoas, o que nos levou a ter um foco cada vez mais específico para cada evento e a expandir nossos processos e nossas colaborações. Passamos a apresentar apenas uma peça, ao invés de muitas. Adicionamos etapas para garantir que os atores também tenham voz sobre quais políticas podem ser desenvolvidas a partir de suas histórias. Tornamo-nos parte de coalizões de *advocacy*, para possibilitar nossa contínua colaboração ao longo do ano no processo de desenvolvimento de políticas. E, pensando nas estratégias futuras do TONYC, o nosso maior interesse é envolver mais profundamente os formuladores de políticas, treinando-os como facilitadores de sessões de Teatro Legislativo, nos aproximando de uma visão na qual a criação e a transformação coletiva de regras torne-se um hábito cultural. O Teatro Legislativo nos oferece um "ensaio para a vida real" para que comunidades possam reformular suas relações de poder, construir bases de confiança e explorar relacionamentos. Quando nos sentamos para escrever uma possível lei, nos tornamos mais aptos a escrever, ler e criticar outras leis. Quando colocamos em prática o processo de explicar como mudanças legislativas podem melhorar nossas comunidades, nos tornamos mais aptos a exigir mudanças. Quanto mais compartilharmos o processo com outras pessoas, cada uma através de suas diferentes perspectivas e necessidades, expandimos nossas habilidades para ponderar considerações e avaliar impactos. E, à medida que desenvolvemos essas habilidades colaborativas e nos reunimos para encenar mudanças que gostaríamos de ver realizadas, ampliamos nossa capacidade de adotar estratégias criativas perante qualquer que seja a instituição que possa melhor atender às nossas necessidades.

Links:
https://www.tonyc.nyc/ourlegislativetheatrereport
https://vimeo.com/theatreoppressednyc

Sulu LeoNimm é Coringa do Teatro do Oprimido de Nova York desde 2011 e atualmente exerce a direção do programa no mesmo grupo. Sua atuação é baseada em sua experiência enquanto pessoa *queer*, não binária e adotante, e em seu conhecimento em *performance* e direção de criações teatrais coletivas.

Uma experiência que é um convite à ação

José Soeiro

Uma "versão *beta*": foi assim que Augusto Boal caracterizou a primeira edição do livro que o leitor tem em mãos. Escrito em maio de 1996, no "fragor da experiência do Teatro Legislativo", ele pretendia ser, além de uma partilha, um convite. Como nos programas informáticos em fase experimental, também o relato embrionário sobre aquilo que no Rio de Janeiro se ensaiava abria-se assim aos comentários, às divergências e às críticas do leitor ou da leitora, apresentando a experiência como algo em fase de "teste", em processo de construção e descoberta.

Se insisto neste aspecto é para sublinhar que, tal como qualquer outra arma no Arsenal do Teatro do Oprimido, também o Teatro Legislativo é uma resposta concreta a um problema concreto e é o resultado criativo de um contexto específico: o Rio de Janeiro, no início dos anos 1990 do século passado, quando o Centro de Teatro do Oprimido se envolveu numa campanha eleitoral e Boal acabou sendo eleito vereador daquela cidade pelo Partido dos Trabalhadores (PT).

O mandato de Augusto Boal não foi muito longo — quatro anos, entre janeiro de 1993 e o final de 1996. Mas foi intenso o suficiente para desenvolver dezenas de ações, para apresentar trinta e três projetos de lei (catorze dos quais se tornaram leis municipais) e, sobretudo, para se constituir como um impressionante instrumento de organização. Durante esse período, foram criados cerca de cinquenta grupos de Teatro do Oprimido, de base territorial ou temática, em ligação com o seu mandato como legislador. Desses, dezenove eram grupos permanentes. Para o seu gabinete, Boal não contratou apenas assessores políticos e especialistas jurídicos absorvidos pelo cotidiano da Câmara, mas também os e as coringas do Centro de Teatro do Oprimido

(CTO).[8] Assim, criou um dispositivo no qual organização comunitária e intervenção institucional se reencontravam através das formas de "democracia transitiva" potencializadas pelo teatro e no qual trabalho político e estético andavam de mãos dadas.

Isso mesmo é possível constatar nesta nova edição de *Teatro Legislativo*, que acrescenta à publicação original outros documentos que são o testemunho desse processo e de quem nele participou, das intervenções disruptivas de Boal nos debates com os outros eleitos, das causas que abraçou e do humor com que denunciou os disfuncionamentos da instituição, das suas conquistas enquanto vereador e também dos dissabores que provou.

A demonstração de que esta experiência não se esgotava nas quatro paredes da Câmara é que ela sobreviveu, de um modo diverso, ao seu mandato. Entre 1997 e 2001, o próprio Boal desenvolveu, no contexto dos Orçamentos Participativos do município de Santo André, SP, experiências com o Teatro do Oprimido, fazendo com que as sessões públicas para as quais a população era convidada a discutir e a votar as prioridades do orçamento começassem com peças de Teatro Fórum. Nesse período, o método migrou, pela mão de Boal, para a Alemanha (onde se realizou uma sessão simbólica) e para a França. O Centro de Teatro do Oprimido do Rio continuou a utilizá-lo em toda a década de 2000, buscando outras formas de relação entre o trabalho teatral e o encaminhamento político de propostas legislativas. Também no País de Gales se ensaiou, em 2002, um processo de Teatro Legislativo.[9] Mais recentemente foi utilizado, por exemplo, no Uruguai, no quadro

---

[8] Nome dado por Boal aos "facilitadores" do Teatro do Oprimido. Além de ajudarem a dinamizar os processos, os e as coringas têm também como função "dificultar" e questionar as representações e soluções encontradas. No mandato, parecem ter assumido uma função que combinava assessoria técnica, organização política e militância cultural.

[9] Referimo-nos ao festival "Agora", organizado em 2002 pelo Theatr Fforwm Cymru, um grande evento realizado numa tenda em frente à Assembleia Nacional do País de Gales, reunindo quinze grupos de teatro diferentes, do qual resultaram algumas dezenas de propostas de lei apresentadas aos deputados. [N. do A.]

da campanha contra a criminalização dos menores[10] e, nos Estados Unidos, pelo grupo de Teatro do Oprimido de Nova York.[11]

A experiência de Boal foi também fonte de inspiração para nós, em Portugal. Quando iniciamos um projeto de Teatro Legislativo com estudantes, buscamos neste livro respostas para os nossos desassossegos e as nossas dúvidas, num processo em que experimentações estéticas, dificuldades políticas e inquietações dramatúrgicas se confundiam. No relato de Boal fomos encontrar, mais do que a "codificação" de uma técnica, um modo de pensar o Teatro do Oprimido. Por um lado, como processo de politização — um "teatro como política" e não apenas um "teatro político". Por outro, como um ensaio insatisfeito — um teatro que se pensa para além da soma de "epifanias" e de "momentos mágicos" que, enquanto experiência estética, é capaz de produzir. Finalmente, como um teatro incompleto — que existe no quadro mais vasto de um projeto e de uma estratégia de transformação política, em articulação com outras modalidades de luta.

Na fértil experiência do Teatro Legislativo de que este livro dá conta, pareceu-nos haver muito mais do que uma aspiração de conscientização dos políticos eleitos (supostamente convertidos em aliados por meio de uma comunhão emocional gerada pelo fórum) ou do que uma técnica que, ao dispositivo do Teatro Fórum, somaria um simulacro teatralizado de democracia participativa. A experiência do Teatro Legislativo convidava-nos a pensar nos dispositivos do Teatro do Oprimido como elementos de um processo mais amplo: o teatro como parte de uma campanha e da construção de um movimento. E convidava-nos a trazer para o Teatro Fórum e para a sua dramaturgia problemas e transformações que se encontravam além do nível do *comportamento* ou do *indivíduo*, convocando-nos a fazer a *ascese* da conjuntura para a estrutura. O Teatro Legislativo entusiasmou-nos por

---

[10] Ver o artigo de Sabrina Speranza, "GTO Montevideo: A Theatre within a Campaign", em Kelly Howe, Julián Boal e José Soeiro (orgs.), *The Routledge Companion to Theatre of the Oppressed*, Abingdon, Routledge, 2019, pp. 401-7. [N. do A.]

[11] Ver o artigo de Kate Rubin, "Theatre of the Oppressed NYC: Radical Partnership on the Ground in New York City", em *The Routledge Companion to Theatre of the Oppressed, op. cit.*, pp. 414-9. [N. do A.]

isso, não tanto pela eventualidade de ser uma maneira mais "animada" e "interativa" de "ouvir os eleitores", mas porque podia constituir-se como uma forma sensível de auto-organização e de enraizamento social do nosso próprio mandato.

Foi isso que procuramos concretizar, há cerca de uma década. Aproximando-se as eleições e existindo a possibilidade real de ser eleito deputado nacional, a ideia era associar ao previsível mandato parlamentar uma experiência de Teatro Legislativo. Na altura, com um coletivo de que fazia parte, construímos um Teatro Fórum a partir das nossas vivências. A peça que montamos contava a história de uma estudante que perdera o direito à bolsa de ação social e que, sem meios para poder pagar todas as despesas associadas a um curso de ensino superior, procurava, sem sucesso, diferentes aliados. No final, a única solução que parecia restar-lhe era endividar-se, recorrendo à banca. No período em que fizemos a peça, a banca privada começava a instalar--se despudoradamente nas universidades, explorando o negócio dos créditos a estudantes, que cresciam na razão proporcional do recuo das bolsas de ação social atribuídas pelo Estado. À época, cerca de 20 mil estudantes haviam perdido a bolsa, em função das novas regras sobre apoios sociais, e milhares já tinham contraído empréstimos para estudar, numa dívida que ascendia aos 13 milhões de euros.

O objetivo do projeto, a que chamamos "Estudantes por Empréstimo", era percorrer escolas e universidades, provocando o debate, recolhendo as opiniões dos estudantes sobre o que deveria ser proposto para enfrentar esta realidade e estimulando a ação coletiva em torno deste problema. Todas as segundas-feiras, que é o dia livre, em Portugal, para os deputados realizarem atividades fora do Parlamento, íamos a uma ou duas escolas apresentar a peça e fazer o fórum. As despesas de deslocamento e alimentação eram pagas pelo salário de deputado que recebia. Todo o resto era trabalho militante, entendido como parte do nosso ativismo político. No final de cada fórum, distribuíamos aos estudantes uma folha onde pedíamos que nos deixassem o seu contato e que escrevessem o que consideravam serem as mudanças mais importantes a levar por diante, a partir das ideias e intervenções que tinham tido lugar na sessão. No final de cada dia, transcrevíamos cada sugestão para o nosso blog, onde podiam ser também consultados os testemunhos com casos concretos, bem como textos de opinião sobre a realidade que a peça retratava, dados estatísticos, um relato das sessões passadas e o calendário das próximas.

Ao fim de um ano e de cerca de quarenta apresentações de Teatro Fórum, juntamos uma "Célula Metabolizadora"[12] — constituída por juristas que convidamos e por todos os elementos do projeto (cerca de uma dezena) e convocamos os estudantes que nos haviam deixado o seu contato para uma sessão de Teatro Legislativo que teve lugar na Sala do Senado da Assembleia da República. Sentados nos lugares dos deputados, os estudantes puderam voltar a ensaiar soluções através do fórum, debater as propostas resultantes do projeto, escolher aquelas com que mais se identificavam e lançar uma petição nacional para recolher apoio a essas iniciativas. Para essa sessão, convidamos também todos os diretores dos serviços de ação social, o Ministro do Ensino Superior e os deputados da Comissão Parlamentar de Educação. A sala estava cheia, com estudantes e com alguns responsáveis por serviços de ação social.

Mais do que o simbolismo da sessão ou os seus resultados legislativos (muitas das propostas acabariam chumbadas quando submetidas aos legisladores de fato), foi todo o processo que constituiu para nós uma extraordinária aprendizagem militante, que tornava tangível a aspiração democrática de fundo que está presente no projeto de Boal. Com efeito, além da alegria de estarmos juntos, o Teatro Legislativo permitia-nos inscrever no coração de uma instituição como o Parlamento e das suas rotinas um exercício que questionava radicalmente o monopólio da política pelos profissionais. No fundo, uma prática que evidenciava — para adaptar uma conhecida divisa do Teatro do Oprimido — que "toda a gente pode fazer política, até os políticos".

Cerca de dez anos volvidos sobre esta experiência e de vinte e cinco sobre a história que este livro conta, não será um acaso o momento em que sua publicação acontece. Ela responde, provavelmente, a uma necessidade concreta. No primeiro capítulo deste *Teatro Legislativo*,

---

[12] Nome que Boal dá, neste livro, ao grupo que tem como missão analisar as súmulas do espetáculo e produzir, a partir delas, projetos de lei, medidas judiciais ou preparar ações diretas.

Boal descreve da seguinte forma o que aconteceu então: "A volta do Teatro do Oprimido às suas origens: o Brasil e a política". Esse retorno a um uso explicitamente político do Teatro do Oprimido é, portanto, apresentado como se o seu método teatral regressasse à casa após uma longa viagem — a sua jornada pela Europa, mas também a sua utilização no campo da educação, da intervenção social e da terapia. Estaremos a assistir a um novo momento desse retorno?

Nos últimos anos, experiências como a da Gabinetona,[13] em Belo Horizonte, parecem ter retomado, no seu contexto e do seu jeito próprio, o gesto de Boal. No Rio de Janeiro, enraíza-se um trabalho político que faz do teatro popular uma âncora de resistência e que ensaia novas articulações entre o Teatro do Oprimido e mandatos da esquerda. Porventura estamos mesmo perante um novo embrião do Teatro Legislativo na cidade que o viu nascer. Talvez seja o tempo que vivemos a reclamar que se reinventem estas formas artísticas e políticas, tomando as experiências do passado não como uma fórmula a repetir, mas como um legado cujo potencial emancipatório se oferece à nossa imaginação.

E não é um tempo qualquer, este em que o Brasil vive (em vários sentidos!) um momento obscuro, no qual parece ter pela frente tanto do seu passado sombrio. Num outro início de século, anterior ao nosso, houve quem visse na ordem e no progresso do militarismo e da guerra os indícios igualmente umbrosos da barbárie moderna. Contra ela, mas também contra a ideia de que o seu fim seria um destino inscrito nas estrelas, não se cansaram de nos lembrar que, herdando do passado as nossas circunstâncias, somos nós quem faz a história. Não como abstração, mas a partir da intervenção no concreto. É de Rosa Luxemburgo — que tinha num verso do *Fausto*, de Goethe, um dos seus lemas ("no princípio era a ação") — a expressão "socialismo ou barbárie". Nessa fórmula que inspirou tantos outros, o mais impor-

---

[13] No mandato coletivo da Gabinetona, que inclui vereadores e deputadas de esquerda de Belo Horizonte, foi criado o Diferentonas, "grupo de teatro e educação popular que, inspirado pelo trabalho de Augusto Boal, atua como elo poético e artístico do mandato com a cidade. O grupo criou um núcleo experimental de Teatro do Oprimido, 'Teatro do Oprimido na Cidade', que visa multiplicar essa experiência".

tante é, como sugere Michael Löwy, o termo "ou". É essa a palavra que estabelece o princípio de uma história aberta à nossa vontade, à nossa ação, às alternativas que nunca estão definitivamente decididas e que dependem também de nós. Ora, é precisamente nesse "ou" que se situa a *praxis* de Boal e do Teatro do Oprimido: no "ou" das brechas abertas pelas contradições do presente e na possibilidade de ampliar os indícios que, na realidade existente, nos apontam outras possibilidades. Que as experiências do Teatro Legislativo possam pois continuar a inspirar aqueles e aquelas que não desistem de desafiar a ordem que reina e que elas possam ser sementes para alargar, também agora, o campo de possíveis.

José Soeiro é sociólogo formado pela Universidade do Porto, deputado na Assembleia da República em Portugal pelo Bloco de Esquerda e doutor pela Faculdade de Economia da Universidade de Coimbra. Foi responsável pelo projeto de Teatro Legislativo "Estudantes por Empréstimo" em Portugal e é um dos organizadores do "Óprima!" (Encontro de Teatro do Oprimido e Ativismo). Coordenou, com Miguel Cardina e Nuno Serra, o livro *Não acredite em tudo o que pensa: mitos do senso comum na era da austeridade* (Lisboa, Tinta-da-China, 2013), e, com Julián Boal e Kelly Howe, *The Routledge Companion to Theatre of the Oppressed* (Abingdon, Routledge, 2019). Com Miguel Cardina, assinou o capítulo "Esquerda radical" no volume organizado por João Cardoso Rosas e Ana Rita Ferreira, *Ideologias políticas contemporâneas* (Coimbra, Almedina, 2013) e, com Adriano Campos, dividiu a autoria do livro *A falácia do empreendedorismo* (Lisboa, Bertrand, 2016).

Sobre o autor

Augusto Boal nasceu em 16 de março de 1931, no Rio de Janeiro. Formou-se em engenharia química pela UFRJ, mas desde a infância interessou-se pelo teatro. Em 1952 viaja para os Estados Unidos para estudar na Escola de Arte Dramática da Universidade Columbia, onde frequenta os cursos de John Gassner, professor de dramaturgos como Tennessee Williams e Arthur Miller.

De volta ao Brasil, em 1956, passa a integrar o Teatro de Arena, onde aos poucos adapta o que aprendera nos Estados Unidos em espetáculos que buscam encenar e discutir a realidade brasileira, convidando o espectador a sair da passividade. Formado por Boal, José Renato, Giafrancesco Guarnieri, Oduvaldo Vianna Filho e outros, o grupo de dramaturgos do Arena promove uma verdadeira revolução estética nos palcos brasileiros.

O golpe de 1964 torna cada vez mais difícil a situação dos artistas que haviam se engajado na transformação social do período precedente. Em 1971, Boal é preso e torturado. Exila-se na Argentina com Cecilia Thumim, onde organiza *Teatro do Oprimido*, seu livro mais conhecido. A partir de então, os princípios e as técnicas desenvolvidos por Boal alcançam um público cada vez maior, difundindo-se inicialmente pela América Latina e, ao longo dos anos 1970, pelo mundo inteiro. Muda-se para Portugal em 1976, e dois anos depois se estabelece na França, onde passa a atuar e criar vários núcleos baseados em sua obra.

Com o fim da ditadura, retorna ao Brasil em 1986, estabelecendo-se no Rio de Janeiro. Em 1992, é eleito vereador pelo Partido dos Trabalhadores e desenvolve mais uma de suas técnicas, o Teatro Legislativo, discutindo projetos de lei com o cidadão comum em ruas e praças da cidade. A Unesco confere a Augusto Boal, em 2009, o título de "Embaixador do Teatro Mundial". Falece em 2 de maio de 2009, no Rio de Janeiro. Suas obras estão traduzidas para as principais línguas do Ocidente e do Oriente.

Publicou em português os seguintes livros:

Teatro
Revolução na América do Sul (São Paulo, Massao Ohno, 1960)
Arena conta Zumbi, com Gianfrancesco Guarnieri (São Paulo, Teatro de Arena, 1965)
Arena conta Tiradentes, com Gianfrancesco Guarnieri (São Paulo, Sagarana, 1967)

Duas peças: A tempestade/Mulheres de Atenas (Lisboa, Plátano, 1977)
Murro em ponta de faca (São Paulo, Hucitec, 1978)
O corsário do rei (Rio de Janeiro, Civilização Brasileira, 1985)
Teatro de Augusto Boal, vol. 1 (São Paulo, Hucitec, 1986)
Teatro de Augusto Boal, vol. 2 (São Paulo, Hucitec, 1990)

Teoria e método
Teatro do Oprimido e outras poéticas políticas (Rio de Janeiro, Civilização Brasileira, 1975; 1ª ed.: *Teatro del Oprimido y otras poéticas políticas*, Buenos Aires, Ediciones de la Flor, 1974)
Técnicas latino-americanas de teatro popular (São Paulo, Hucitec, 1977; 1ª ed.:
Técnicas latinoamericanas de teatro popular, Buenos Aires, Corregidor,
1975)
*200 exercícios e jogos para o ator e o não ator com vontade de dizer algo atra-
vés do teatro* (Rio de Janeiro, Civilização Brasileira, 1977; 1ª ed.: *200 ejer-
cicios y juegos para el actor y para el non actor con ganas de decir algo a
través del teatro*, Buenos Aires, Crisis, 1975)
Categorias de teatro popular (São Paulo, Hucitec, 1979; 1ª ed.: *Categorias de
teatro popular*, Buenos Aires, Ediciones CEPE, 1972)
Stop: c'est magique (Rio de Janeiro, Civilização Brasileira, 1980)
O arco-íris do desejo: método Boal de teatro e terapia (Rio de Janeiro, Civilização Brasileira, 1996; 1ª ed.: *Méthode Boal de théâtre et de thérapie: L'arc-
-en-ciel du désir*, Paris, Ramsay, 1990)
Teatro Legislativo: versão beta (Rio de Janeiro, Civilização Brasileira, 1996)
Jogos para atores e não atores (Rio de Janeiro, Civilização Brasileira, 1998; 1ª
ed.: *Jeux pour acteurs et non-acteurs*, Paris, Maspero, 1978)
O teatro como arte marcial (Rio de Janeiro, Garamond, 2003)
A estética do oprimido (Rio de Janeiro, Garamond, 2009; 1ª ed.: *The Aesthetics
of the Oppressed*, Londres/Nova York, Routledge, 2006)

Memórias
Hamlet e o filho do padeiro (Rio de Janeiro, Record, 2000)

Ficção e crônicas
Crônicas de nuestra América (Rio de Janeiro, Codecri, 1977)
Jane Spitfire (Rio de Janeiro, Codecri, 1977)
Milagre no Brasil (Rio de Janeiro, Civilização Brasileira, 1979; 1ª ed.: Lisboa,
Plátano, 1976)
O suicida com medo da morte (Rio de Janeiro, Civilização Brasileira, 1992)
Aqui ninguém é burro! (Rio de Janeiro, Revan, 1996)

Créditos das imagens

p. 2: Manifestação contra a chacina dos índios yanomami realizada em frente à Câmara Municipal, Rio de Janeiro, 1992, acervo do Instituto Augusto Boal;

p. 20: Panfleto da campanha para vereador, Rio de Janeiro, 1992, acervo do Instituto Augusto Boal;

p. 22: Material da campanha para vereador, Rio de Janeiro, 1992, acervo do Instituto Augusto Boal;

p. 56: Augusto Boal em seu gabinete na Câmara Municipal, Rio de Janeiro, 1993, acervo do Instituto Augusto Boal;

p. 62: Augusto Boal, Chico Alencar e Carlos Minc em manifestação contra a chacina dos índios yanomami realizada em frente à Câmara Municipal, Rio de Janeiro, 1992, acervo do Instituto Augusto Boal;

p. 76: *Boca no Trombone*, jornal produzido pelo mandato de Augusto Boal, Rio de Janeiro, ano II, nº 3, mar.-abr. 1996, p. 1, acervo do Instituto Augusto Boal;

p. 122: Apresentação do Teatro Legislativo em comunidade do Rio de Janeiro, acervo do Instituto Augusto Boal;

p. 140: Augusto Boal em seu gabinete na Câmara Municipal, Rio de Janeiro, 1994, acervo do Instituto Augusto Boal;

p. 162: Panfleto da campanha para vereador, Rio de Janeiro, 1992, acervo do Instituto Augusto Boal;

p. 164: Material de divulgação do mandato de Augusto Boal, Rio de Janeiro, 1995, acervo do Instituto Augusto Boal;

p. 220: *Boca no Trombone*, jornal produzido pelo mandato de Augusto Boal, Rio de Janeiro, ano I, nº 1, maio-jun. 1995, p. 4, acervo do Instituto Augusto Boal;

capa: Augusto Boal durante ensaio da peça *La malasangre*, de Griselda Gambaro, Nuremberg, 1984, fotografia de Claus Felix, acervo do Instituto Augusto Boal.

Este livro foi composto em Sabon pela Bracher & Malta, com CTP e impressão da Edições Loyola em papel Pólen Soft 80 g/m² da Cia. Suzano de Papel e Celulose para a Editora 34, em novembro de 2020.